食べたくなる本

三浦哲哉

みすず書房

食べたくなる本　目次

第1章　いろいろなおいしいのあいだを漂う

第2章　作家論＋α

第一章　いろいろなおいしいのあいだを漂う

1　元天使のコーヒー

料理書に惹かれる理由

料理書に魅了されて、日々の暮らしの折々にページをめくり、取りいれられるものは食卓に取りいれるということをしてきた。ここから書き綴るのは、偏愛する料理の本を読み、ときにはそこに載っているレシピを実際に試しつつ、考えたことである。

そもそも、なぜ私は料理の本に、これほど惹かれてきたのか。そこになにを求めてきたのだろう。この点についてまず述べておきたい。

食をめぐる知識を増やして、自宅でおいしいものを食べたい、という実際的な動機がまずあったのだと思う。好きなだけ料理店めぐりをできるほどの経済的かつ時間的な余裕はこれまでの人生で、ほぼなかった。ようやく三十代の半ばに就職できて、よしこれで憧れの店に行けるかも、と思ったのもつかのま、今度は育児が始まって（もちろんめでたいことだが）、いまは我が子にご飯を食べさせるため、外食の時間がほぼ取れない。だから、むかしもいまも、未知の料理への渇望の念は、もっぱら料理の書物に向けられているという次第なのだ。自分の家で見よう見まねで再現してみることもあるし、読んで楽しむだけということもある。

それから、料理書に惹かれるもう一つの理由は、もっと単純なもので、よそでなにをどう食べているのか、ということが気になってしかたがないのである。こちらのほうがより根本的な動機と言えるかもしれない。自分以外の誰がなにを食べているかなど、まったく気にならないという方もいらっしゃるだろうが、私にとって、これほど知って楽しいことはない。たとえば、味噌汁。自分にとって最も馴染みぶかい味噌汁は、自分の家の味噌汁だろうが、よその家では、あるいは店では、まるきりちがう作り方をしていることだろう。それが気になる。だしは、かつおだけなのか、かつおとこんぶなのか、煮干しなのか、あるいはいりこなのか、また、だしの素なのか。だしの素をアリとするかナシとするか。その根拠をどう自分に納得させているのか。具材は。豆腐とネギだけのミニマル・タイプか。野菜をたっぷりいれるのか。土井善晴の「一汁一菜」をどう思うか[1]。その地域の味噌汁づくりの伝統をどんなふうに引き受けているのか。あるいは、アンチ・トラディショナルなのか――。こんな具合に、味噌汁一杯についてでさえ、自分以外がどんなふうに、なにを思い、どう作っているかを考え出すと、止めども尽きぬ興味が湧いてきてならない。できれば、作り方を知るだけでなく、そのやり方でできた一杯を味わいたい。一口すすれば、べつの世界の窓が開かれるような驚きがあるかもしれないからだ。ああ、これを美味と思う感性が存在することを私はいま確認した、というような感慨を、他人の味噌汁を飲むことで得られる可能性がある。洗練された味噌汁でなくとももちろんよい。ある意味でぞんざいな、生活感にまみれた味噌汁のほうが、感慨は深くなるかもしれぬ。

味噌汁以外にも論点は無限だ。ごはんはどう炊くのか。コーヒーはどう淹れるのか。漬物はどうしているのか。どんなパンをどう焼いているか。どんな肉の焼き方が好きか。盛り付けの基本方針は。刺し身は好きか。どう好きか。オリーブオイルはなにを使っているか。

こういうことが気になってしかたがない者にとって、料理本を読むことほどおもしろいことはない。名料理人の手になる教本であれ、家庭料理のレシピ集であれ、各国料理、郷土料理、あるいは、失われた過去の時代の調理方法について記された本であれ、体験記、雑記であれ、こんな食べ方があるのだ、という発見を与えてくれる文章を読むことはよろこびである。エキセントリックなものはなおさら大歓迎だ。

他人がなにをどう作りどう食べているかを知ると、とうぜんながら、「おいしい」のかたちが千差万別であることにしみじみと思いいたる。そして、自分がふだん「おいしい」とか「おいしくない」という場合のその基準など、この世界に存在する無数の基準のなかのほんの一つにすぎないということに気づかされる。そのことを貴重だと思う。なにか、肩の荷をおろしたような、ほっとする気分にさえなる。それはつまり、自分が抜き差しがたく囚われている「習慣」の狭さに気づき、それを相対化し、ほんの少しだけ、その囚われから解放されるきっかけを与えてくれるからではないか。これも料理の本を読む理由と言えるだろう。いろいろな「おいしい」を知って身軽になること、優しくなること。

自分が死んでもレシピは残る

ウェブでさまざまな料理のレシピを検索できるサイトのたぐいも便利だとは思うが、やはり私は著者の息遣いの感じられる書物のほうが好きだ。ネットで見つけた作り方を試してみて、もしおいしいと思えなかったならば、「使えない」という感想で終わりだろう。でも、それが著述家の顔のはっきり見える本の場合なら話はべつだ。たとえすぐにはおいしいと感じられなかったとしても、これを美味だと確信してあえて書き残した感性の持ち主が存在する、という事実が心に残るということがありうるからだ。その本の、前後に載ったレシピを試してゆくうちに、だんだんとそのひととなり、美的な感性の在りようが腑に落ちてきて、そうすると、「あ、このことか」とピントが合い、まえは好きでなかったものがいつのまにか好きになる、ということもありうる。ちなみに「料理ブログ」のたぐいは、匿名的なレシピ検索サイトよりも、個人の料理書に近いとは言えるかもしれない。しかし、編集が介在して「作品」としての輪郭を持つ書物とはやはり別物だと思う。本の場合はうっかりリンクを踏むこともなく、一冊としての完結性があり、そこに著者の世界が閉じ込められているように感じられる。

「私が死んでもレシピは残る」と言ったのは小林カツ代だが、(2) 料理書は、そのような意味で、自分とはちがうべつの誰かの感性がきわめて具体的に綴られた痕跡であり、読者と出会って目覚めるときを、それらは待っている。

成田空港の生ビール

自分の味覚の相対化、と言ったときに思い出されるできごとがある。もしかしたら、これが食に対する私の関心を強く呼び起こした最大のきっかけだったかもしれないのだが、このいわば原体験についても述べておきたい。

二十代前半のときにした約十ヶ月のフランス滞在のことだった。といっても、あちらで「本物」に触れて食文化への真の関心に目覚めた、というようなことが言いたいのでは無論ない。私はただ、あちらのごくふつうのものを日々食べて過ごしただけだ。自分にとっては貴重でかけがえのない経験ではあったが、はたから見れば平凡な話だろう。だから、海外滞在がきっかけだったとはいえども、ポイントは、そこでの食文化体験そのものではない。そうではなく、それなりに長い期間を経て、自分がかつて住んでいた場所に戻ってきたときの驚きのほうだ。

日本に戻ってみて、本当に驚いたのだった。留学体験で最も驚いたのは、じつは、この瞬間だったかもしれない。つまり、かつて当たり前だと思っていたものすべてが、新しく感じられた。たとえば、海外から初めて日本の空港に降り立った（アジア圏外からの）旅行者は、その醤油臭さ、魚臭さになにより印象づけられるというが、おそらくそれと同じ感覚を、私は初めて味わうことができた。日本の街は、醤油と魚の匂いに包まれている、ということにあらためて気づいた。いや、精確にはこうだ。その匂いに慣れきって意識することすら忘れていた自分に、私は気づいた。

真夏のよく晴れた正午ごろだった。空港に出迎えに来てくれた友人が、まずはビールで喉を潤せと言う。近くにあったスタンドで、ぐっとジョッキの半分ほどを喉に流し入れただろうか。ぷはー、とやったときの感動には強烈なものがあった。あたかも、初めて日本のビールを味わい直したかのようなかんじがした。「ビール」をめぐる「慣れ」や「惰性」のもやが取り払われ、まっさらな「ビール」それ自体とふたたび対面したような清冽な感覚、と言ったら大げさだろうか。ともあれ、夏の亜熱帯地方のむわっとする湿気のただなか、汗ばみながら飲む一杯のビールのうまさを、私がしばらくのあいだ、完全に忘却していたのはたしかだ。

「元天使」のコーヒー

約一年ぶりで日本のビールと再会したこのときの経験を、私はある映画のある場面と重ねずにはいられない。八〇年代のドイツ映画、ヴィム・ヴェンダースの『ベルリン天使の詩』の次の一場面のことだ。不老不死であるかわりに肉体を持たず、ベルリンの街を見守りつづける天使たちの物語を描くこの作品の終盤で、ブルーノ・ガンツ扮する天使は、人間の踊り子への恋心を募らせた末に、不死の特権を捨てて、人間になる。そこで彼は初めて世界に触れる。真冬の昼間のことだった。そこでガンツがまずしたのは、一番近くのコーヒースタンドで、熱いコーヒーを注文することだった。周りの労働者がやるのを真似て、一口すすり、温かい息を吐き出して、手をこする。その顔から、幸福そうな笑顔が漏れ出る。元天使が飲む、このなんの変哲もない一杯のコーヒーこそ、絶対の美味というべきものではないか。私が真夏の成田で久方ぶりにビールを飲んだときに味わったおいしさにも、きっと、これに通じるものがあったはずなのだ。

この「きっかけ」を経てから、私はビールだけでない、この国の食べものや飲みものを味わうことがおもしろく感じられてならなくなった。以前にもまして料理の本を数多く読みたいと思うようになった。書物を手に取り、たとえば日本のビールが、クリアな喉越しこそを求めて技術開発を積み重ねてきたこと、また、ヨーロッパの場合のように足の高いグラスで食中酒以外のタイミングで飲ませるのとはちがう方向に進化したことを確認しては、なるほど、と感動するのだった。成田のこの一杯のビールは、食文化全般への関心を呼びおこす呼び水だったのではないかといまにして思われる。いわゆる食の異文化体験の醍醐味を突き詰めて言うと、自分が浸っていた習慣をいくばくかリセットし、まるで一度他人になったような気持ちで、さらに言えば、もう一度生まれ変わったような――つまり「元天使」が覚えるような新鮮さで、自分がいまいる世界を味わい直すことを可能にする点にあるのではないか。

『ベルリン天使の詩』において、天使たちが集うのは、都市の大図書館だった。かつてどこかで肉体として生きられた経験が、文字として残され、書物に収められ、のちのちまで保存される場所である。

いささかこじつけかもしれないが、私が料理の本に没頭したいと思う理由を、そこから、こんなふうに言い換えることができるかもしれない。つまり、私はさまざまな本のなかに入っていくことで、自分が浸っている世界から一時的に離れ、本を閉じたあとは、またこの世界に戻る。こんなふうに、「元天使」の新鮮な感覚を取り戻そうと望んでいるのではないか。だから、私は料理の本に惹かれる。この本が目指すことは、したがって、料理の書物をつぎつぎと渉猟しては知識を蓄えて食通になることなどではもちろんない。それはきりがないことだ。むしろ、いろいろな本のあいだを漂いながら、自分に取りついている習慣の重みをほんの少し忘れられればいいと思う。あのベルリンの元天使が、街角のコーヒースタンドのなんの変哲もないホットコーヒーを飲んだときに覚えただろうあの幸福を、日々の食卓に取り戻すこと。それが望みなのだ。

（1）土井善晴『一汁一菜だけでよいという提案』グラフィック社、二〇一六年。土井の「一汁一菜」については第六回で取りあげる。

（2）この言葉をタイトルにした小林カツ代の良質な評伝に以下がある。中原一歩『私が死んでもレシピは残る　小林カツ代伝』文藝春秋、二〇一七年。

2　料理再入門

「かつお節削りを削れ」

海外から日本に戻り、食文化全般への関心にあらためて目覚めたと述べたが、そのとき私は大学院生で、金は見事になかったが、さいわいに時間ばかりはあり、そこでもう一度きちんと家で料理をしなおそうと決意した。

そのとき手に取って衝撃を受け、自分の台所生活における一つの原点となった本がある。丸元淑生の『家庭の魚料理』である。(1) 今回はこの本との出会いについて書きたい。

丸元の存在は、それ以前から知ってはいた。大学の学部生のとき、私から見て一番、料理のうまいやつが使っていたのが、丸元の本だったのだ。「料理のうまい」というだけでは、曖昧でわかりづらいかもしれない。凝ったことをする、ということでもないし、洗練されたものを出す、というのでもない。なんというのか、自分のしていることに異様なほど確信があり、無駄と思われることは一切しない。調理は手早く、理路整然としていて、ややぶっきらぼうではあるが素材の持ち味が生きた、滋味ぶかい皿が出てくる。おおげさにいえば、なにか私たちが持つのとは決定的に違う料理哲学がその背景にあるのでは、と思わされた。

その友人の顔も思い出しつつ、そういえば、と思って、丸元の本をいくつか購入したのだった。そして、実践してみて、ものの見事に深く感化されることになったのだ。いま冷静に読み直すと、丸元の主張にはかなり極端なところがあるのだけれど、その極端さも、若い私にはとても魅力的に思われた。自分が求めていたのはこれだ、というような心の昂ぶりさえあったことをはっきり覚えている。そういう意味では、私にとって青春の料理書と言えるかもしれない。

丸元の書物の基本にある姿勢はとてもシンプルなものだ。素材を生かすこと。そのための最も合理的な調理をすること。栄養学の成果を取りいれて、有用ではない習慣を捨てること。便利な調理器具を積極的に使うこと。きわめて真っ当である。ただし、その徹底のしかたが半端ではなく、ほとんど異様の域にまで突き抜けるのだ。

これは『家庭の魚料理』ではなく、『丸元淑生のシンプル料理』というムック本に書かれていたことだが、家庭料理のシステムを確立するためには、まず、ベースになるだしを正しく引かねばならず、そのためにはかつお節削り器を使わなければならず、さらに、そのかつお節削りを自分の家できちっとメンテナンスしなければならない（薄く削れないとだめだから）、と丸元は説く。(2) 具体的には、かつお節削りの刃を自分で研ぎ、かつお節をすべらせる木の部分がまっすぐに保たれるようカンナで削るのが理想だと言うのだ。つまり、丸元の教えは、「かつお節削りを削れ」にまで行き着く。

このほとんど不条理なほどの、原理へのこだわり。たぶん読者の九割五分はここでばかばかしくなって読むのをやめるのだと思うが、私は逆に興味を惹かれ、そこまで言うなら一度とことん付き合ってみようと思ったのだ。実際、かつお節削りを買って、その刃を研ぐということもしてみた（あとで研ぎ屋さんに出したら、まちがった研ぎ方をしたので歪んでいますと言われた。難易度が高いのだ）。暇でなければできなかったことだ。

「勇者」への呼びかけ

「かつお節削りを削れ」はほんの一例で、すべてをとことんまで突き詰めなければ気がすまないのが丸元だから、そのメソッドは、しばしば一般家庭の調理の常識を大胆に踏み越え、ほとんど奇矯とも思われる営み（後述する）になってゆくのだが、それでも本人は一切ひるまず、ひたすら我が道を進む。孤独な発明家、というよりいっそマッド・サイエンティストと呼びたくなるときもある。

そのキャリアを簡単に振り返っておこう。一九三四年に大分で生まれ、東京での雑誌編集および小説家としてのキャリアを経て、やがて料理をめぐる著述活動に専念する。アメリカ西海岸で生まれていた新しい食文化や栄養学の動向を踏まえ、日本の郷土料理の伝統とも組み合わせながら、独特の「丸元メソッド」というべき方法を確立させる。とくに晩年の著作では健康志向にかなり傾斜し、批判も受けた。「トンデモ」のレッテルを貼る者もいるし、それは理由のないことではない。この点についても後述しよう。二〇〇八年に亡くなっている。

講談社から一九九九年に出版された『家庭の魚料理』は、彼が魚料理についての年来の探求の成果をまとめたものである。そして、この本の過激さに、私はたちまち魅了されることになった。まずそのまえがきからして、異様な気配が濃厚に漂っている。

料理屋が魚市場で魚を仕入れて料理をこしらえるのと異なり、生活者が生活空間の中で魚を買って魚料理を作る場合には、前もって何を作ろうと決めてかかることはできません。現在の大都市では魚屋（デパート、スーパーマーケット）に行っても目的の魚があることは少なく、ないことのほうが多いからです。鮮度のよくないものならありますが、そういうもので無理に魚料理は作るべきでないという考えで、この本は貫かれています。[3]

このように現状への痛烈なダメ出しから入る。海から遠い都市の、ということであるが、それにしても容赦がない。スーパー等の魚屋は新鮮な魚を、ごく限られた種類をのぞいて置いていないという事実が確認され、それが本書の前提となる。そして、新鮮でない魚で料理はできない、という次の断定がなされる。これは類書では考えられないことだ（例外は辰巳芳子ぐらいか）。全国の、海から遠い者も近い者も等しく想定読者とされるのがふつうだからだ。レシピ本の最初に、新鮮な素材がないなら魚料理は無理にしなくてよい、などと書かれるのは異常事態だろう。とはいえ、丸元もこんなふうに前置きすることの無理を承知していないではない。文章はこうつづく。

デパートやスーパーマーケットでしか魚が買えなくなった都市生活者が毎日の料理（たまの料理ではありません）を魚で組み立てようとすると、大変な苦労を味わいます。鮮度のよいものを捜して買って帰っただけで、料理に向けるエネルギーのほとんどを使い果たしてしまっているというのが現実です。

しかし、一〇〇のエネルギーのうちの九九を使ってしまった人が台所に立てるでしょうか？私なら立つことができずに台所のシンクの前の床に倒れます。それでもやがては立ち上がって料理を始めるでしょう。だが、それが毎日つづいたら？ 私はもはや立ち上がることができないと思います。それは考えただけでも実に苦しい現実です。魚料理が家庭から姿を消していくのは当然でしょう。

その苦しい現実の中で家族と自分自身のために台所に立っている人を、私は心から尊敬します。そういう人こそが現代の真の勇者だと思いますが、この本は勇者が持つ一のエネルギーを一〇にすることを目指しました。本当に役に立つよい料理書があれば、魚の料理は少ないエネルギーで短時間においしくできるのです。(4)


「真の勇者」と丸元は言う。一体なにごとだろうと、やはり滑稽さの印象を抱かれかねないところなのだが、しかしこれこそが丸元調だ。ちなみに新鮮な魚というのは、丸元の定義によれば、死後硬直がまだ解かれていない状態のことを指す。そして、そんなものは、まさに丸元の言うとおり、スーパーやデパートにはほとんど置いていない。だが、それを捜してこいと、この「まえがき」は求める。この無理難題をクリアすることのつらさは全身で表現されている（「シンクの前に倒れます」）。そして読者が、ようやく新鮮な魚を手に入れることができた場合、その貴重な素材を最大限に活用する方法を説くのが本書ということなのだ。

最小加熱の煮魚

さて、とびきりの鮮魚が入手できたら、いよいよ調理ということになるのだが、そのアプローチのしかたも、丸元流は、類書とまったくちがうスタンスで書かれている。

たとえば「煮魚」をどのように作ればいいか。一般に教えられる手順はだいたいこのようなものだ。沸騰した湯にくぐらせるなどして、魚の臭みを取る。残ったうろこや汚れも流水で洗い流す。つぎに、砂糖と醬油と酒とみりんなどを混合した煮汁を作り、そこに魚を入れて、こっくりと甘辛に煮上げる。コツとしては、魚の臭みを抑えるために、煮汁が完全に沸騰してから入れることとか、しょうがやねぎやごぼうなどの香味野菜を用いること、などと書かれているかもしれない。

丸元の場合、煮魚作りの方針は、外から入れる味と加熱を最小限に抑えることである。具体的な手順を要約しよう。まず、用いる器具はふた付きの鍋。ふたと鍋の間が密閉されるビタクラフト社のものを丸元は強く推奨する（積極的に宣伝を買ってでてもいる）。その鍋に、うろこなどを取った魚を入れて、上から酒と少量の醬油を注ぎ、ふたをして、ひたすらごく弱火で加熱をつづける。そうすると魚からも水分が出て煮汁となる。その汁の味を醬油で調整して完成。

> この方法ならば、だれでもすぐにおいしく魚を煮ることができる。（…）この調理法では魚の身の大部分は、蒸されて熱変性していく。つまり水蒸気で蒸されるわけで、一〇〇℃より低い九〇℃くらいの温度でたんぱく質は変性するわけで、加熱調理した場合、その温度で変性が進むと魚

の身は最もうま味を出す。だから、かれいはかれい、めばるはめばるの味を味わうことができる。従来の煮魚の甘辛の味では、かれいもめばるもほとんど同じ味になってしまうが、その味とは大きく異なることは、実際蒸し煮にしてみればよくわかる。そして、このほうがはるかにおいしいことはいうまでもない[5]。

ほとんどぶっきらぼうな、曖昧さを徹底して排した書き方もまた丸元的なのだが、とりわけ「九〇℃」という数字が説得的だ。『丸元淑生のクック・ブック』によれば、密閉式の鍋（いわゆる無水鍋）による水蒸気加熱の方法を、彼はアメリカの栄養学者バーナード・ジェンセンの著作から一九七〇年代に学んだのだという[6]。この煮魚のレシピは、それを日本の家庭の魚料理に応用した成果なのだ。

私も実際、言われたとおりにこれをやってみたのだが（それに先立ちビタクラフト鍋も奮発して買った）、たしかに、おお〜という感動を覚えた。なにが「おお〜」だったのかというと、まず、「いままで自分が食べていたものはなんだったの」というかんじがしたのだと思う。煮魚と言えば、醤油と砂糖の甘辛味、というのは自分が生まれ育った実家の常識でもあり、それ以外の調理法など思いもよらなかった。それが見事に覆されて驚いたのだ。おいしい、というだけでなく、別種のおいしさがそこにはあった。たしかに、こういうミニマルな調理に用いることのできるレベルの鮮魚を入手するのは困難ではあるが、その苦労をする価値はあるし、それでこそ「勇者」というものではないか、などと、私は独りごちていたかもしれない。まんまと折伏されたというわけだ。

中央線で買う小田原のさば

　こうして『家庭の魚料理』をわが指南書とすることになったのだが、しかし、すぐ壁に突き当たることになる。当たり前のことだが、すばらしい鮮度の魚がそうそう手に入るわけはないことに気づかされたのだ。微妙な鮮度の魚で丸元の教えるミニマル・クッキングをしてみても、まったく感動は得られない。逆に、しっかり甘辛い煮汁を足す従来の調理法が、漁港近くの恵まれた土地に住むのではない者にとって、いかに理に適ったものだったかが痛感されてくる。だが、そこで諦めるのはいかにも残念だったので、当時、住んでいた、中央線沿線のアパートの周囲の魚屋を、それこそしらみつぶしに見てまわった。その結果、幸運なことに、第二の出会いを得ることができた。

　場所は中央線のとある駅前からすこし歩いたところ。さいわいに自宅からの自転車圏内だったのだが、そこにこの魚屋はあった。小売りもしているようなのだが、基本的には飲食店への卸売りが中心のようで、いかにも入りづらいかんじだった。だが、ぴんと来るものがあり、勇気を出して重い扉を開く。

　話し好きの店主から何度かに分けて聞くことになったのは、およそこのようなことだった。その店では、毎朝、小田原の漁港で、その日に揚がったばかりの魚を仕入れ、持ち運んできて売っている。かつては築地で商売をしていたものの、そこで目にした魚の流通体制一般に違和感を覚えて、なるべくダイレクトに海から消費者へと魚を届けるための独立したルートを作ろうと考えた。築地は集積基地なので、基本的には前日に地方で競られた魚が集められ、その翌日に再度、競られ、小売り店に運ばれることになる。だから、最低でも一日のタイムロスが出るし、マージンが発生して値段が上がる。

極上のものはそのあいだに一部の高級店に独占されてしまう。この魚屋では、朝どれという最高鮮度の魚を売る。大量に獲れる旬を迎えた魚種に関しては、充分、毎日使える範囲の価格に収まっている。このようなタイプの魚屋は都内に数えるほどしかないのだという。たとえば小田原と都内を往復するためには、毎朝かなり早く店を出発しなければならないなど（なんと午前二時半）、維持するために莫大な労力がかかるからだ。以上が、店主の言の要約である。

このような話を聞かされたとき、「勇者」たちを導く「賢者」と言うべきか、まさに出会うべき方に出会ったという、渡りに船の心境であった。

そして、『家庭の魚料理』を座右に置き、この魚屋でとびきり新鮮な魚介を購入する生活が始まるのだった。その初期、一本の朝どれのごまさばを捌いたときの衝撃が忘れがたい。「そのまま刺し身で」と店主は勧めた。

出刃包丁でまず腹を切る。内臓が完全に原形をとどめていることに、はっと驚いた。さっきまで生きていた魚なのだから当たり前なのだが、これまで私が購入したことのある魚の場合、そうではなかった。外科医が患者の体にメスを入れるときもこんなふうだろうか、と思わず類推したくなるような感触だった。三枚におろし、柳刃で刺し身に引く。すこし醤油をつけて口に含むと、おお〜という感動が押し寄せてきた。

死後硬直がいままさにはじまろうかという身の、こりっとする感触が独特だった。ごまさばは、まさばよりも脂が少ないので、全体としてはどこまでも軽快な味わい。なにより、古い青魚特有の臭みが完全にゼロであることに目を見開かされた。いままでなんだったの、という思いが、やはりここでも去来した。

漁港の近くで暮らしているか、あるいは、釣りをする方ならば、新鮮なさばの味わいはよくご存知なのだろう。しかし、海からそれなりに遠い、東北の盆地で生まれ育った自分は、釣りもしないし、とれたての鮮魚を自分で捌いて食べるということをしたことはなかった。だから、これは本当に驚くべき味わいというほかなかった。それどころか、魚全般に対して持っていた先入見が根底から覆されたのだと思う。青魚のあの臭みはあって当たり前だと思っていたし、丸のまま売っている魚の内臓はかたちがくずれているのがふつうだと思っていた。しかし、そのような魚だけではなかった。そのつもりで探せば、ふと身近な場所でも、ごく新鮮な魚を入手することはありえたのだ。

この小田原の朝どれ鮮魚の店に日参するなかで、とくによく買ったのが、値段の手頃な青魚である。熟成することで味わいが増す大型魚や、鯛などの白身とちがい、鮮度の良さがダイレクトに味に反映されるのがこれら青魚だ。さばもよく買い、そのまま刺し身で食べるほか、〆鯖にもした。自分好みの加減で作った手製の〆鯖の美味は、ひとを料理好きにする最良のきっかけの一つだと思う。

丸元は、さばの利用法について、次のように書いている。

さばを買うか買わないかは、しめさばにできる鮮度かどうかで判断すべきである。しめさばにできる鮮度ならば頭までストックに使えてよいだしが出るため、野菜スープに連動できる。そして、しめさばで食べきれなかった分は、そのまま干物になっていくから、少人数の家庭でも完全に無駄なく食べることができる。(7)

しめさば。『家庭の魚料理』（講談社、34 頁）より

「ストック」というのは、保存もできる、スープ料理のベースのことで、つまりは、魚のあらでとっただしのことだが、ごく新鮮な魚を使うと、クリアで、すこぶるおいしい。さばの場合、セロリの葉などとともに煮出すとよいと書かれている。また、玉葱を、ひたひたに張ったこのストックで甘くなるまで炊き、オーブン皿に移してグリュイエール・チーズを乗せて焼くという、ややイレギュラーな丸元独自のオニオン・グラタン・スープの作り方も紹介されている。(8) ひとに出すとたいてい不思議そうな顔をされるが、私はこの味わいにも素直に感動した。

それから「干物」。これも丸元メソッドの代名詞の一つで、ピチットという、こんぶなどの天然成分で作られた脱水シートを用いて、自家製の「干物」をこしらえることをこの本では推奨する。塩して、脱水シートに包んで冷蔵庫で寝かせるだけなのだが、この作り方の利点は酸化しないことである、と丸元は強調する。(9) 実際、試してみると、簡単でおいしい。いわゆる「天日」や「浜の風」が良い干物の必須条件だという常識が覆されもするのだった。

料理する生活者の「一」の力を「一〇」にするというのは、魚のこのような多面展開のことを言う。家庭でも新鮮な魚を丸のまま買って、自宅で処理するべきであると丸元は主張するのだが、それは数日間にわたって、刺身、スープ、そして干物等々として食べつづけられるからだ。
私は当時、夜勤のアルバイトをしていたので、仕事が終わった朝、この魚屋に行き、小田原の定置網に入るさまざまな魚を買って帰り、『家庭の魚料理』にならって調理する、ということを繰り返した。そういう日々が五年ほどつづいただろうか。思い返すにつけ、幸福な時間だった。シンプルなものほどおいしい、と主張する丸元による、魚の味わいについての描写には心に訴えるものがあった。たとえばいわしについて。

とびきりの鮮度のいわしは、なんといっても刺身で食べたい。わずかの量を食べても滋養が全身に行きわたる思いがする。また、味が深くてひろがりがあり、その味のひだひだが細かく、きりっと立っており、食べるたびに私は、これこそまさに刺身の王者の感を新たにする。(10)

あまりに大げさで笑ってしまうのだが、こういう文を読んでは食べ、食べては読み、ということを繰り返した。出刃と柳刃を握り、さらには「ピチット」や「ビタクラフトのフライパン」を用意しては真っ昼間から魚料理に没頭する私の姿は、周囲から気味悪がられもしたのだが。

自家製のもやしと蕎麦畑

周囲から気味悪がられる、というか、変わり者だと思われる、という点も、丸元メソッドの特徴だと言えるかもしれない。本を読んで感化され、忠実にそれを実行していると、だんだん世の中から

自家製のもやし。
『新・家庭料理』（中央公論社、119頁）より

「孤立」してゆくという実感を得られる。たまに来て魚料理を食べていくだけの友人ならば、珍しがりつつも、だいたいはよろこんでくれるものだが（私は当時、冷蔵庫に自家製のからすみを大量に常備し、来客にはかならず振るまっていた。日本で一番からすみを多く食べた大学院生はたぶん私だろう）、生活をともにするパートナーの場合、話がちがう。米は五分搗きになり、なんでも「ビタクラフト」で低温加熱し、アルミの調理器具を避ける、という具合に、純化の道を私は辿っていったのだが、なかでも一番不評だったのが、デザート以外の料理に砂糖を一切使わなくなったことだ。丸元は、戦後に普及した砂糖と醤油の甘辛味こそが日本料理をだめにしたと主張し、これを「独立愚連隊」呼ばわりしていた。いまはさすがに独善的すぎたかなと反省して、とくに子どもにご飯を食べさせる都合上、砂糖も使うように戻ったが、一時は完全に感化されて、「砂糖＝独立愚連隊」説を支持していた。

　もう一つ思い出深いものに「自家製のもやし」がある。丸元は、完全無農薬、とれたての食材を自宅で作ることの貴重さを説き、自宅で豆に水を与え、発芽させてもやしにする方法を広めようとした。[11]著書の最後にはたいてい「もやし研究会」という団体の連絡先がついており、原料となる豆と、それを育てるためのキットを購入することができるようになっている。私もこれを自宅のアパートで作っては料理に用いたものだった。これも白い目で見られた。

ちなみに、女優の本上まなみが、同じようにもやしを自家栽培しているとどこかで聞いて、同志だ、と勝手にうれしく思ったりもしたものだが、そのような感覚こそ、丸元フォロワーに特有のものだろう。「隠れキリシタン的」とでも言うべき側面があるのだ。

料理の著作を書く以前、丸元は小説を執筆していたと述べた。それら作品がどのようなものかも気になり、順番に読んでみたのだったが（結局、私は丸元をほぼコンプリートした）、果たせるかな、そのなかにも、他人からみれば奇矯としか思えない、秘められた営みになぜかしら没頭する孤独な人々への愛着が見てとれた。この点について、最後に触れておきたい。

たとえば、芥川賞候補になりながら落選した、小説家としての代表作の一つ『秋月へ』。作者が自分自身の記憶を多分に投影したと思しい主人公の少年が、祖母、さらには「秋月の乱」に参加したという先祖（この祖母の祖父）の過去に触れてゆく、いわば記憶の旅路を描いた自伝的小説である。そこで、世代を超えた不可思議なつながりを媒介するものが「蕎麦畑」である。

この少年が大好きだった祖母が、突然、戦争直後の混乱のなかで見放されていた荒れ地を開墾して蕎麦畑にしようと言いだし、わけもわからぬまま二人三脚で野良仕事にあけくれる場面が描かれる。主人公は、このとき、このように思う。

開墾地の草や木のあいだにいるとき感じていた、あるなにか確かなものに触っているという思いは、戦争が終わって以来、はじめて私におとずれたものだった。(12)

やがて、物語の最後、祖母のこの奇妙な蕎麦栽培への情熱の意味があきらかになる。祖母が死んだあと、すでに中年になった主人公はふと故郷に戻り、そこで、この蕎麦づくりが、祖母の少女時代に、彼女の祖父から教えられたものであったこと、また、二人の最も貴重な絆であったことに、はじめて思い至るのだ。

耕作の及ばない山の急斜面に、木立を倒して蒔くことのできたものといえば、蕎麦以外の作物があったとは思えなかった。農家出でもなかった祖母が、なぜ、蕎麦の栽培にだけは精通していたか。そのことを思うこともなく、牛のように想像力を欠いていた自分の愚鈍が私を奮わせた。

そのときだった。身のうちから、かすかに響き出すものの声を私は聞くことができた。その声は、私にこういっているように思われた。

「よしちゃん、美しいやろうがね？」(13)

都会のマンションの一室でもやし作りにはげみ、真空パックや脱水シートで鮮魚を保存することには、荒れ地のなかに「蕎麦畑」という自分だけのテリトリーを設営しようとしたこの祖母の身ぶりと通じるものがある。そこで守られた作物は、秘密の絆を思い出させるよすがだった。自分にとって大切な、「美しい」なにかを庇護するこの営みは、おそらく必然的に、孤独で幸福なのだ。

＊

だが、ほかならぬ私が、この同じ営みに没頭したのはどうしてなのだろう。私はどんな絆を想起しようとしていたのだろう。「美しいやろう」と私にささやく声は、どのようなものなのだろう。これから考えてゆくことにしたい。

(1) 丸元淑生『家庭の魚料理(丸元淑生のからだにやさしい料理ブック)』講談社、一九九九年。
(2) 丸元淑生『丸元淑生のシンプル料理――最新栄養学に基づいた健康人のクッキング』講談社、一九九三年、六～七頁。
(3) 丸元『家庭の魚料理』四頁。
(4) 同前、四～五頁。
(5) 同前、八～九頁。
(6) 丸元淑生『丸元淑生のクック・ブック完全版』文藝春秋、一九八七年、六〇頁。
(7) 丸元『家庭の魚料理』三二頁。
(8) 同前、二四頁。
(9) 同前、二八～二九頁。
(10) 丸元『丸元淑生のシンプル料理』一五二頁。ちなみに丸元の著作には、あえてとびきり新鮮な魚を禁じ手にして料理をするというコンセプトの一冊がある。『ヘルシークッキング夏秋篇』である。ごく一般的なスーパーにまず赴き、その日に入手できるごく普通の食材から料理をスタートさせる、という手順が守られたそうだ。だが、なんと、その結果できた魚料理は、すべてインド料理だった。防腐効果と、匂いを相殺するためにスパイスを多用するのが理にかなっているという判断からだ。丸元淑生『ヘルシークッキング夏秋篇』中公文庫ビジュアル版、一九九六年。

（11）丸元淑生『新・家庭料理』中央公論社、一九九二年、一一九頁。

（12）丸元淑生『秋月へ』中公文庫、一九八六年、六二頁。

（13）同前、一五一頁。

3　ファッションフード

餃子の皮の時代性

同世代の料理研究家の本を読むと、あ、そのかんじわかる、と思わず膝を打ちたくなる記述に出くわすことがある。たとえば冷水希三子が『おいしい七変化——小麦粉』で「もちもち水餃子」の解説をする箇所。

子供の頃、家で食べる餃子と言えば焼き餃子だった。たまに、その焼き餃子が鍋の具になっていた。あの薄くてカリッとした焼き餃子の皮は跡形もなく歯ごたえも何もないぺろーんとした皮は破れ、中の具は鍋に出てしまっている。そんな「水餃子のようなもの」しか食べた記憶がなかった。

大人になって、初めて皮も具も手作りの水餃子を食べた時なんておいしいんだろうと驚いた。皮がもちもちしていて、嚙むと中の具がじゅわーと出てきて…[1]

自分にとっての水餃子体験も、まさにこんなふうだった。冷水は一九七四年生まれで、私は七六年。私の家でも餃子の皮を粉から作るということはしていなかった。私が生まれ育ったのは郡山という東北の地方都市で、たぶん、あの頃、粉からつくる母親はそれほど多くなかったはずだ。うちでも、スーパーで挽肉コーナーに並んでいる、十枚入りとか八枚入りの皮に、餡を包んで焼いて、食べさせてくれた。懐かしの味ではあるが、あの皮に関しては、微妙な、あんまりうれしくないような思いがあった。おまけにうちの餃子は野菜ばかりで、ラーメン屋さんのそれのようにジュワーと肉汁が染み出てくることもなく、よけいにあの既成品の皮のこわばった食感が強調されていた。

だから、小麦粉から作った餃子を食べたときの感動はよく覚えている。本当に「もちもち」で、ああ、アジアの小麦文化圏のひとたちが味わってきたのはこの「もちもち」だったのか、などと思われ、世界が一挙に広がったような気さえしたものだ。

手作り餃子の皮の食感を「大人になって」知ることを、同世代的経験だと括れるかどうかは、もちろん微妙なところではある。同じ世代でも皮から作った餃子を、生まれたときから食べて育った方はいるだろうし（両親が料理好きとか、中国の方とか、そういう食習慣のある場所に移住したことがあるとか）、都会で恵まれた外食経験をさせてもらっていれば、あの「もちもち」にもっと早く遭遇するということもあるだろう。生まれた場所や環境などによってばらつきはあるだろうから、同世代だからといって同じタイミングで同じ経験をするとはかぎらない。とはいえ、ある時期にある流行の波が押し寄せて、それまでごく一部のひとしか味わえなかったものがメディアを通して全国津々浦々に広がり、昨日までの常識が今日の常識に取って替わられる、ということはあるわけで、だから、かつてを振り返って、あんな変化があったね、と記憶を共有したと思える世代がいるということも、おおむねまちがいではないと思う。

もちもちの皮の水餃子について言えば、それがとりたてて珍しいものでなくなったのは、おそらく、ここ二、三十年のことだろう。店でも家でも、それまでは餃子と言えば焼くものと相場が決まっていた。本場中国では、とりわけ小麦粉料理を常食とする北京などでは、じつは焼餃子よりも水餃子のほうがはるかによく食べられていて、あちらの焼餃子と言えば、日本のものとは形態が少しちがう（羽根を完全には閉じない）「鍋貼《グオティエ》」というこのジャンルのなかではマイナーな一変種のことを指す、などという情報が人口に膾炙するようになるのも、やはり、私が大人になる頃ではなかったか。中国との国交正常化のあと一九八〇年代には海外旅行ブームがやってきて、それで餃子の食べ方がよく知られるようになり、料理雑誌などでも作り方が紹介されるようになる、というような流れがあったのだ。名著『ウー・ウェンの北京小麦粉料理』(2)が出たのは二〇〇一年で、私もこの本を買ってから、時間があるときは、家の餃子を粉から作るようになった。時間がないときは、できあいの皮を買ってきて作ることもあるが、そうすると、技術の進歩から、むかしのそれより食感がよくなっているとはいえ、やはり粉から作る場合のような感動はない。そしてぼんやりと、母が作ってくれたむかしの餃子のことを思い出す。

ちなみに、母がよく読んでいたレシピ集はなんだろうかと気になって、帰省したとき、その蔵書を探ってみたことがあるのだが、小林カツ代と平野レミの本がおもに並んでいた。長年の料理生活のなかで、この二人に絞り込まれていったらしい。とくに平野レミのレシピ本が使い込まれている。なぜこの二人なのかと聞いてみたら、「楽だから」と一言。

この二人は、おいしい料理を簡単に作るための新しいアイディアを広めた著述家だ。母にとって、祖母の代のようにきちんと作らねば、という義務感から解放してくれた存在が、この二人だったのだろうかとも想像する。母は、自営業を営んでいた祖父の仕事を手伝って、日中は机に向かって事務や会計の仕事に集中する時期があった。小林と平野の本には、それがあの時代の趨勢だったということだろうが、キッチンに立つ者の労力を軽減するための斬新な提案が多く書かれていて、既製品を使うことの引け目を取り払ってくれるような配慮もなされている。だからあの餃子の皮に対しても、母の代には母の代の思い入れがあるのかもしれない。私たちはいまこれを「できあい」などと言ってしまうが、最初に売り出されたときは、それこそ、家事労働にあたる者を助ける画期的なうれしい商品だと受け取られたのかもしれない。

ファッションフード

さて、餃子の皮の例から入ったが、今回は、食文化における流行の推移、とりわけここ数十年の日本におけるそれが、「おいしさ」をめぐる私たちの感性になにをもたらしたかについて考えてみたい。取りあげる本は『ファッションフード、あります。——はやりの食べ物クロニクル1970—2010』(3)である。近年のめまぐるしい食文化の流行現象を、俯瞰的な視座から一挙に理解させてくれるすばらしい書物で、著者の畑中三応子は一九五八年生まれ。食をめぐる雑誌と書籍の編集に長年携わることで培われた豊かな経験と現場感覚をもとに、この国の食文化の栄枯盛衰が、ときおり毒を効かせたユーモアもまじえつつ軽やかに叙述される。

起点とされるのは一九七〇年。「万博」の年である。ここから一挙に食の情報が溢れかえり、ファッションとしてさまざまな料理が消費される時代がやってくる。「ファッションフード」現象の沸騰は八十年代までつづき、バブルの終焉とともに沈静化しつつもゆるやかに継続して現在へ至る。

それら流行の主だったところをピックアップしてみよう。七十年代に登場したものには以下がある。マクドナルド、カップヌードル、缶コーヒー、ブルガリア・ヨーグルト、ミスター・ドーナツ、ファミリー・レストラン、『アンアン』の食べ歩きガイド、ケンタッキー・フライド・チキン、レアチーズケーキとベイクドチーズケーキ、溶けるチーズ、アルデンテ、リプトンの紅茶、健康食、サッポロラーメン。

マクドナルド第１号店開店（1971年）

八十年代は、『なんとなくクリスタル』、『ポパイ』、『美味しんぼ』、『東京・味のグランプリ２００』、『HANAKO』、B級グルメ、リゲイン、『ビタミンバイブル』、ファイブミニ、エスニック料理、多国籍料理、カラムーチョ、飲茶、京風ラーメン、ボジョレー・ヌーヴォー、カフェバー、アサヒ・スーパードライ（CMのナレーターのあのイントネーションが脳内再生される……）。

九〇年代は、イタめし、ティラミス、ナタデココ、モツ鍋、ローカルフード、ニューウェーブ系ラーメン、『粗食のすすめ』、スローフード、ミネラル・ウォーター、オリーブオイル、栗原はるみ、「料理の鉄人」。このあたりで「ファッションフード」の勢いの強さは衰えてくるが、しかしそのサイクルの早さはますます増して、短命で消えるものも多くなる。

〇〇年代以降は、健康娯楽番組、メガフード、ゼロ飲料、B―1グランプリ、イベリコ豚、本格焼酎、立ち飲み、「ビストロSMAP」、食べるラー油。やはり、こうして見返してみても、最近の流行は小粒である。

「ファッションフード」の要諦はなにか。「誰もが参加できるポップカルチャーである」ことと畑中は言う。単に栄養を摂取したり、純粋に味覚を楽しむというだけではなく、洋服や音楽、アートやマンガなどの場合と同じように、参加することに意義がある流行現象である。高度消費社会の産物だから、あらゆる国で起こりうるが、日本ではそれが突出した盛り上がりを見せた。なぜか。とりわけ戦後に加熱した、海外文化への憧憬の念がその原動力である。「一般に人間は食生活には保守的で、新しい味を受け入れるには時間がかかるものだが、欧米に対する劣等感と憧れが、驚くべき速度の受容を可能にした(4)」。日本の活字文化も、それを強く後押しした。畑中自身は、シェフたちをスターとして扱う風潮を決定づけた画期的な「シェフ」シリーズと、高度な食の知識を普及させた「暮らしの設計」という雑誌で編集に携わったが、「ファッションフード」はこれらつぎつぎと発行される文化情報誌とともに開花した。そこには危うさがあることも畑中は指摘する。「食の情報化時代は、ハラだけでなくアタマでモノを食べる時代。と同時に、モノとしての食べ物から情報だけが分離し、食の情報そのものがファッションとして享受される時代である」。「たとえば、たかが豆腐に「北海道産有機丸大豆と南アルプスの湧き水を使って、瀬戸内海の天然にがりで固めた絹ごし」、一個一〇〇円程度で買えるコンビニの袋パンに「マヤ文明から続く世界でいちばん辛い唐辛子ハバネロを使った激辛カレーパン」などと、いまではごく日常的な食品にまで長々と情報を付加することが普通になった(5)。

そのような「ファッションフード」のから騒ぎとも言える側面にはしかるべく批判的な距離が取られ、冷静に考えればあまりに変だった流行は、ツッコミや皮肉を交えて回想されるのだが、しかし、基本的に本書は、これら寄せては返すエンターテインメントとしての食文化への愛情に貫かれている。そのポップな在りようは、やはり、私たちをわくわくさせ、食に対して硬直しがちな感性を軽やかに解放してきたと考えられているからだろう。

自分もまさに「ファッションフード」の洗礼を浴びたというほかはない世代だ。翻弄されたところもあるだろうが、私は根がかなり素朴なたちだからか、知らない食べものを口にすることが単純におもしろくてしかたがなかった。つぎつぎと新しい食文化が紹介されつつある時代と、生まれ育った時期がほぼぴったり重なったことは、たぶん、自分の嗜好の在りようをあるしかたで決定づけたのだと思う。

私が高校時代までを過ごしたのは東北の田舎だから、東京の視点で書かれた本書とはタイムラグがある。けれど、数年遅れでやってくるそれら流行は、都会からの距離ゆえに、さらに強い憧憬をかきたてていたように思われる。『ファッションフード、あります。』で書かれる多くの項目は、自分自身の懐かしい記憶とともにしか読めない。小学校の頃、マクドナルドのサンキューセットとロッテリアのサンパチセット(6)のどっちがうまいかを同級生と熱く議論したものだし(私はロッテリア派)、モスバーガーができたときは、ハンバーガーのうまさのリミットが更新された気がした。牛肉輸入自由化の時期と重なっていたと思うが、私の住んでいた地域に「ステーキ宮」というチェーン店ができ、ステーキの焼き加減には「ウェルダン」と「ミディアム・レア」と「レア」があることを知った。家族はほぼみな「ウェルダン」だったが、私はいつも「ミディアム・レア」にした。それが肉本来の味わいを引き出す焼き方だと聞きかじっていたからで、うっすら赤いその肉を頬張りつつ、自分だけが進歩的な人間だと思えて誇らしかった。いま「ステーキ宮」は、あの独特の自家製玉ねぎソースとともに「懐かしい味」にカテゴライズされるだろうか。床屋には『美味しんぼ』がずらりと並んでいて、リーゼント頭だった山岡という若い主人公と、その暴力的な父親が語るとてつもない食の薀蓄に胸を躍らせた。『味いちもんめ』の主人公の若い板前にどっぷりと感情移入し、食べたこともない京料理を自分まで一から修業している気持ちになった。

料理の新しい「匂い」も、最初はそれら「ファッションフード」が運んできた。バジルの葉をオリーブオイルとともにペースト状にしたジェノヴェーゼ・ソースの存在も子どもの頃はまったく知らず、「イタめし」がようやく地方都市にもまわってきてそれをはじめて口にしたときは、その鮮やかな緑色と清冽な芳香に目を白黒させたものだった。やがてこの匂いはクセになり、初夏にスーパーの店頭に並ぶと、またバジルの季節が来た、と思うようになった。エスニック料理店のコリアンダーにも驚いた。最初は抵抗感がなくもなかったが、これもやがてクセになるはずだ、という根拠のない確信とともに何度も食べているうちに、実際にそうなっていった。バブル末期のチーズ屋の、なんだか高飛車な売り子のお姉さんは苦手だったが、奮発して買う輸入チーズの臭さの先に、未知の文化が広がっている思いがした。ネット時代が本格的に到来するまえのことで、フランスもイタリアも、まだはるか遠くに感じられた。これらは、いまやなんの変哲もない日常の一部になったものばかりだし、廃れて顧みられなくなったものも少なくないが、しかし、扉を開くように、一つまた一つと新しくそれを知った私たちの世代には、その都度、めくるめく驚きを与えてくれた。

食を語る資格

さてしかし、流行に素直にしたがって食の経験を更新するということが、そもそも美食の在りようとしてはきわめて貧しく軽薄であるという考えも、他方ではあるかもしれない。たとえば、美術商で料理評論家の勝見洋一のように、一九七〇年代以降の新しい料理の流行現象が、「古き佳き」味わいを抹殺したと断罪する者もいる。勝見がとりわけ非難するのは、フランスで起きた刷新運動「ヌーヴェル・キュイジーヌ」である。彼は「新橋で代々続く古美術商の長男」というプロフィールを掲げ、美食家としての「クラシック」な味の座標軸を持つ点を誇る。もちろん勝見も自分があらゆる流行と無縁ではありえないことはよく知っているだろうが（たとえば「味の素」が心の味だと書いたりもしている[7]）、いずれにせよ、批判的な距離を取ることの必要性はたえず確認されている。

一般に、幼少時から「本物」の味覚を知って育ったということが、食を論じるために不可欠な資格であるという通念がある。だからこそ、「評論家」たちは、自分の資格をどこかで示そうとする。勝見もやはりそういうエピソードをおおいに語っていて、たとえば幼少時代に祖父に連れられていった銀座の名店・辻留で創始者の辻嘉一本人が握る「お結び」を食べたとか、川端康成の「年少の友」だったというようなことを、さらりと、というべきか、これみよがしに、というべきか、ともかく随所で語っている。さかのぼればあの魯山人もまた、裕福な環境で贅沢をしてこないかぎり美食は身につかないとはっきり書いていた(「がーん」と思ったのでよく覚えている)。最高の美味が高価とはかぎらず、たとえばとんぶりはキャビアに劣らないというような名言も残している魯山人だが、前提としてキャビアの味を知っていなければならないということなのだろう。さらにさかのぼれば、中国の美食家たちは、「食は三代」と言って、祖父母の代からいいものを食べているのでないかぎり真の美食の境地には辿りつけないと考えた。『随園食単』という清代に書かれた中国美食の古典を買ってページをめくっていたら、この言葉の起源について書いてあった。[8] もともとは魏の文帝が『典論』で使った言葉なのだという。文帝というのは、「三国志」の曹操の息子の曹丕のことだから、この「三代」というのは庶民レベルをはるかに超越した、途方もない三代ということなのだ。

曹操の息子の言葉を自分にあてはめることのできる者がそうそういるとは思えないが、しかし、この言葉は今日に至るまでやはりそれなりに拘束力があるのだと思う。もちろん、多くの反論も書かれてきた。たとえばエッセイストであり料理本の著述家でありワイナリー経営者でもある玉村豊男は、「食は三代」と題された文章のなかで、この言葉がいま使われることの欺瞞を暴こうと試みている。曰く、少なくとも日本においては第二次大戦の混乱を避けえなかったのだから、三代ものあいだ断絶なしに美食を食べつづけるのは不可能だ、などともっともな主張がなされる。ところがこの文章の後半部分では、その玉村自身が自分の父の食通ぶりを自慢しはじめるというミイラ取り的展開になっていて、ああ、やはりこの言葉の効力はまだまだ残っているのだな、と痛感しもした。[9]

「三代」はさすがに誇張なのだとしても、文化資本がものを言うのは当然のことで、玉村にせよその恩恵に与かっていないはずはない。貧乏クッキングを指南する魚柄仁之助の本でも、プロフィールに「実家は代々続いている古典料理屋」とある。節約料理だからこそ、それを支えるなにがしかの根拠を示す必要があるということなのだろう。まあ、食文化について教える専門家なのだから、堂々と文化資本を誇ればいいのではないだろうかと思う。

裕福さとはべつに、本物の「自然」に触れて育ったという「資格」もある。わが国の風土がドラスティックに近代化してしまう以前の、まだ手付かずだった「自然」と結びついた食文化を体験として知っているかどうかが、美食を身につけるうえでの重要なファクターであるという考えもあるように思うのだ。たとえば一九三四年生まれの丸元淑生のルーツにあるのは、九州の豊かな自然のただ中で育まれた食材を調理する母や祖母の料理であるだろう。一九四三年生まれの小泉武夫は、福島の田舎の森に食の原点があったと述べている。彼らが説く食の「自然」は、いま私たちが「ロハス」だのなんだのといいながら、「ファッションフード」として消費するそれと同じものではないだろう。少なくとも「ロハス」と言うときに私たちが覚える照れと躊躇が、彼らにはない。

「伝統」であれ、「自然」であれ、食文化について一家言をもつ者の多くは、やはり戻るべきルーツに軸足を置く強みを持っているように思われる。もう一つ例を挙げると、とてつもなく豊かな食体験が語られる四方田犬彦の『ひと皿の記憶――食神、世界をめぐる』の冒頭では、やはり食道楽だった祖父に連れられて、一日がかりで通った川魚料理屋をめぐる幼少期の記憶などが語られている(10)。美食家になるべくしてなるような原点を持っているということなのだ。そこから我が身を振り返ると、サンキューセットとサンパチセットのどちらがうまいかを大真面目に議論していたのだから、そのレベルの低さ、体験の薄っぺらさは、どうにも否定しようがない。

生まれたときからアルデンテ

逆に、「ファッションフード」が出尽くしたあとに生まれた世代に目を転じてみよう。たとえば一九九一年生まれの平野紗季子は、「生まれた時からアルデンテ」と題されたエッセイのなかで、昭和の古き佳きとされる（ときには、ぶかぶかに茹であげるべしなどと言われる）ナポリタンに愛情を注ぐ「おじさん」たちの趣味が理解できない、なぜなら自分はそもそもアルデンテしか知らないから、と書き、最後に「どうやら私は新しい舌を持っている」と結んでいる。[11]

一九九〇年代に生まれたのなら、物心ついたときにはすでに、これまで触れてきた食の流行はほぼすべて紹介され、古今東西のさまざまな料理がよりどりみどりであるだろう。そっちの極端にも、おおいに関心がわく。流行現象そのものがある意味で退屈なルーティーンになってしまったあと、シーンに参加するのは一体どんな気持ちなのだろう。

もちろんリアルタイムで更新される食のフロンティアが完全に消えてなくなったわけではなく、平野はたとえばコペンハーゲンの「ノーマ」など、そのときどきに最先端のレストランにおける画期的な料理と出会う驚きを記述していたりもする。とはいえ、旧世代が段階的に少しずつ踏破してきた食体験の未知の領域が、最初から一挙に、かつ、ひとしなみに視界にひろがるところから始めているわけで、そこから「新しい舌」が生まれるというならば、たしかにそういうことはあるのだろうな、とも思う。八十年代に喧伝されたそれよりも一層、徹底的な「ポスト・モダン」と言うべきだろうか。「新しさ（モダン）」の更新それ自体が、すでに飽和しているように感じられるような、そんな状況。

おそらくこの世代に突きつけられるのは、考えつくかぎりの実験がほぼなされてしまい、また、それが言葉で語られてしまったようにも思われる地平で、なお、そこに自分なりの新鮮さを発見することはいかにして可能かという難問だろう。「最近じゃ、食べものを食べる前からその食べものに異常に詳しいということが当たり前で、（…）実際にその食事と対峙する時には答え合わせの追体験でしかないなんて、そんな不感症グルメがあふれている気がする。（…）昔は情報に飢えてたから、今は情報が溢れているからって時代のせいにもしたくなるけど、それじゃあやっぱり悔しくて。私は率先して感動したいし自分の舌で味わいたいから、昔の人は尊敬するけど、それに負けない貪欲と敏感でごはんと向き合っていく所存である」[12]。平野の世代のマニフェストとも読めるくだりだ。私も半分は共感する。いま最先端を標榜する料理が、「脱構築」の作業によって、いかにして伝統を別様に「再発見」させるかをテーマとしていることも、このこととかかわるだろう。

中途半端な愛好家

さて、私はもちろん、生まれたときからアルデンテではなかった。母が作ってくれたのは、「マ・マー」のゆるいスパゲッティである（「パスタ」とは呼ばなかった）。いまそれを食べれば、うまいとは思わないだろうが、あの頃の懐かしさは感じるだろう。ようするに私は、はじめからなんでもフラットに揃ってしまった地平を条件とする「新しい舌」を持っているわけではないし、それを武器にできるほど若いわけでもない。

自分の立ち位置は、どっちつかずの中途半端なものでしかない。だとすれば、いったいどんな根拠で、食について書くことができるというのだろう。十分に新しくもなく、十分に古くもない。なんとも据わりの悪いところから出発し、ふわふわと流行の波に浮かび、弄ばれては無節操に遊泳してきただけなのだ。

そこで自分にできることは、絶対的な基準を持たないということ、というより、複数の基準にたえずさらされ、揺らぎつづけているということ自体を、積極的な価値として捉えてみることだけだ。自分には確固とした一つの基準のもとに味の善し悪しを判定する専門家や美食家の資格はない。かといって、「新しい舌」を持っていると断言することを躊躇する程度には、古い「伝統」や「習慣」に、そして不自由な「生活」に囚われている。だが、そのどちらの極端にも振れない「中間」だからこそなしうる「愛好」のかたちがあるのではないかとも思うのだ。

そんなことを考えたうえで、あらためて「もちもち」の水餃子の皮を嚙みしめてみる。おいしいだけではない。ここには、大人になって最初に食べたときのあの驚きと感動の余韻が残っている。上書きされてしまった母の餃子の皮の食感も残響している。この「もちもち」を人生の途中で知ったのでなければ、このように複雑な感慨は持ちえなかったはずだ。つまり私は折り畳まれた時間の襞を味わっている。専門家ではなく、生粋の食通でも無論なく、ひたすら揺れて漂いつづけてきただけの中途半端な愛好家に与えられる滋味だと思う。

(1)　冷水希三子『おいしい七変化――小麦粉』京阪神エルマガジン社、二〇一〇年、七六頁。
(2)　ウー・ウェン『ウー・ウェンの北京小麦粉料理』高橋書店、二〇〇一年。
(3)　畑中三応子『ファッション・フード、あります。――はやりの食べ物クロニクル1970―2010』紀伊國屋書店、二〇一三年。
(4)　同前、七頁。
(5)　同前、八頁。
(6)　マクドナルドが三九〇円、ロッテリアが三八〇円でそれぞれ売り出し競合したセット商品名。
(7)　勝見洋一『ごはんに還る』祥伝社新書、二〇〇五年、二八頁。
(8)　袁枚／中山時子監訳『随園食單』柴田書店、一九七五年、二頁。
(9)　玉村豊男「食は三代」、高峰秀子編『おいしいおはなし――台所のエッセイ集』所収、ちくま文庫、二〇一四年、九一～一三〇頁。
(10)　四方田犬彦『ひと皿の記憶――食神、世界をめぐる』ちくま文庫、二〇一三年、一〇～一八頁。
(11)　平野紗季子『生まれた時からアルデンテ』平凡社、二〇一四年、一二六頁。
(12)　同前、九一頁。

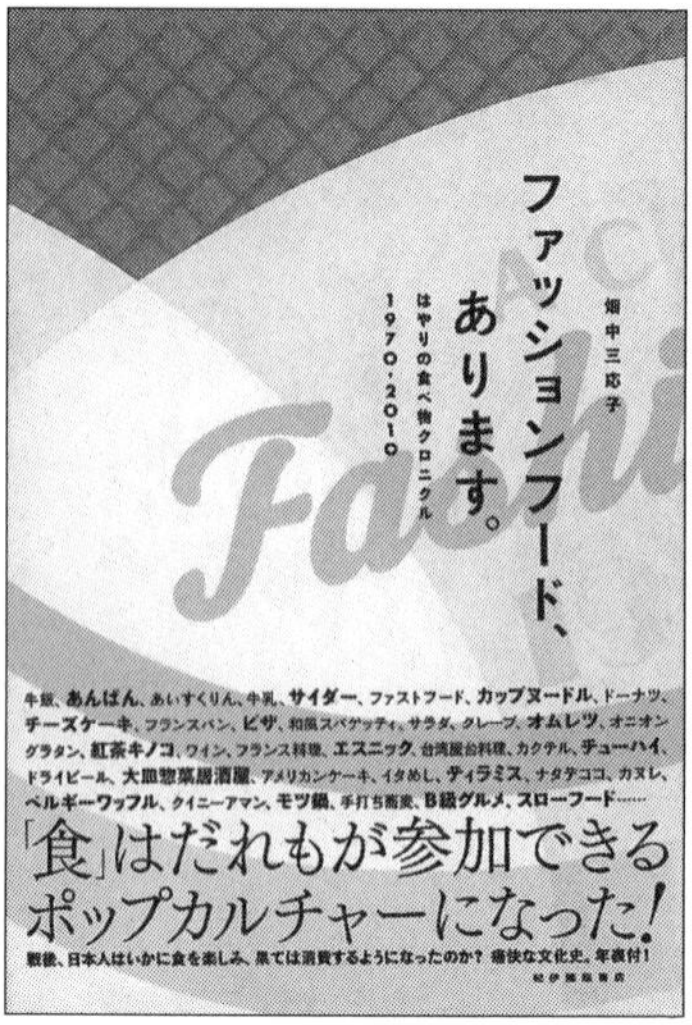
ファッションフード、あります。
畑中三応子
はやりの食べ物クロニクル
1970-2010
「食」はだれもが参加できる
ポップカルチャーになった!

4　福島のスローフード

「地方」と「都市」の中間で

前回は、「ファッション・フード」について見た。新しい美味がつぎつぎに登場しては移ろいゆき、あるおいしさの基準がまたべつのおいしさの基準へとたえずスライドする。短命で軽薄な流行にすぎなかったものもたくさん含まれていただろうが、たぶん、このような時期に育って、食の楽しみを知ったことが、自分には決定的なことだった。自分がいるのはつねに「中間」であり、いま当然と思っていることも、やがてべつのなにかにとって替わられるだろうという確信のようなものがあるが、それはこういう時代によって育まれた感覚でもあっただろう。

この点にかんしては、東北の地方都市といういかにも中途半端な場所に生まれたことも大きかったように思う。大都市ではなく、逆に、大自然に囲まれた本当の田舎でもない。「地方・都市」という、よく見れば矛盾しているようにも思える名前の場所に特有の食の在りようというものがおそらくあって、たぶんそれもまた私の嗜好の原点をなしている。前回は、古いものと新しいものの「中間」における食の魅惑を主題にしたが、今回は、都会と田舎の「中間」について、自分の体験をもとに考えてみたい。

すでに述べたことだが、私が生まれたのは一九七〇年代の福島県郡山市である。原発事故ですっかり有名になってしまったけれど、それまではとりたてて外からの関心を引くことの少ない街だったと言ってよいだろう。まれに全国の注目を集めるイベントもあり、たとえば、国内初の野外ロックフェスとされる「ワンステップ・フェスティバル」が一九七四年に地元の若者有志によって開かれたが、日本中のヒッピーたちが集まってくるらしいというので、期間中、若い女は家の外に出すなというお触れが出されたのだと聞いたことがある。このあたりのなんとも言えないちぐはぐさが、いかにも郡山らしいと思う。このイベント最大のゲストだったオノ・ヨーコは、記録映像のなかで「郡山のことは知りませんでした」とはっきり言っていて、笑ってしまった。

福島県の対外向けPR広告のキャッチコピーのひとつに、「ちょうどよいくらし」というものがあった。「中途半端」は、「ちょうどよさ」とも言い換えられるのだ。自然が多く残されていて、のんびりした田舎の良さもあるが、東京からは新幹線で一時間ほどの距離にある。流行もそれなりに入ってくる。一九六〇年代後半以降の福島県は「脱東北」をスローガンに掲げて、高度経済成長の波に乗ることに成功した。首都圏から企業や工場の誘致活動がさかんになされ、郡山市といわき市は政令指定都市になった。その結果、街の風景はみるみる変わっていくことになる。子どもだった私は、古ぼけた田舎の景観が近代的になっていくことに、ただとてもわくわくしていた。

田舎と都会のちょうど中間にあって、しかもその境界がたえず更新されつつある街のどこか浮ついた雰囲気は、外からだとなかなか理解しづらいところがあるかもしれない。東京に出てから、郡山はなかなか都会でもあったんだよ、と口走って、東京生まれに失笑されたことがある。なんと説明すればよかったのだろう。やや大げさに表現するならば、田園地帯のすぐそばにいきなり丸井だの西武だのといったデパートが出現するかんじ、とでも言えるだろうか（バブル期は実際に両方ともあった）。田舎の風景と隣接しているからこそ、数少ない都会的な要素がより強い魅惑を放つのだ。

「ファッション・フード」が入ってきたのも、まさにそういう雰囲気のただ中にだった。おばあさんたちが作るむかしながらの料理の習慣をつぎつぎと塗りつぶしていくようにして、新しい料理が広まってゆく。その結果、古い料理と新しい料理のある種のまだら模様が描き出される。たとえば学校の教室では、弁当箱にむかしの料理が入っている子どもと、新しい料理が入っている子どもがいて、新しいほうはぴかぴかと魅力的に見えた。私のは完全に古いほうで、紅じゃけ、にしんの味噌煮、ひじきの煮物、ほうれん草のごま和えなどのいかにも地味なおかずをひとに見られるのが恥ずかしいから、弁当箱を四五度ぐらいに傾け、中を見られないようにして食べたものだ。ごくたまに、レンジでチンするカラフルなお総菜が入っていたり、漬けもののかわりにプチトマトが入っていたりすると、息のつける思いがした。「スローライフ」という言葉など、まだ誰も知らなかった。

高校までは祖父母と一緒に暮らしていたのだが、祖母が作るのは、まさに福島のおばあさんたちが作るたぐいの料理。庭には梅の木があって、大きなざるで梅を干し、たくあんも巨大な容器に漬物石を乗せて、家族全員が夏になるまえまで食べられる量を漬けこんだ。春には山菜を採ってきた。母は、どちらかといえば健康志向が強いほうで、祖母の田舎料理をだいたい踏襲していたが、雑誌や流行のレシピ本を読みながら、子どもがよろこぶハンバーグとかカレー、シチューなどを作ってくれた。

うちに少し変わったところがあるとすれば、父がコカ・コーラの社員で、わが家にも設置してあった自動販売機の在庫品がすべて飲み放題だったことだろうか。ときどき登場する新製品——ファンタの新しい味とか、コーラの低カロリー商品などをいち早く試飲できたので、それを同級生に自慢してまわったものだ。母は当初「健康に悪い」と言って飲ませようとしなかったのだが、「健康に悪いものをお父さんは売っているというのか」と言い返したりしてがんばっていたら、結局なし崩し的に飲んでよいことになった。父は家でコーラを飲みはしなかったが、「大量生産品」というもの自体に社会を良くするなにかがあると信じているふしがあって、晩酌用の日本酒にもいわゆる地酒などは選ばず、気に入った銘柄のパック酒を、安くてうまいと愛飲していた。そして、いまに至る。母の作る野菜料理もおいしいと言って食べてはいるが、本音では、スーパーで売っている味の濃い既製品のほうが好きなのだ。

わが家の食卓は、庭の梅を干す健康志向の祖母と母、コカ・コーラの父、そしてなんであれ新しくぴかぴかしたものを渇望する子どもたちの好みをそれぞれ別個に満たすよう構成されていた。だからものすごくばらばらだったのだが、しかし、その不統一なかんじが、あの当時の地方都市的な雰囲気を体現していたように思い出される。

スローフード・レストラン計画

やがて東京に出て、地元はしだいに遠のいてゆくことになるのだけれど、三十歳になるぐらいの頃、故郷の食とふたたび向き合う機会があった。そのきっかけは、福島の友人が飲食店の開店準備をすると言うので、それをしばらく手伝ったことだった。このときすでに食べものの本を読むことに夢中になっており、情報だけは頭にぱんぱんに詰め込まれていたので、よろこびいさんで、開店計画に参加したのだった。とはいえ最初に断っておくと、本当に店ができたわけではない。開店を夢見ていろいろと地元を歩きまわった結果、自分たちの考えの浅はかさに気づかされることになったという、とてもありがちなオチになるのだけれど、ともあれ自分にとっては非常に印象深い経験になった。

ことの発端から述べると、高校時代からの付き合いだったSという男がいて、いまは首都圏で魚の卸売店を経営してそこそこの成功を収めているようなのだが、当時は東京のＩＴ関連会社をちょうど辞めたところで、地元郡山に戻り自分の好きな道を歩もうと、飲食店を開く計画を練っていた。どんな店を構想していたかと言えば、福島の食材を集めたスローフード・レストラン、と要約できるだろうか。いま冷静に思い返せば、この時点で成功の望みはかなり薄いと考えるべきだったのだが、当時はまだそのことに気づいていない。むしろ、調べれば調べるほど福島県は食材の宝庫に思えて、それら素材をできうるかぎり新鮮に提供することができれば、最高においしい店ができるにちがいないと素朴に信じて疑わなかった。

たとえば海産物にかんしては、相馬原釜漁港に注目していた。相馬は、太平洋岸でもずわいガニが穫れる数少ない場所であるほか、ホシガレイという超高級魚が揚がったりすることでも知られていた。車を走らせてそこにお話を伺いにいくと、ちょうど新事業を立ち上げようとしている若手の漁協職員がいるといって紹介していただいた。その方たちは、相馬の鮮魚を、市場の経由なしで直接、消費者に届けるための流通システムをいままさに作ろうとしているところなのだという。現状では、新鮮な魚を届けようにも、中央卸売市場をまず経由し、（いわゆる築地直送ではない場合は）そこからさらに地方卸売市場へ運ばれることになるので、無駄な日数のロスが出て、「相馬の魚は質が良くない」という不本意なクレームが来てしまうこともあるのだという。彼らが最終的な目標としているのは、「市場なしの魚流通」のシステム設計であり、それが軌道に乗れば日本は変わるだろう、と言うのだった。壮大な計画に感動した私たちは、すっかり同志になったつもりで、もし開店できたあかつきには、きっと相馬の朝どれ鮮魚を仕入れますと約束し、漁港をあとにした。

ほかにもたくさんの際立った特産品があることがわかっていった。郡山のすこし東の三春町にはハーブ農園があり、南郷村には評判のトマトがある。会津地方には山菜が豊富で、檜枝岐村には独特の田舎そばがある。Sの実家のそばには自然派の養鶏場があった。郡山の有名なS農園にお話を伺いにいって、まだ知られていない特産野菜の品種と採れる時期について教えていただいたりもした。十分すぎるではないか。そうした素材を集めて、その味わいを最大限に生かす料理を出すならば、少なくとも自分たちにとっては心から満足できる店になるのではないかと思われた。

これらを使ってどんなメニューが考えられるだろう。まずは相馬直送朝どれ鮮魚（休漁の日は潔くなしにするのだ）。旬には幻のホシガレイを熟成させつつリーズナブルな価格で提供。春は種々の山菜をフリットにしたりお浸しにしたりする。南郷トマトなどのブランド野菜を三春のハーブと和えたサラダ。えごま油を使って、ドレッシングなども自家製する。朝絞めした放牧鶏の各部位を刺身と炙りに。会津産馬肉のレバ刺しを苦みの効いたハーブとあわせて。郡山名物に鯉料理があるけれど、それも定番の甘辛煮ではつまらないから、なにかモダンに再構築する。そんな妄想を膨らませていた。

しかしすでに述べたように、この妄想が現実になることはなかった。計画を具体化しようとするさまざまな局面で、どうも地元にはフィットしないのではないか、というより、場違いなのではないか、という疑いが募っていったのだった。生産者の方々は、ふーん、まあがんばれよ、ととりあえず励ましの言葉をかけてくださるのだが、地元の飲食業界のプロの方たちに助言を伺う機会があると、軒並みかんばしくない反応を頂戴することになる。スローフードね……やりたいことはわかるけど、はっきり言えば、それは「東京向け」じゃないの。「素材」を生かすというけれど、こっちのひとがわざわざお金を払って、シンプルに調理されただけの地元の料理を求めるだろうか。観光客は来るかもしれないけど、それだけでは経営がまわらないでしょう。両親たちにいたっては、そんなもの誰が食べに来るの、と冷たいことこのうえない。

たしかに、私たちが構想していたたぐいの店は、地元郡山市には数えるほどしか存在していなかった。だから人に先んじてやる意味があるのだ、と考えたつもりだったのだけれど、そもそも成立する見込みがないから誰も作らなかったのかもしれないし、あるいは、できたけれど淘汰されたのかもしれない。県庁所在地の福島市や、観光が盛んな会津などには、「地元素材」に特化した店はそれなりに在る。それから、はっきりと「オーガニック」を志向して、嗜好を共有する固定客を摑んで地元に根を下ろしている店もぽつりぽつりと見つかった。だが、観光客でもなく、自然食への嗜好を共有するわけでもない、いわばふつうの客に「地元素材」を提供し、そこに特別な価値を見い出してほしいと期待することには根本的な無理があるのではないか。

一般に、「地元素材」をありがたがるのは、その場所から遠く離れ、ほかの「地元素材」とも比べつつ取捨選択して味わうことのできる消費者だろう。そこにはセレクトの愉しみがあり、セレクトにおいてこそ趣味の良さが発揮され、付加価値が発生するということもありうる。地方の小都市にも、もちろんそういう愉しみはある。たとえば鮨屋には全国の食材が集められ、ここにはないべつの地方色がさまざまに賞味される。そこはいわばプチ東京だ。しかし、自分たちの地元食材をそれと同じようにセレクトし、消費する対象にしたいかといえば、それは微妙なところだ。いや、おそらく、そんなことをするのはどこか気恥ずかしいことである。私たちは非常に遅まきながらそのことを了解していった。

福島の食事

開店計画のことはいったん措き、ふたたび福島の家庭料理のほうに目を向けてみよう。ブランド未満の身近な生産品は、地元でどのように賞味されてきたのか。たとえば『聞き書　福島の食事』(1)のページをめくりながら思い出してみる。昭和前半の一般庶民の食について取材した本書において、福島は「さけとさかなともちの国」とまとめられている。なるほど、それは昭和五〇年代生まれの私にも感覚的にわかる。冬は寒く、酒造りが盛んなこの地方では、食卓に日本酒が置かれる光景がしっくりくる。「さかな」は、主にいわきの漁港から揚がる魚を指している。私の記憶では、なんといっても、かつおとさんまとほっき貝だ。初夏にはさわやかな酸味の初がつおが、秋には脂ののった戻りがつおが大量に獲れて、魚屋やスーパーに出回る。近年、大型スーパーには全国から魚が届くが、旬のいわき産のほうが安い。ほっきは、素朴にじんわり甘い貝で、祖父が好きだったのでそれこそ飽きるほど食べたものだ。どれも日本酒に合う。それから「もち」。自分が小さい頃は、「じんだ」といって、青豆をつぶしてまぶしたものがよく出てきた。正月や、お彼岸など、一族が集まる季節の行事のたびにもち料理が振るまわれた。

それらはなにも特別ではなく、当たり前に存在するものばかりだ。だからこそ、外食では、こういう普通の食べもの以外を求めたい、という気持ちになるということもあるだろう。実際、飲食業で最も層が厚いのは、焼き鳥や焼肉といった専門料理の店であり、特筆したい名店もこういったジャンルに多い。(2)震災後に出たタウンガイドの『福島本』(3)は取材が行き届いており、それら名店の一端を知ることができるだろう。やや古いが、詩人の三谷晃一が一九七五年に出した『ふくしまの味』(4)は福島の外食文化について知るための良書である。それからチェーン店。あえて外食に出かける機会には、土地の自然などではなく、その時代ごとに新しいとされる既製品的なもののほうが、目先が変わって好ましいという感覚はやはりあるのだ。ちなみに、かつてわが家で祝いの日などに行ったのは、フラミンゴを観賞しながらカニピラフを食べるという趣向の「メヒコ」というローカルチェーン店だった。

それらとはべつに、ごくふつうに存在しつづけるいわば基層として、地元産の旬の味はある。盆地や山間部では、魚以上に、野菜や果物こそが季節を感じさせてくれる食べものだ。畑が近いから、トマトやきゅうりやなすやねぎ、それから桃といった作物は、直売所に行って、決まった農家から買うという方も多いだろう。たとえばトマトなら、春から初夏にかけて、味わいがだんだんと濃くなり、やがてそれが薄れてゆく過程を、年間を通して体感することになる。旬の美味は、同じ場所に留まりつづけ、季節の移ろいゆきを待つ時間と不可分である。それは不自由を代償にしたわずらわしいものでもあり、待たざるをえないからこそ一層、貴重に感じられる。土地の旬は、その意味で、ブランド化して持ち運びできるものではない。

とある郡山の老舗焼き鳥屋にいたとき、おすそ分けだといって、山菜をさっと湯がき、刻んで握ったおむすびが配られたことがあった。客の一人が山でもらってきた山菜なのだという。私は常連ではなかったが、その恩恵に与ることができた。しみじみとうまかった。季節の味覚が身近に存在し、それをごくふつうに楽しむ常連が居つく、そういう場所の在りようを垣間見た思いがしたが、そのような店は、もちろん一朝一夕に思いつきでできるわけはないのだ。

原発事故のあとで

私たちの浅はかなスローフード・レストラン計画が頓挫した数年後、震災は起きた。さまざまな報道に接しながら、かつてお話を伺いにいった生産者の方々の顔が脳裏をよぎった。直後の大混乱がようやくおさまった頃、あらためてお話をする機会を持つことができた方もいる。相馬の漁協にも訪れることができたが、かつて地方発の流通革命について熱く語ってくれた若手職員のうち、リーダー格だった方はすでに辞めていて、べつの業種に転職したのだと聞いた。

地震と原発事故後の福島については、すでにとても多くのことが語られている。善意の市民運動があちこちで起きて、私も少なからず身近で接することになった。これをきっかけにわが国の食文化の在りようを見直し、自然の貴重さを再認識しようという主張もさかんになされた。それらにはもちろん大筋で同意する。あの惨状を間近で見れば脱原発以外の選択肢はもう思いつかない。

けれど、なにかもやもやが残る。たとえば近過去において福島が「脱東北」を目指して近代化を歓迎したこと、そこでかろうじて保たれていた「ちょうどよい」バランスにこそこの土地の魅力があったことは、どれぐらい知られているだろう。報道され、取りあげられるのは、極端に近い、際立った意見ばかりだ。目立たないその他大勢の生活実感に基づいた声は案外届かないものだなと思うことがしばしばあった。私の母は、悪くなった目で、新聞を埋め尽くす原発事故の関連記事を毎日すみずみまで読むのが日課だった。地元の多くの方がそうだっただろう。わが子に福島産の食材を食べさせていいか悩む母親たちについての記事のすぐとなりでは、安全な作物を作ってふたたび売るために奮闘する生産者たちの活動が紹介されている。両者をともに身近で知る者の意見が、極端に傾くことはほとんどありえない。この問題については、だからなんとも複雑な想いを抱くほかはない。いわゆる当事者ではなくとも、現状をつぶさに見ようとした方ならば、多かれ少なかれそうなるだろう。

つい先日、中学校の同窓会があり、居酒屋の店長をしているHという男と久しぶりに再会した。Hはずっと地元に留まりつづけている。酒を飲みながら、彼はいまこそ地元食材の良さを見直すことのできる店を作ろうと日々がんばっているのだと言った。そこはもちろん私たちがかつて構想した頭でっかちのスローフードの店などとはちがい、顔見知りの生産者たちとじかに手を取り合う熱気に包まれた場所なのだろうと想像できた。値段も手頃で、焼き鳥などの定番メニューも充実している。彼に、そういえばアルケッチャーノの奥田政行という山形の有名なシェフが、震災後に郡山で店を出し、特産品に脚光をあてた新しい郷土料理を提案して注目されているようだけれど、と話を振ってみた。するとHは、ふん、あいつらはおれらとはちがう、というようなことを言った。どういうニュアンスだったのだろう。なんとなく、それ以上は聞けなかった。ずっとここに留まりつづける者とそうでない者のちがいを問題にしたのだろうか。地元産をあまりに見事にブランド化して発信するその「外向き」のやり方を不純と見たのだろうか。奥田とHのやり方のどちらがいいか、私にはわからない。奥田とそのスタッフは、東北でいち早くスローフードを地域おこしのためのビジネスとして定着させたいわば先輩として、外へ発信し、売ることこそがなにより必要だということを知り抜いてそうしているのだろう。いずれにせよ、私はHの話をひりひりするような思いとともにしか聞けなかった。

最後にもう一つ、震災後の忘れがたい思い出について記したい。「オーガニック」路線の店もあると先に述べたが、ここについてのことだ。郡山駅前の繁華街の奥まったところにぽつんとむかしながらの大きな石造りの蔵があり、そこを改装してできたTという店だった。埼玉で働いていたが、辞めて福島に戻ってきたという亭主とその奥さんの二人で営んでいた。奥さんが調理を担当していたのだが、その店はなにを食べてもおいしかった。いわゆる「オーガニック・レストラン」がすべておいしいとは思わないし、有機じゃないとだめという信条も私にはないのだが、ごくたまに「申し子」とでも言うのか、独自の感覚が研ぎ澄まされすぎて必然的にこの道を進まざるをえなかったのだろうなと思わされるケースがあり、ここはまさにそういうかんじだった。近所でとれた放牧卵とか、地元の信頼する農家のとても新鮮な有機野菜とか、一つひとつ納得のいくものだけが使われているとのことで、料理はどれも滋味深く、澄んだ香りがした。かつてはパンも焼いていたそうだが、売れ残ったときに捨てるのがしのびなくて、パン販売をやめたのだと聞いた。おいしさにつられて、帰省するたびに通っていた。

地震の直後に訪ねていくと、最後のお別れ会が催されると貼り紙にあった。親しい方たちが集まる場だろうから遠慮しようかとも思ったが、どうしても居合わせたくて参加した。古い石造りの台所は破壊されていたから、持ち寄りパーティにするとのことで、二、三十人ほどだっただろうか、周辺の、オーガニックな食文化を心から愛する方たちが集まっていた。私は地元の輸入食材店でブルゴーニュの白とそれに合うチーズを買って持参したのだが、それがいかにも浮いてしまったように感じられ、一瞬、恥ずかしくて持ち帰ろうかとさえ思った。常連の方々は、それぞれに素朴ながら工夫の凝らされた手作り料理を持ち寄っていた。どれもおいしかった。おいしすぎるとさえ思われた。それらは当面の間、この土地から消え去ろうとする味であるように感じられた。やがてオーナー夫妻は小さな子どもを連れて福島を去った。その後、あのひとたちは潔癖すぎたのだ、という街のひとの声を聞いた。

あれからだいぶ経ち、異常な時期は通り過ぎつつあるように思われる。生活者にとっては忘れることが希望ということもあるだろう。しかし、この店の最後の光景は、消化されないまま心の底にわだかまりつづけている。

（1）柏村サタ子ほか編『聞き書　福島の食事——日本の食生活全集7』農文協、一九八一年。
（2）郡山市のすばらしい専門料理店については、かつて以下の論考を書いた。三浦哲哉「ちょうどいい福島のB級グルメ」、『ユリイカ　特集＊B級グルメ』所収、第四三巻一〇号、二〇一一年。
（3）『福島本』椎出版社、二〇一三年。とくに郡山市在住の料理研究家・佐藤文男氏による名店紹介が貴重である。

（4）三谷晃一『ふくしまの味――うまいものガイド』ＦＣＴサービス出版部、一九七五年。

5　ジャンクフードの叙情

「添加物の味きき」

今回はいわゆるファストフードやジャンクフードについて書かれた本を取りあげたい。

いま私たちの社会は「ファスト」とか「ジャンク」と呼ばれる既製品で溢れかえっていて、おいしい／まずい、好ましい／好ましくないという基準それ自体も、その影響下に成り立っているように思われる。「ファスト」の反対に「スロー」があり、「グローバル」企業が開発する商品の反対に「ローカル」な地物食材がある。たくさんの添加物を用いるものの反対に、素材の味を際立たせた「真正」な料理がある、というように。

「ファスト」や「ジャンク」のすばらしさを礼賛する本というのは、やはり少ない。大部分は、私たちの身体や、ひいては社会や環境への悪影響を告発するたぐいのものである。「ジャンク」の悪を指摘して、良い食事へと向かわせようとする書物は一つのジャンルを成すほどだ。そのなかのベストセラーの一つに、二〇〇五年刊行の『食品の裏側』(1)がある。タイトルからなんとなく内容の予想がついてしまうように思えるが、しかし、この本には一風変わったおもしろさがある。著者の安部司が、食品添加物の驚くべき「味きき」だというのだ。ワインを口に含んだ瞬間、ぶどうの種類や産地や栽培方法やヴィンテージを瞬時に見抜くことのできるソムリエと同等の能力を、安部はジャンクフードに対して発揮する。

私は純品の添加物ならほぼすべて、食品に混じりこんでいるものでも一〇〇種類ほどの添加物を、舌で見分けることができます。いわば「添加物の味きき」「添加物のソムリエ」と言ったところでしょうか（ただ、ワインのソムリエと違い、あんまりなりたいという人はいないでしょうが……）。

コンビニの弁当などを食べるときも、

「このハムはちょっと「リン酸塩」が強すぎるな」

「どうしてこんなに「グリシン」を使わなくてはいけないんだ」

などと、ついつい「採点」をしてしまうぐらいです。(2)

大学で化学を専攻したあと、食品添加物専門の商社に入社したという安部は、努力の甲斐あってトップセールスマンとなり、クライアントとともにさまざまな商品開発に携わり、ヒット作も数多く生み出してきた。そのなかで添加物の効能や風味を知り抜くことになり、先述したほかに「歩く添加物辞典」、「食品添加物の神様」とも呼ばれるようになったそうだ。(3) そのたぐいまれな能力を使って、世間に出回っている食品の実態をレポートしてゆくというのが本書の趣旨である。だから内容としては、読者の危機意識を煽る告発系の啓発書としか言いようがない部分も多いのだが、「添加物のソムリエ」という不条理文学めいた立ち位置がなんとも言えないユーモアをたたえていて、一度読み始めると止まらなくなるおもしろさがある。たとえば安部がスーパーに並んだ「減塩」梅干しを食べると。

それはもう梅干しではありませんでした。「梅風味の添加物」あるいは「梅干の形をした添加物」にしか思えないのです。

塩分5％といったら、常温では保存できません。腐敗を防ぐため、アルコールに漬けてあるのです。

梅自体も、梅焼酎に使われた「リサイクル梅」なのか、風味もうまみもなにもない。

その分、「グルタミン酸ナトリウム（化学調味料）」「ステビア」「グリシン」「ソルビット」「かつおエキス」「たんぱく加水分解物」で味を補う。「合成着色料」も2〜3種類使って鮮やかな色を出す。すっぱさは「酸味料」で出します。(4)

こんなふうに口に含むとその正体がすぐにわかってしまう安部は、いささか苦渋の混じった調子で「明太子」や「ハム」や「ラーメンスープ」などが実際はなにからできているかをつぎつぎと解き明かしていくのだった。

それにしてもなぜ「食品添加物の神様」が、その告発者にならなければならなかったのか。「運命のミートボール事件」があったからだという。猛烈に仕事に打ち込む日々を送っていた安部が、娘の誕生日というので久しぶりに家の食卓についたとき、ミッキーマウスの楊枝が刺さったミートボールが並んでいた。「そのミートボールは、たしかに私が投入した「化学調味料」「結着剤」「乳化剤」の味がしました」、とブラインド・テイスティングでただちにそれが自分の開発した商品であることを見抜く安部。「「ちょ、ちょ、ちょっと、待て待て！」慌ててミートボールの皿を両手で覆いました。父親の慌てぶりに家族は皆きょとんとしていました」。安くぱさぱさした廃鶏に「組織状大豆たんぱく」を入れて整形し、「ビーフエキス」「化学調味料」「ラード」「加工でんぷん」で味を足し、「結着剤」「乳化剤」で作業性を高め、「着色料」でおいしそうな色をつけ、「保存料」「pH調整剤」「酸化防止剤」で保存性を増すべく設計されていたことを安部は知っている。(5)

「パパ、なんでそのミートボール、食べちゃいけないの？」

（…）ドロドロのクズ肉に添加物をじゃぶじゃぶ投入してつくったミートボールを、わが子が大喜びで食べていたという現実。「ポリリン酸ナトリウム」「グリセリン脂肪酸エステル」「リン酸カルシウム」「赤色3号」「赤色102号」「ソルビン酸」「カラメル色素」……。それらを愛する子どもたちが平気で摂取していたという現実。

（…）たとえは適切でないかもしれないが、軍事産業と同じだと思いました。人を殺傷する武器を売って懐を肥やす、あの「死の商人」たちと「同じ穴のむじな」ではないか。

このままでは畳の上では死ねない――そう思いました。(6)

かくしてブーメランは自分へと突き刺さる。本書における告発は、したがって懺悔録でもある。だから添加物の悪を指摘するときにひとが陥りがちな「上から目線」はなく、安部はむしろひたすらに低姿勢で、好感を持たずにいられないほどなのだった。

食品の「裏側」をじっくりと見たあとでなされる本書の提言には大きく述べて二つある。一つは、手間と愛情をきちんとかけてつくられた手料理の良さを再発見しよう、というもの。どんなに添加物を足しても、かけるべくして時間をかけた食品の風味は得られないと安部は強調する。当たり前といえば当たり前のことだが、「添加物の神」が言うとまたべつの説得力がある。もう一つは、あらゆる添加物をただちに「害悪」と見なしてはならぬということ。危険性だけを騒ぎ立てるのではなく、もっと広い視野を持ち、「食品添加物のメリット」も忘れてはならないと安部は言う。安く、早く、手軽な、添加物入り食品の利便性の恩恵に与りながら、私たちの多くはこの近代社会で生きている。いまさら添加物に罪をなすりつけてばっさり切り捨てようとすることには無理がある。とにもかくにも重要なのは実態を知ることなのだと安部は締めくくっている。

ジャンクの魅惑

私の父はコカ・コーラの工場勤務だったので、健康に良くないとひとの言うジュースやコーラを私も小さい頃からよく飲んでいたし、ジャンクフードやファストフードが発散する安っぽくもぴかぴかした魅力に惹かれてきた。だから、いまもそれを一方的に悪だとみなす立場にはどこかとまどってしまう。とはいえ同時に、スローフード的なものの実践にはものすごく憧れがあって、丸元淑生にも有元菓子にもおおいにはまった。アンビバレンツがあるということなのだろう。だからこの引き裂かれたかんじを共有できる文章にことのほか惹かれるのだと思うし、上述した『食品の裏側』は、この引き裂かれを極端に、ほとんどスラップスティックの域に高めていて感動すら覚えたということなのかもしれない。

　スローフードはすばらしい、というのはまさにそのとおりというほかないし、食を介したある種の消費者運動にも、期待を抱きたいと思っている。少なくとも、きっちりおいしいものを丁寧に作る方々がその労を報われる社会はいい社会だと思う。「スロー」と言ってもそれは表面的なイメージだけの話で、結局は消費社会のイメージ商品である点では「ファスト」と同じなのではないかという疑問もよく聞くところだが、しかし、もちろん実質がないわけではない。

　その点に関して、哲学者の國分功一郎は、「スローフード」というコンセプトの実質は「スロー」というより情報量の豊かさ、つまり「インフォ・リッチ」にあるという指摘をしている。[7] さまざまな食材に含まれる味わいを咀嚼し、読み解くのに時間がかかるから結果として、食事の時間は「スロー」になるし、作るのにもそれ相応の時間がかかる。それに対して「ファストフード」は味や香りの情報が少ない――「インフォ・プア」なので結果的にすべてが「ファスト」になる。これは大変説得的な分析だし、食をとおして社会にコミットしていく方途を明確にしてくれる考察だと思う。

　だが、スローフード的なもののある種の正しさを認める一方、それでも「ファスト」や「ジャンク」の魅力をなんとか言葉にできないだろうかという思いは消えないし、また、その稀有な試みに惹かれてしまうのだった。「ファスト」の――「インフォ・プア」のと言い換えてもよいが、その魅力とはなんだろう。たとえば野中柊がさまざまなジャンクフードのすばらしさを軽快に語ってゆくエッセイ集『きらめくジャンクフード』の次のくだりが手がかりになるかもしれない。

お風呂に入ってパジャマに着替え、すでに歯も磨いてしまった後。さあベッドに入ろうかな、と思いつつ、あ。明日の天気予報を見ておこうかな。(…)そうして、ちょっと小腹が減ったなあ、なんてコマーシャルの間にキッチンを物色し、うーん何もないからこれでも食べるか、とポテチの袋をばりっと勢いよく開けて、最初の一枚を口に入れた瞬間――ああ。これがたまらなく幸せなのだ。(8)

そう、「これ」である。ぼーっとしてなにも考えたくない、というときに口に入れて、たいして味わうことなく(単調でそれゆえクセになる「甘み」「塩気」「うまみ」に身を委ねつつ)自動的にぱりぱりもぐもぐやることの快楽というものが、たしかにある。安逸で孤独な味だ。都市の独身者の味と言うべきだろうか。いや、田舎暮らしで既婚でもいい。夜中に一人寝そべってポテチをかじれば、いろいろな面倒から解放されて孤独を満喫することができる。ポテチの袋はある種のエアポケットになっていて、その中だけは、いかなるしがらみからも隔離されている。ひとはそこに逃避したくなるということがあるのではないか。ちなみに私はポテチでジンを飲む、という習慣をかつて持っていたが、これはやめられないとまらないおいしさであった。

ポテチ＝ポテトチップスについては、食文化研究家の松本紘宇が『おいしいアメリカ見つけた。』

でその起源について書いている。

一八五三年の夏のある晩、ニューヨーク州のサラトガスプリングスにある保養所のレストランで、一人の客がウェイターに文句を言っていた。「こんなに分厚いフライド・ポテトは食べられない」と皿を突き返した。それで仕方なくもう少し薄く切って出したところ、この客はそれでも満足しない。

怒ったコック長は、もうこれ以上は薄く出来ないほどに薄く切り、フォークで突きさすと粉々に砕けてしまうくらいにカリッと揚げて出すとこれが大好評、すぐにレストランのメニューに加わるようになった。(9)

コック長が怒ったのは、薄く切ることでじゃがいも本来のほくほくした食感や風味が減って別物になってしまう――「インフォ・プア」になると思ったからだろう。だが、ほとんどじゃがいもではないような、かぎりなくゼロに近い薄さにもひとは惹かれてしまう。それは一体どういうことなのか、さらにべつの手がかりから探ってみよう。

『アメリカは食べる。』と「画一性」の味

ジャンクフードやファストフード一般の歴史的な起源はどこにあるのか。一説によれば、それはナポレオンが懸賞金を出して発明させた保存食としてのびん詰である。(10) 広大な土地を移動する軍隊が、

現地で食料を摘発するのではなく、大量生産して長期間保存可能なびん詰めを輸送・運搬し始めた。無論、それまでも塩蔵や発酵や乾物化など食料保存の技術を人類は蓄積していたが、この時期以降、それは科学技術を駆使した大量生産へと劇的に変化を遂げる。「ローカル」でない食品がこうして誕生する。次にそれは二十世紀アメリカで驚異的な発展を遂げ、文字どおりグローバルに世界各地の食文化を塗りつぶしてゆくことになる。

東理夫の『アメリカは食べる。——アメリカ食文化の謎をめぐる旅[11]』は、マクドナルドのような超巨大企業を生み出しもした「アメリカ食文化」の成り立ちを、自らその広大な大地を自動車旅行しながら丹念に辿り直した労作だ。言うまでもなく東はジャンク擁護派で、死ぬまえに食べる最後の一食は「サケ缶」だと述べる。「熱々のご飯にも、酒の肴にも——なんだか何かの食料品の広告みたいだけど、何よりも大好物なのである。どうしてだか、理由がわかれば世話はない[12]」。両親ともにカナダ生まれの日系二世だという東の一家は、東京の周りの友だちの家とは少しずれた食生活を営んでいた。たとえば缶詰が多かったとか、グレイヴィーソースをなんにでもかけたとか。東はこの旅で、自身のルーツをアメリカ大陸に探るのである。

さて、この旅がおおかたのグルメ紀行と一線を画すのは、探求の対象であるアメリカの食が、かならずしも美味ではない点においてである。そのおいしくなさは、まっさきに東自身が認めているところで、フランスやイタリアといったラテン系、あるいは日本や中国といったアジアの国々のように豊かな美味を目指すことがアメリカでは第一義にならなかったこと、つまり「まずさ」の理由が本書では問われることになる。「アメリカ料理が大雑把で荒々しく、繊細さに欠けるのは、きっと食べることの快楽よりも、あの国の成り立ち、近年まで開拓と移動を続けてきた歴史の中で生きていくには、もっと優先されるなにものかがあったからに他ならない、と思うしかない[13]」。

「優先される何ものか」とは結局のところ、なんだったのか。アメリカ各地のさまざまな事例を実地で調査し、実際にそれら食べものを自らの身体に馴染ませながら、時間をかけてじょじょに仮説を浮かび上がらせてゆくプロセスにこそ七〇〇頁を超える本書の醍醐味はあるのだが、そこは実際に読んでいただくとして、一挙に結論部分だけを見るならば、二つのポイントを取りだすことができる。

一つは、「画一化」それ自体が目的であるということ。この場合の「画一化」はネガティブな意味（たとえば日本式の右へ倣え）ではない。来るべき理想の国としての「アメリカ」を作り出そうとする巨大な社会事業へ参加しているという意識を醸成することが、アメリカにおける食の意義であった。特筆されるのは、たとえば国民的スターであるジョー・ディマジオが経営するらしいチェーン店「ディマジオ」である。ディマジオの方針により、ここではハンディキャップを持った者が積極的に雇用されている。彼らがごく当然に接客する光景に触れつつ、東はこの国に息づいてきたダイナミックな理想主義に思いを馳せる[14]。食を媒介として、旧来の地縁的共同体を超えたべつの「普遍性」の地平が夢見られているところに、アメリカン・フード独特の魅力はあった。

そしてもう一つ。「普遍性」の夢を追い求めることは、「故郷喪失」を代償とする。東は旅の終盤で、自分の父が生まれたブリティッシュ・コロンビア州のプリンス・ルパートへ赴く。そこはアラスカ州にほど近い町で、日系人たちはサケ缶工場で働いていた（東の大好物である「サケ缶」の謎の一端が、ここで解かれることになる）。そこで東は長い間、封印されてきた父親の過去に触れる。それは、移民ならで

は の傷心と喪失を伴うものであった。こうしてこの書物は、ジャンクフードの魅惑の最深部に辿り着く。「だからして、アメリカの食べ物は悲しい」[15]。これら食べものは、普遍性の魅惑で輝く反面に、故郷の失われた記憶というビターテイストを隠し持つのだ。

「アメリカン・コーヒー」の起源

少し話題は変わるが、「アメリカン・コーヒー」の起源についてご存知だろうか。これも松本紘宇『おいしいアメリカ見つけた。』を読んで知ったのだが、同じくアメリカ食文化の起源にべつの角度から光を当てる興味深い事例であるように思われる。以下、松本の記述に従いつつ、見てみよう[16]。

アメリカ中西部には広大な石灰岩層が展開しており、水質はアルカリ性が強い。移民たちがそれを飲料用に中和させようとして、あえて浅煎りで酸味を強くしたコーヒー豆が用いられた。それが「アメリカン・コーヒー」誕生の事情なのだという。実際、浅煎りか深煎りかで、できたコーヒーのpH値にはちがいがでるそうで、普通の水で淹れた場合、浅煎りの場合はだいたい五・〇。深煎りだと五・五ぐらいになるのだという（中性が七・〇である）。中深煎りを「シティ・ロースト」と言うが、この「シティ」はもともとニューヨーク・シティのことを指していた。「ともあれ、アメリカン・コーヒーとのちがいが意識されていた。松本は言う。「ともあれ、アメリカン・コーヒーは決して一度抽出したものをお湯で割ったものではない」[17]。

スターバックスの普及以来、専門店に通うのでない層も、いわゆるスペシャリティ・コーヒーを頼んで豆の風味そのものを楽しむことが当たり前になった。「アメリカン・コーヒー」のポジションは、そうするとますます微妙なものになる。一言でいえば、それはグルメではないコーヒーのことだ。しかし実際のところ「アメリカン・コーヒー」は、グルメ以前の、飲料水をいかに確保するかという課題から生まれた飲み物だった。西部劇などを見ると、男たちはみな大きなマグカップでコーヒーを飲んでいる。あれはなんとなくそういうスタイルなのだろうと思っていたが、水分を合理的に摂取するための方法としてコーヒーを淹れるという側面があったということだろう。飲料水に困らない日本にいると想像しづらいことだ（ヨーロッパの水の悪い地域において、かつてビールやワインはほんとうに水代わりに飲まれていた）。「アメリカン・コーヒー」は、かならずしも人間の身体に合うようにできてはいない過酷な自然との均衡をはかるために必要とされた。ここで問題だったのは、過酷すぎる土地のローカリティ（＝水のアルカリ性）を、中和し、消し去ることだった。

近代的なインフラストラクチャーが整備され、上水道を用いることが当たり前になると、これらのことはほとんど忘却される。「アメリカン・コーヒー」の薄さは、人間と自然のあいだで「均衡」が獲得されたプロセスの名残りと言えるかもしれない。なぜいまだにファストフード店や、フランチャイズ式のファミリー・レストランでは、この個性のなく風味に乏しい「アメリカン・コーヒー」を出すのか。安全な食を大規模に供給するというアメリカ的なチェーン店の源初の使命がここに刻まれているからではないか。

ファストとスローのインフラストラクチャー

水の問題との関連から、ひるがえって、「シンプル」で「スロー」な食についても別様に捉えることができるような気がする。

なぜ日本においては加熱しない魚の「造り」をはじめとして、素材を生かすことを理念とする料理体系が生まれたのかと問うて、『日本料理とは何か――和食文化の源流と展開』[18]の奥村彪生は、それが「水」と深くかかわっていたと指摘する。隣の中国で生食の習慣が根づかなかったのは、端的に述べて水質が悪かったからだ。中国には一九〇℃にならないと死なない細菌がいて食材に付着することがあるという興味深い報告を紹介しつつ、中華料理においては高温の油で加熱することが特別な意味を担い、「浄」の観念と結びついていたと奥村は述べる。

それに対して「日本は古来、水は潔かだから生の山菜や野菜でも丁寧に水洗いすればめったに食傷はしない。魚介もまた、同様である」[19]。新鮮な魚介が獲れるというだけではだめで、それを洗う潤沢かつ清潔な水が必要だったのだ。

魚介を含めた自然の素材そのままの風味を生かすべしという和食の理念が世界中に普及したと言って日本人は誇りにしているが、それは清潔な水を容易に用いることができるという世界的に見てかなり特殊な環境を条件とした。だからそれがよその地域に普及するためには、安全な水を用いることができるための技術が整備される二〇世紀後半を待たなければならなかった。「水洗（のみ）による可食化」という、どこでもできるわけではなかった調理法が和食を成立させるからだ。

和食の源流にあるのは、自然を尊ぶ宗教的世界観や美意識だと言われたりもするが、それに先立つのは飲料可能な水が豊富にあったという環境のほうだろう。たまたま水のきれいなところにいたために、水のきれいなところで初めて可能になる調理法の可能性に世界に先んじて気づき、実践していた、と言うほうが実状に近いのかもしれないし、それは和食を貶めることにはいささかもならないだろう。いわゆる「ナチュラルフード」の場合も同様で、「ナチュラル」を可能にするのは、食材を清潔に洗い、新鮮なまま輸送し、保存するための近代技術である。その嗜好が普及するためには、一部の水質に恵まれた地域をのぞけば、それを下支えする技術が張り巡らされるのを待たなければならなかった。

ここで述べているのはとても当たり前のことではあるが、しばしば私たちはこういうことを忘れてしまう。だが、こうして振り返ってみれば、「ファストフード」と「スローフード」がまったくの別物ではないことがわかる。両者はともに近代化の過程で産み落とされた。[20] おおまかに言えば、この二つをめぐって、故郷喪失とその再獲得のドラマが演じられているのがつまり今日の食文化の大状況であろう。アメリカ大陸の「サケ缶」工場で働く日系人コミュニティに生まれた東理夫の父のような登場人物が、無数に、このドラマと不可避的にかかわってきたということだ。

『アメリカを食べる。』を読んだあと、私も、なんとはなしに、自分の父がどうしてコカ・コーラ工場に勤務することになったか、その経緯について聞いてみた。もともとは、生まれ故郷の久慈で漁業に従事するつもりだったのが、縁故があって、仙台の、次に郡山のコカ・コーラ工場に務めることになったということは知っていたのだが、感情的にはどのようなドラマが生きられたのか。だが、この点にかんして私が聞けたのは、「あの当時、コーラに入ると、うんと給料がよくて、モテたんだ」という言葉だけだった。時代は高度成長期。ボーナスだけで新車一台が買えたのだという。ともかくもコカ・コーラが日本にまでやってこなかったならば、そもそも私は存在してすらいないということらしい。

(1) 安部司『食品の裏側』東洋経済新報社、二〇〇五年。
(2) 同前、三五頁。
(3) 同前、三〇頁。
(4) 同前、七〇頁。
(5) 同前、三五〜三九頁。
(6) 同前、四一〜四三頁。
(7) 國分功一郎「インフォ・プア・フード／インフォ・リッチ・フード」、『ユリイカ　特集＊B級グルメ』所収、第四三巻一〇号、青土社、二〇一一年九月、九六〜一〇一頁。
(8) 野中柊『きらめくジャンクフード』文春文庫、二〇〇九年、一三頁。
(9) 松本紘宇『おいしいアメリカ見つけた。』筑摩書房、一九九八年、八三頁。
(10) 次の論考を参照した。速水健朗「B級グルメの世紀――ジャンクフードとスローフードのダイナミクス」『ユリイカ　特集＊B級グルメ』所収。
(11) 東理夫『アメリカは食べる。――アメリカ食文化の謎をめぐる旅』作品社、二〇一五年。
(12) 同前、五〇二頁。
(13) 同前、六九〇頁。
(14) 同前、六一三頁。
(15) 同前、七二〇頁。
(16) 松本『おいしいアメリカ見つけた。』一〇八〜一〇九頁。

(17) 同前、一〇九頁。
(18) 奥村彪生『日本料理とは何か――和食文化の源流と展開』農文協、二〇一六年。
(19) 同前、一六八頁。
(20) 「ファスト」と「スロー」をともに近代的現象とする認識を独自の視点から鮮やかに示した書物に以下がある。廣瀬純『美味しい料理の哲学』河出書房新社、二〇〇五年。速水健朗『ラーメンと愛国』講談社現代新書、二〇一一年。

6 「ダメ女」と「一汁一菜」

家庭料理の変遷

今回は料理の入門書を取りあげる。

第三回は「ファッションフード」を主題に、食のさまざまな流行商品について見たが、並行して、家庭の台所における料理の在りようも、大きく様変わりしている。

家庭料理史研究家・阿古真理の『小林カツ代と栗原はるみ』[1]（なんというキャッチーなタイトル）によれば、ここ数十年の日本で進行した家庭料理の変容は、総じて「簡素化」のプロセスと捉えうる。それに先立つ戦後の料理ブームにおいて、家庭の女たちは、手の込んだ料理を作るべしと教えられてきた。とくに余暇を手に入れた専業主婦は、テレビや雑誌でさまざまな料理を学ぶだけでなく、ときに教室などに通って覚えて、働く夫や子どもたちのために腕によりをかけて料理を振るまうようになった。ここでは「手をかけた」＝「愛情の込もった」という等式がほとんど自明視されたのだと阿古は指摘する。そして周知のように、成長期が終わったあとは、経済的かつ時間的なゆとりが失われてゆき、「専業主婦」という生き方はかならずしも規範的なものではなくなってゆく。つまり、自由な時間を料理研究にあてることのできる層がどんどん限られてゆく現実がある。外食および中食（テイクアウトして食べる弁当や惣菜）もかつてとは比較にならないほど充実した。また、核家族化が進んで、料理の継承がかつてのようになされなくなった。

そのような時流のなかで登場したのが、小林カツ代や栗原はるみ、平野レミといった新時代の料理研究家たちであり、彼女たちは、より合理的で、手早く簡単に作れるレシピを考案し、社会に進出する新しい世代の女たちを「解放」した。それが阿古の主張の大筋である。キッチンに立つ一女性として、阿古はこの変化を歓迎する。さらに言えば、「昭和」の主婦たちがかつてしていたのと同様に手の込んだ料理を、いまも女は家で作るのが当然だという思い込みが、いかに時代錯誤の精神論にすぎないかを告発する。正論というほかはない。

いまや「家庭料理」を歴史として捉える視点を私たちは獲得しており、阿古の本以外にも、戦後日本の家庭料理の変遷史を回顧するたぐいのものが数多く書店には置かれている。それらがほぼ共通してみてとるのは、家庭料理がしだいに簡素化してゆくということ、手の込んだ料理ほどよいという認識が変わってゆく現実である。たしかにそれは、阿古の言うとおり、家事労働に有無を言わさず拘束されていた女性たちの「解放」という側面を持つだろう。だが、もっとシビアに言ってしまえば、それは社会全体の貧困化の帰結でもある。女であれ男であれ、家でゆっくり料理をすること自体が贅沢に思われさえするようになった。というより、調理技術を覚える機会をそもそも持たない層が増加の一途を辿っている。その厳しい状況を調査し、惨状を嘆くたぐいの言説もすっかりおなじみになった。身も蓋もなく伝統を喪失してしまった者が、そこから、いかにして豊かに食べる技術を獲得できるか。

それが今日の料理書の新たな課題ということらしい。

余談めくが、たしかに、料理の本、とりわけ「入門書」の記述は「簡素」になったな、という印象を私も強く抱く。かつて私が一人ぐらしをはじめたとき、初めて自分で買った入門書に載っているレシピは、やたらと手順が多くむずかしかったのを覚えている。

たしか「基本のおかずの作り方」というような名前の本だったのだが、「回鍋肉」の作り方がとりわけ印象に残っている。いまにして思えばこれは鬼門以外のなにものでもなかった。「回鍋」とは、茹でたり揚げたりした具材をもう一度、鍋に戻す料理のことを指す、とまず説明されたうえで、その本式の手順が示されていた。まず、きゃべつを茹でる。肉は衣をつけて揚げる。次に空の中華鍋を熱して香味野菜を油で炒め、そこに調理したきゃべつと肉を戻し、味噌などの調味料をあわせ、水溶き片栗粉でとろみをつけ、化粧油をして完成。おおよそこのようなプロセスが指示されていたはずだが、自炊を始めたばかりの私は、このすべてをこなすのに、ゆうに一時間はかかった。ガスコンロが一口のみだったので、複数の工程を並行して進めることができず、どうにかこうにか完成した頃にはぐったり疲れ、しかもこの手製の回鍋肉は、お店のそれのように食感のめりはりを感じさせることのない、だめな回鍋肉であった。

この本の書き手は、料理の基礎を大事にしてこつこつ練習せよ、と思っていたのかもしれないが、料理を始めたばかりでモチベーションがつづくかどうかすらわからないデリケートな時期に回鍋肉はいくらなんでもハイリスクローリターンであるだろう。外で食べたほうが早くておいしい料理を、なぜそもそも家で作るのか、という疑問が浮かんでしまうところなのだ。今日の基準からすれば、台所に立つ者は料理を基礎から覚えて当然、というスパルタ式のプレッシャーが、たかだか二十年ほどまえでさえ、驚くほど強かったように回想される次第だ。

「ダメ女たち」の料理レッスン

以上を踏まえて取りあげたいのが、キャスリーン・フリンの『ダメ女たちの人生を変えた奇跡の料理教室[2]』である。料理書出版界で大きく話題になったが、まさに貧しい時代ゆえの料理入門書としてヒットしたということなのだろう。日本ではなくアメリカが舞台ではあるが、おそらくあちらのほうがより深刻な、食卓の空洞化とも呼ぶべき現実を前提として書かれているのだ。

著者のキャスリーンは、フランスの名門料理学校ル・コルドン・ブルーを卒業した三十代後半の女性ジャーナリストで、彼女が、まったく料理はダメと思っている女たちを集めて連続レッスンを開講し、料理に入門させようと奮闘するプロセスが綴られる。

第一回のレッスンのテーマは包丁。数十ドルかかるのだとしても、鋼の一生モノをもつことが結果的に安上がりであり、通販で売っているたぐいの七本セットなどはまったくの不要である、とキャスリーンは受講生たちに教える。べつの回には、ほとんど小麦粉と水とイースト菌だけで簡単に誰でも作ることができる「こねないパン」の作り方が手ほどきされる。つぎにこれはすこし大変だが、丸鶏を買ってきて自分で捌き、さまざまな鶏料理へと展開させる方法のレクチャー。あちらでは丸鶏を使うということが、料理のいろはの「い」に相当するらしい。これも一度作ってしまえば、スーパーに売っている既製品の鶏料理を食べるのに比べて調理時間もそうちがわないし、値段もリーズナブルで、なにより味わいがすばらしいことがわかって誰もが感嘆することになる。このようにレッスンは進んでゆく。

著者自身はこの本を「ビッグ・イン・ジャパン」[3]と発言していたが、キャッチーな日本語版タイトルも効を奏したであろうことは想像にかたくない。原題は The Kitchen Counter Cooking School だからぜんぜん違うわけだが、この時代にこうでもしないと埋もれるでしょ、というシビアな現実感覚が本造りの方針の基調を成しているように感じられる。たとえば大ヒット映画『アナ雪』の主題歌「let it go」の歌詞が邦訳されるとき、「ストレス社会に生きる日本人女性」という想定観客の心に響くようマイナーチェンジされて国内ヒットを後押ししたのと似たかんじ、と言えばいいだろうか。

日本版の編集に漂う現実感覚というか、「せちがらい」かんじは、本書の内容と深いところで結びついている。つまり、「貧しさ」を前提としたうえで、どうリアルに打開策を探ってゆくかという姿勢にこそ、本書の独自性と意義はある。「ダメ女」というきつい言葉をあえて売り文句にしているけれど、実際、ここで料理の手ほどきを受けるのは、家庭に問題を抱え、両親から料理を教えられた経験がほとんどなく、あったとしてもさまざまな精神的プレッシャーから結局は料理のよろこびを持つにいたらなかった、そのような女性たちだ。キッチンでいきいきと鍋を振るう、かつての理想的な女性像とあまりにかけはなれた彼女たちが一堂に会す光景には、やはり心を摑まれないわけにはいかない。

その背景にあるのは、家庭料理の伝統の崩壊であるとキャスリーンは強調する。経済不況もその要因の一つである。ここもアメリカのほうが日本より深刻なところなのかもしれないが、金銭的なゆとりが失われると、超巨大食品産業が華やかな広告とともに売り出すファストフード、冷凍食品への依存が強化される。すると自分で料理をすることはますます減り、家族の団欒の時間も少なくなり、体重だけが増え、そうするとまたファストフードを大量に摂取したくなり、というバッドスパイラルが生じ、ついにはそこから抜け出せなくなる。そのような典型に落ち込んでしまったアメリカの女性たちが、ここでは「ダメ女」とレッテル貼りされているということなのだ。

　キャスリーンのレッスンのなかでもとりわけ重要な課題が、それらファストフードへの依存を断ち切ることだった。具体的な方法は、彼女たちを取り巻く食べものに含まれている添加物を一つひとつ数え上げ、「自然」に作られたものとの風味のちがいをテイスティングするというものだ。「「なんかまずい。薬品みたいな味がする」。口の中で舌をぐるぐると回しながら、ジョディが言った。他のメンバーも頷きながら、そうよそうよと同意した。（…）ヨウ素添加塩だ。「信じられない。塩の味がこんなに違うなんて、考えたこともなかった[4]」」。

　はっとさせられたのは、メイド・イン・ジャパンの「カレールー」もジャンクフード視されていることだ。「「このカレールーって、日本の家庭には必ずあるんですよ」と言いながら、鍋に入れる前に、そのツヤのある茶色いゼラチンの塊のようなルーを見せてくれた。彼女は水を鍋に入れてかき混ぜた。まるで魔法のように、とても濃い、茶色いソースができ上がった。私はカレールーの箱を見た。たったカップ四分の一ほどの一人前の分量で、一日の塩分の推奨摂取量の四一パーセントを食べてしまう。ルーの味付けのほとんどがグルタミン酸ナトリウム由来なのだ（…）「何も知らなかった、私。もう作っちゃだめだよね[5]」」。

これまでなにげなく口にしてきた既製品に対して受講生が抵抗感を覚えるようになるとき、料理入門のモチベーションは確立される。本書で教えられるのは、もちろん簡単で失敗の少ないシンプル料理である。シンプルなほうが今風でかっこよく見えるから、というような理由からではもちろんない。親から継承される料理の伝統が一度ほぼ完全に崩壊したあとで、料理の習慣そのものを立ち上げること、並行して、健康に悪い食品への依存から抜け出すことが、生活を、というより人生を立て直すための喫緊の課題であると考えられているからだ。

スーパーマーケットの隣人

本書には印象的なプロローグが置かれている。とあるスーパーマーケットで著者が買い物をしていると、次から次に自分のカートへ既製品の箱を放り入れていた女性と遭遇するのだ。「(…)私は凍りついた。通路の真ん中に置き去りにされたショッピングカートには、乾燥パスタミックスが二ダース、キャセロール（※ホーローなどの耐熱鍋に野菜や肉を入れて、そのまま焼く鍋料理のこと。アルミの箱に盛りつけられた状態で売っている)、米、うさんくさいソースが入った瓶、袋入りのスタッフィング（※肉用の詰め物）が、めったやたらに投げ込まれていた。カートは半分ぐらい埋まっていたというのに、ちゃんとした食品は何ひとつ入っていない。カートの中身に目を奪われて立ちつくしていると、ナス色のフリースを着た大柄な三十代後半の女性が、そのカートを自分の方に引っ張った(6)」。

ドストエフスキーの『白痴』でムイシュキン公爵が、一頭の哀れなロバの姿から天啓を受ける場面を彷彿とさせるような書きぶりなのである。キャスリーンは、迷ったすえ、このショッピングカートの主に声をかけてしまう。チキンなら丸鶏を買って自分で調理したほうがいい、という一言をただ伝えたくて、いてもたってもいられなくなってしまうのだ。

この出来事がきっかけで、キャスリーンは本書のプロジェクトを開始させることになる。その道行きで何度も彼女は他人の食生活に介入して習慣を変えようとすることのむずかしさ、おこがましさに悩むことになる。当然だ。しかし彼女はエリートたちがせまいサークルでグルメ幻想を育んで生きる、そのような枠に安住することが耐えがたかったのだ。だからその枠から出ることを選ばざるをえず、バカと思われることを承知で、スーパーマーケットの隣人に声をかけた。いまや他人に料理を教えることは、デリケートな「社会」の問題に——その「せちがらさ」に触れることなしではすまされないということだ。

本書の結論部分では、レッスンに集まった「ダメ女」たちのその後がレポートされる。やはりなにも変わらなかった者もいるが、しかし、それなりに多くの女たちがかつての習慣をいささかなりとも改善させたという。その理由を著者が考察するくだりにはやはり感動的なものがある。なぜ彼女たちは料理に入門することができたのか。「ダメ女」の集ったこのキッチンは、ささやかではあるがやはりコミュニティと呼ばれうるものであり、「おいしいね」と言い合う関係を初めて持てたことが、彼女たちの入門を可能にしたのだと、キャスリーンはしみじみと述懐する。「私たちは生きて、学んで、教えあう。これって素敵なことじゃない?」[7]。

「一汁一菜」

二〇一六年末に出版された土井善晴の『一汁一菜でよいという提案』(8)も、伝統が崩れつつある時代の入門書である。『ダメ女』は、若手料理研究家のキャスリーンが、ええいままよと見切り発車をした、無謀に近い試みを、失敗も含めて赤裸々に報告するところに魅力があったが、それに対し土井の著作は、専門家の知見に支えられたこれしかないという提案が揺るぎなく示される、堂々たる啓蒙書である。その提案がつまり「一汁一菜」にほかならない。

「一汁一菜」とはなにか。すでにさまざまなしかたで世間に紹介されているが、おさらいしておこう。「ごはん」と「味噌汁」、この1＋1のきわめてシンプルな型を「一汁一菜」と呼び、毎日の食卓のベースにしようという提言である。土井流は、味噌汁が「菜（おかず）」と「汁」を兼ねると捉えるので、このふたつですでに「一汁一菜」になる（普通は、ごはんと味噌汁とおかずで「一汁一菜」）。さらにもう一皿は余裕があれば作ってもいいが、なくてもかまわないと土井は言う。

『一汁一菜でよいという提案』（グラフィック社、11頁）より

それだけでいいの！　と最初はびっくりしてしまうところだろう。バック・トゥ・ベーシックを教える入門書は数あれど、ここで示されているのはその最も ミニマルな型だ。

「それでいいのです。私たちは、ずっとこうした食事をしてきたのです」と土井は力強く断定する。そして、「ご飯と味噌汁のすごいところは、毎日食べても飽きないことです」とつづける。「毎日、一汁一菜でやろうと決めてください。考えることはいらないのです(9)」。

この方法のポイントは、これならば誰でも実践できないわけがないという最低限の「型」をまず作り、それをいわば儀礼のように、日々固守する点にある。「型」ができれば、こんどはそれがベースとなって、私たちの生活を守ってくれる。

ありとあらゆる情報が溢れかえっている今日である。あらゆるものを買ってくることができるし、レシピ集のたぐいもよりどりみどりだ。しかしそれゆえに、なにを食べるのが正しいのかわからなくなってしまった。そのような状況における立て直しの提言が「一汁一菜」なのだ。

もちろん、ただご飯と味噌汁を毎日作れというだけでは窮屈なだけだ。土井の「一汁一菜」が広く支持を集めたのは、味噌汁の椀にはなにを入れてもよいとしたからだろう。枷をかけつつ、その内部に、放し飼いの余地が設けられている。そのことによって私たちの食卓は、それをぐずぐずに崩してしまいかねない外部からのさまざまなプレッシャーから守られ、同時に、味噌汁の椀という範囲内では、さまざまな食材を組み合わせて自由に楽しむことができる。

味噌汁のたねになにを入れるかというのは、うるさ型のグルメたちが喧々諤々の議論を交わす論点だったわけだが、土井は一切の制約がないと断言する。国民的料理研究家の土井勝を父に持ち、スイスとフランスでの料理留学を皮切りに、世の美味を長年にわたり探求してきた土井がそう言うならばそのとおりにちがいないと誰しも納得するところだろう。味噌はきわめて懐が深く、あらゆる具材を抱きとめてくれる。だから絶対に失敗はない。卵でもハムでも入れればよいし、そうやって栄養をかたよりなく摂ることができる。また、季節の変化を反映させることもできる。

味噌汁にどんな具材を入れても大丈夫な理由の説明にも、土井は余念がない。味噌の驚異的な包容力はどこから来るのか。「味噌や漬物が入ったカメの中には微生物が共存する生態系が生まれて、小さな大自然ができています。味噌や漬物という自然物は、人間の中にある自然、もしくは、自然の中に生かされる人間とであれば、無理なくつながることができるのです[10]」。

つまり「一汁一菜」とは、ミニマムな枠のなかで「自然」を飼い、共存してゆく技法のことでもある。このような自然との付き合い方こそ、古来から育まれてきた日本文化の核心であると土井は言う。「一汁一菜」は、この国の伝統を各人がささやかながら再生させる方途でもあるわけだ。

「習った料理を家で作らないならよい」

「家庭料理ではそもそも工夫しすぎないということのほうが大切だと思っています」と土井は強調する[11]。すでに型なしになってしまった現在の家庭料理の状況を鑑みての提言であり、実際、この言葉によってキッチンに立つ多くの者がストレスから（食卓に何皿も並べるようでなければ恥ずかしい、という重圧から）救われる思いをしたのだと聞いた。また、本書で最も感動的なのは、土井家のごはんを、土井本人ではなく、奥さんが作りつづけたことの意味を語るくだりだろう。自宅の料理スタジオでできた料理をそのまま自宅に出していいのでは、と考えもした土井に対して、奥さんは手料理にこだわった。

仕事でできたご馳走と妻がその場で作ったお料理は、食べ物として同じでしょうか、違うものでしょうか。全く違うものですね。（…）妻がその場で娘のために作る料理の音を、娘は制服を着替えるあいだに聞いたでしょう。匂いを嗅いだでしょう。母親が台所で料理をする気配を感じているのです。まさに料理は愛情です。どれだけ家に帰ってきてホッとしていることでしょうか。どれだけ安心できたことでしょうか。愛されていることを全身で感じているのです。（…）妻のしていたことの意味に気づくのが遅すぎました。妻には感謝しています。(12)

「一汁一菜」は、ようするに、そこにひとが戻ってこられるなにか、毎日繰り返されるということによってひとがそこから「安心」と「信頼」を確保することができるようななにかである。まさにそれが料理入門のコアになるだろうことは、私も一読者として納得するほかなかったのだが、気になる点もあった。

土井は、父の友人だったというある有名な作家が語ったという話を紹介する。その作家の奥さんが、フランス料理の有名な先生のところに習いにいってよいかと聞いたというのだが、なんと、この作家は、「習った料理を家でつくらないならよい」と答えた(13)というのだ。土井はこの話を、あきらかに肯定的に書いている。さらに言えば、日本人がかつて持っていたこのような「美意識」を望ましいものとして回顧しているようにも感じられる。

「一汁一菜」という提言の性質と考え合わせれば理解できないこともないのだが、きびしいなあ、と思わずにいられない。もちろん「型」を守るのは遊びではできないことだ。でもやはり「習った料理を家で作らないならよい」と言われて、自分がその奥さんだったら黙って納得しただろうか。あなたはどうせ外で男友達と美食三昧しているのだろうけど、私は料理への探究心をあなたや家族とわかちあう機会が欲しいし、いつか「一汁一菜」に落ち着くためだって一度は羽目をはずして冒険する必要があるでしょう？　などと思わず口走ってしまうような気もする。

「聡明な女」の入門方法

貧しい時代の啓蒙書を読んだあと、かつて書かれたひたすら元気でポジティブな入門書が、とても新鮮に感じられるということがある。たとえば『ダメ女たちの人生を変えた奇跡の料理教室』のとなりに、一九七六年が初版の日本のベストセラー『聡明な女は料理がうまい(14)』を並べてみる。著者の桐島洋子が、まったく料理をしたことがないという女友だちに入門の手ほどきをするくだりは、その内容だけでなく、その文体に漲る活力にも驚かされる。

「才たけた女性は必ずよい料理人であるという私の持論を、わが有能な仲間たちは、あなたを除いてはだれひとり裏切っていないのよ。どうもこの例外は目ざわりで困るんだなあ。あなたも遅ればせながら勉強して料理人の列に加わってほしいわね。高年初産婦みたいなものだからちょっとシンドイけどさ、あなたのインテリジェンスをもってすれば、そのへんの花嫁修業の女の子になんて負けやしないわよ」

「俄然、意欲がわいてきたわ」

というかんじで、デフォルトのヴァイタリティがそもそも段違いというかんじがする。二人はどうせならすごいものを作ろうということになり、「くろうとも青ざめるほどの創意を凝らした複雑な料理」ばかりが書いてある『美食三昧——ロートレックの料理書』から「モリュー・ベシャメル・オ・グラタン(たらのベシャメル・ソース焼き)」が選ばれるのだった。(15)

私は桐島のこの本がとても好きなのだが、このご時世では、挑発的なタイトルだけで反感を買ってしまうかもしれない。ちなみに私は、読みかけを伏せて家に置いていただけで、タイトルを一瞥した妻に「けんか売ってんのか」とすごまれてしまった。もちろん、私としては、仕事も家事も完璧以上にこなす「才たけた」桐島のような女を模範にしてほしい、などとお願いするのが筋違いだということは重々承知しているつもりだ。「聡明な女」は、家事から逃れて当然だと思っていた愚かで怠惰な男たちを女たちが見限っていた、そんな望ましくない時代のモデルなのだと思う。

「才たけた」からの連想で、もう一人思い出されるのは、日本の家庭料理の古典的名著、『手しおにかけた私の料理』(16)や『みその本　みその料理』(17)などをものした辰巳浜子だ。浜子は自分を料理研究家と言われることを嫌い、「主婦」を名乗りつづけたが、それは謙遜からというより、「主婦」ほどやりがいのある、また、創造性を発揮できる生き方もないと考えていたからだ。『手しお』の「はじめに」にはこう書かれている。

明け暮れ作られ、そして食べなければならない家庭料理は、栄養、経済、美味、衛生が絶対必要です。それには細心の注意と、たゆまない努力と、深い愛情の積み重ねを、日々の生活に忠実に行う以外にはないものと思います。

（…）子供を育てるにも、草木の世話をするのもすべて手塩にかける心がなければ育てることが出来ないでしょう。「手塩にかける心」、そうです。その心持が料理にもほしいのです。私も家を持って以来、吾が家のあれも、これも、手塩にかけつづけて今日まできました。そして、その中から実に多くの発見と反省と努力をしてまいりました。これからもつづけられることでしょう。[18]

家庭料理の伝統が途絶えたと言われるこんにちの視点から振り返って見ると、辰巳浜子の主婦ぶりには、もはや畏敬の念を超えて驚愕するほかない。幼少時代から、感覚の鋭さを見込まれていた浜子は「舌の英才教育」を受け、あの魯山人の星岡茶寮などにも日々連れていかれたそうだ。その才能が、さらに日々のたゆまぬ研究で磨かれた成果が、『手しおにかけた私の料理』なのだ。浜子は、戦後昭和の理想の「専業主婦」のなかでもきわめつけの存在であり、主婦として生きることで、人間がどれだけの高みに達するかを示す模範だったのではとさえ思われてくる。その娘で、同様に偉大な家庭料理の著述家である辰巳芳子の回想録から、母・浜子の主婦ぶりについて、少し引用しよう。

あのね、私が思うに、父はもちろんのことですけれども、祖父も母の浜子みたいな弾みのある女が好きだったのね。三つ指ついて何とかいうタイプよりも。

弾みというのは、どう説明すればいいかな、たとえば父が帰宅して「今晩何だ？」と聞くと、すかさず「何でもあるわよ」と答える、そういう弾力性。母にはそれがあった。男って、そういう風にいわれたら、もう何でも存分に食べさせてもらった気分になっちゃうんじゃないの（笑）。お酒の肴にお金かけるんじゃないのよっていうのが母の口ぐせでしたけどね。本当に何でもないもので美味しい肴を作っていたから、父はつねにそれで大満足でしたね。

具体的にどんなものかといえば、昆布を火取ってパリッとさせたものに、さっぱりしたチーズを合わせる。

あるいは大根の葉っぱの一番外側のごわごわして硬いところを低温で素揚げにする。脱水させるように揚げて、からっとしたところで荒く砕いて、大根おろしをさっくり混ぜてお酢と柚子を振って、ちょっとお醤油たらして混ぜくって頂くのよ。これは結構美味しいと私が保証します[19]。

非常においしそうだが、まちがっても結婚相手にこんなふうにしてもらうのが当然だなどと考えてはならぬ、過去の理想像としか言いようがない。そのことを重々断ったうえで、もう一つ、印象的な箇所を引用したい。同じく辰巳芳子の語りである。

男ってものは、晩ご飯ともなれば、いきなり素面で、焼き魚で白いご飯なんていうことはあり得ない。まず、唐墨とか、このわたとか、そういう珍味でとりあえず、一杯やる。それでいい心持ちになったら、それから主菜でしょう。

祖父も父もそういう日本男児で、母が祖父や父のために必ずそういう晩酌のための珍味を用意していましたからね、私は男のための何か一品がない食膳なんて考えられないのよ。それがいまや私の甥たちなんか見ていると、私の祖父や父が当たり前にしてもらっていたようには構ってもらえないのよ。

サラダとスパゲティとハンバーグで、晩ご飯は十五分でおしまい、という近頃の若い人たちの話を聞くと、気の毒に感じます。これじゃ日本の男たちはダメになります。気の毒ですよ。唐墨もこのわたも晩ご飯のときに出てこないなんて。そういう珍味にこそ〝男に必要なホルモン〟が全部あるんだから。[20]

これも隔世の感を覚えるほかないが、こういう食べものの記述には、憧れの気持ちを抱かないではいられない。珍味をつつくところから始め、「いい心持ち」になる生活が送りたいものだと思う。ただし、「女たち」に作ってもらうことが必須では、もちろん、もはやない。なぜなら辰巳浜子と芳子が、その作り方、心構えを、すでに詳細に本に書いて残してくれているのだから。男であれ女であれ、作りたくなったものが、いかなる重圧からも自由に、自分のペースで、勝手に、それら書物をひもといて自作すればよいだけのことだ。必要なのは、それを読み解いておもしろがるためのリテラシーだけだ。たしかに「このわた」は高価だが、そこは飛ばして、自分にあった一皿をつくるためのべつのページを見つければよい。

伝統的な料理について書かれた本であっても、その本は、本であるかぎりで、もはやその料理が生まれた環境——裕福であったり豊かな自然に囲まれていたり家族の絆に支えられていたり——から、切り離されている。それが言葉の力だろう。だからあらゆる料理の本は、自立して、まったくべつの文脈で役立てられるべく、私たちに差し出されている。

(1) 阿古真理『小林カツ代と栗原はるみ——料理研究家とその時代』新潮新書、二〇一五年。
(2) キャスリーン・フリン／村井理子訳『ダメ女たちの人生を変えた奇跡の料理教室』きこ書房、二〇一七年。
(3) 本国でよりも日本で大ヒットするアーティストや商品のこと。ポール・スミスや古くはベンチャーズなど。
(4) 同前、七二頁。
(5) 同前、七〇頁。
(6) 同前、七頁。
(7) 同前、三一九頁。
(8) 土井善晴『一汁一菜でよいという提案』グラフィック社、二〇一六年。
(9) 同前、一二頁。
(10) 同前、一三頁
(11) 同前、八七頁。
(12) 同前、四二頁。
(13) 同前、八六頁。
(14) 桐島洋子『聡明な女は料理がうまい』アノニマ・スタジオ、二〇一二年。
(15) 同前、三三〜三四頁。じつはこの料理、たらをベシャメル・ソースでグラタンにするだけならば、言うほど難易度は高くなく、それなりに入門者フレンドリーなグッド・チョイスではないかという気もする。
(16) 辰巳浜子『手しおにかけた私の料理』婦人之友社、一九六〇年。

(17) 辰巳浜子／辰巳芳子編『みその本　みその料理』文化出版局、二〇〇九年。
(18) 辰巳『手しおにかけた私の料理』一頁。
(19) 辰巳芳子『食に生きて——私が大切に思うこと』新潮社、二〇一五年、一七頁。
(20) 同前、三〇頁。

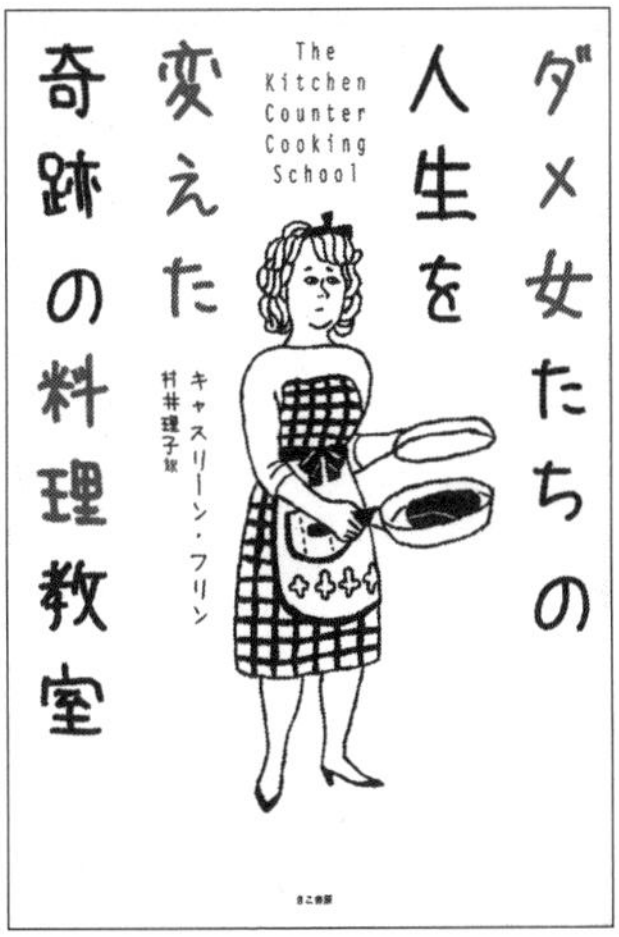

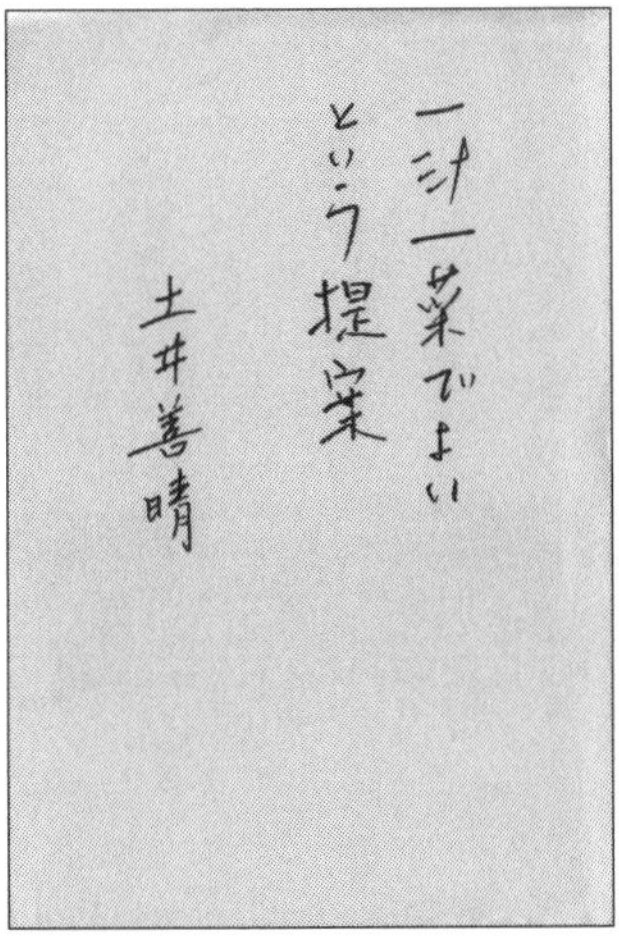

第二章　作家論＋α

7　記憶の扉を開く味——高山なおみ

タイムラグ

高山なおみの文章は、気軽に読むことができない。読んでいて、どこか物ぐるおしい気持ちになる。「ぺらっとめくって、「これはちゃんと読まなきゃいけない本だ」とわかり、ぱたんと閉じてしまう。それきり、本のことは、すっかり忘れていました」と書いたのは、『帰ってから、お腹がすいてもいいようにと思ったのだ。』の「解説」におけるクラムボンの原田郁子だが(1)、私もどこかそれに近いかんじというか、そのときが来たらきちんと読むだろう、と思って、少し視界から遠ざけていた気がする。

最近、ふと思い立って、だいぶまえに読んでいた初期の『諸国空想料理店』や『たべるしゃべる』(2)のページをふたたび開き、未読だったほかのものとあわせてまとめて読んだ。読み始めるとやめることができず、没頭した。不思議なことに、言葉がするすると体に入ってきて、沁みいるような感動を覚えた。こういうこともあるものだ。いまようやく「そのとき」が来たということだろう。ある一定の時間が経って、高山の文章を「ちゃんと」読めるような態勢が整ったということなのかもしれない。

高山は一九五八年の静岡生まれ。一九九〇年から吉祥寺にあった「諸国空想料理店 KuuKuu」という店で二〇〇三年までシェフとして勤務し、その後は、料理家、エッセイストとしてさまざまな媒体で活躍している。『諸国空想料理店』はこの KuuKuu 時代に書かれ、初版は一九九五年。ちなみに私が大学進学で上京したのも一九九五年で、住んだのは吉祥寺から西に電車で二十分ほどの国立《くにたち》という街だった。吉祥寺にも友人が住んでいたからよく酒を飲みに行ったし、高山の本に出てくる固有名詞には馴染み深いものがある。「井の頭公園」、そこでの「花見」、そして中央線文化圏の住人が好んで聴いた「フィッシュマンズ」。私の友人たちもバイト代を貯めるとアジアにバックパック旅行に行って、その土産話を、沖縄料理屋で泡盛などを飲みながらしていたものだった。あの頃のそういう空気が『諸国空想料理店』には閉じ込められている。KuuKuu には行かずじまいだった。まだ二十歳前後だった自分にとって、そこに書かれているのは、はるか年上の人たちの縁遠い世界に思われたからで、もし偶然入ったとしても、その良さはわからなかったのではないかと思う。

KuuKuu の店内。『諸国空想料理店』（ちくま文庫、22 頁）より

　いまあらためて『諸国空想料理店』を読んで感動できたのは、自分も自分なりにいろいろなものを食べたり作ったり旅行したりして歳を重ね、高山の書くことが少しは理解できるようになったからだろう。だが、

たぶんそれだけではない。『諸国空想料理店』の魅力は、ある独特の郷愁と結びついている。この本に書かれた時代が遠ざかり、いまや懐かしい「九十年代」になり、それを自分の体験と重ねつつ回顧しているということ。タイムラグを経て、思い出されるなにかになったことが、この本をより一層、感動的なものにしているように思うのだ。

味と香りによる想起

このことは、高山が「料理」をどう捉えているかという根本のところとたぶんつながっている。料理は、思い出させる。かつて実在した、あれやこれやのものやことは、料理が介在することによって、生々しく、在りありと、いまに蘇る。もちろん、読書で出会うことができるのは「書かれた料理」であるにすぎず、直接に味と香りが与えられるわけではない。しかし、徹底して具体に照準した高山の文章は、香りと味の水準で起こる想起がどのようなものかを、ピンポイントで、驚くべき明瞭さで表現する。

『諸国空想料理店』の巻頭エッセイ「はじめにひとくち」では、そのような書きぶりがとても鮮やかに、いわば書物全体の指針として示される。人生で最初の海外旅行だったというペルー体験のことが書かれるのだが、高山はそれを、匂いの忘却と想起のプロセスとして再構成する。「あんなにあこがれていたペルーで、私は強烈なにおいを嗅いだ。街角でも嗅いだし、汽車の中でも嗅いだ。それは煙みたいに人の暮らしに立ちこめていた。(…)アレにすっかりやられてしまった」[3]。ところが、このあまりにも印象深かったはずのペルーの記憶は、帰国後に友人たちに土産話として聞かせているうちに、すり減って、消えてなくなってしまうように思われた。「人に説明すればするほど、ぴったりくる言葉を捜せば捜すほど、言葉は少なくなってゆく。言葉にできないということは、忘れてゆくということなのだ。と、そう思った」[4]。

けれどやはり、ペルーでの濃密な経験は体の奥底に留まりつづけており、日本の日常の見えかたが変わってしまったような感触もある。

そんなある日、その頃私の職場だった中野の小さなレストランで料理を作った。

ペルー料理の「アロス・ベルデ」。

ほうれん草と、オレガノ、それに大量のコリアンダーを炊き込んだ緑色のごはん。

炊飯器にセットしておいて、ごはんに添える鶏肉を買いに出かけた。

帰ってから、ごはんの味見をしようと釜の蓋を開けた途端、グワーッとすごいフラッシュバックに襲われた。

ペルーの記憶の大津波である。

一瞬の間に大急ぎで旅行の記憶が体のなかを一周し、そして日本に帰って来て、で、ここで私は釜の蓋を開けていた。

それは紛れもなくコリアンダーとオレガノの混ざり合ったにおいの仕わざだった。

（…）これが、私の「諸国空想料理」の始まりというわけである[5]。

想起されたおいしさ

この本の扉には、吉本ばななの推薦文が書かれている。「人生という暗い海に沈む泥のついたままの生ものを、彼女は世界中から抱えてきて生命を育む美しいひと皿につくりかえる。原初の錬金術をごらんあれ！」(6)。KuuKuu に通っていたという吉本は、高山の料理の本質と、また、おそらく同じことだが、高山の文章の本質をこのように書いた。それは、忘れられていた記憶を——たぶん、生々しすぎて、あるいは、いまここで営まれる日常とは異質すぎて、ふだん持ちつづけることがむずかしい記憶を——蘇らせ、小さな爆弾のように、私たちの心を揺さぶる。だから、気軽には読めない。不意をつかれ、足をとられて、しばらく日常に戻れなくなるような気持ちにさえなることがある。けれども、ときおり気になって、またそれを味わいたくなる。

どうやら、そういうことらしい。

日本に暮らす私は時々思い出す。

景色を、においを、音を、肌ざわりを思い出すと、うずうずしてきて料理を作る。

あの、満月の前の晩のお祭りの夜店で食べた、豆腐の揚げたのにはなんか甘じょっぱいタレがかかってた。あれは、甘口醤油みたいなもんだろうな。熱々のところをバナナの葉っぱに包んでくれた白いランニング姿のおじさんは、揚げものの熱で顔ものどのところも腕もまっ赤になっていた。ココナッツオイルのにおいはちょっときつすぎたけど、あれがバリ島のにおいなんだよ。(7)

この匂いは理屈ではなく、「はんこを押される」ように、身体に刻印されるものであると高山はことあるごとに書く。その土地に身を置き、住人たちに取り囲まれていやおうなしにその息遣いを聞き、その食習慣に身を委ね、疲弊し、なにかをあきらめ、ようやく少し慣れる。たとえばヒマラヤの山々に囲まれたカトマンドゥーで。

やっと辿り着いた安宿の、一度も干したことなんかない粘土みたいに重いふとんをかぶって、私はウンウンと熱を出してしまった。お腹もこわして、もちろん食欲なんか米一粒もない。そうして、それから三日間はしっかり寝こんだ。

(…)ふとんの中にジッとしていても、ここはカトマンドゥーである。ふとんの中にいる間にカトマンのふとんに慣れてくる。そして今度は、カトマンの温度や、においや、言葉や、音に慣れてくるからたいしたものだ。

そうなると、こうしてはいられない。私には日本にいた時から気になって仕方がないものがあるのだ。

「チベタンモモ」、羊の肉と玉ねぎなんかを、自家製のポッテリした練り皮で食べた餃子のような食べ物。それを、蒸したり焼いたりするらしい。(8)

こういう経験をしたあと、こんどは「チベタンモモ」がタグとなり、どこにいようがそれを食べるだけで、かつてそれを取り巻いていたカトマンドゥーの雰囲気全体が想起されるだろう。また、料理によって思い出されるのは、空間的な距離のかなたの旅先の記憶だけではない。時間的なへだたりのかなたの、遠い過去の記憶の場合もあり、やはりそのへだたりゆえに、心を揺さぶるだろう。


　小学生の時、「ずっと眠りたい病」になって学校を休んだ。

　午前中に病院から帰って来ると、清潔に掃き清められた八畳間の部屋はストーブで暖まり、白いふとんの上には昼間の光があふれている。

（…）そして、お昼になると祖母がこのうどんを作ってくれるのだ。

「なぁみちゃん、できたぜ。ふうふうせえって食べなぁ」

紅いお椀を抱えて、ふとんの中で食べるうどん。

太いうどんは口の中で溶けるように柔らかく、半熟にからまった玉子は甘くやさしい。

（…）大人になってからも、このうどんに何度助けられたことだろう。[9]

　この味は、もちろん高山本人にしか直接は想起しえないものだ。だが、「溶けるように柔らかく、半熟にからまった」という言葉の流れを辿っていると、読み手である私のなかでもまた、味覚と嗅覚の水準における記憶の扉が開かれて、この「うどん」に相当する、はるかむかし家族に作ってもらった、あの一皿が鼻先に蘇ってくる思いがする。そして、私の場合はね……と、話したくなる。

高山の文章を最初に読んだときから、そこにはっきりと差す「影」のような部分が気になってしかたがなかった。外でふつうに営まれている日常にどこか馴染めず、一枚膜がかかったような距離の意識があって、そっち側にしばらくいると、疲れてきてエスケープせずにいられなくなるような、そんなヴァルネラブルな心の揺らぎの記録として、とりわけ初期のエッセイは書かれているように思えた。(10)高山が覚える違和感そのものがしばしば記述の対象となり、それが、安直に読み飛ばすことを拒絶しているようにも感じられた。

「ふとん」は、高山が疲れたときのエスケープ先で、エッセイのなかに頻出する。高山は、しばしば他人を避けて、干渉されぬよう、自分の部屋のふとんにくるまって、独りきりの長い時間を過ごす。それほど疲れていないときは、ということかもしれないが、夫の「スイセイ」のそばも、やはりその避難先の一つであるのだろう。彼と高山が遠いどこかへ旅行に行くくだりはとても印象的だ。

『諸国空想料理店』所収の「チキンビリヤーニ　海辺の幸時間　インド」という文章では、高山とスイセイが、アンジュナというアラビア海の浜辺のバンガローで二ヶ月間、滞在した記録が綴られる。さらっと書かれる一文一文が、軽いめまいを引き起こし、一度読むと忘れがたい。たとえばこんなくだり。

バカみたいに私は、市場で買って来た手の平に乗るくらいの小さな石臼でもって、半日かかってスパイスをすりつぶした。なにしろ暇なのだ。

時間だけは、永遠にもうちょっとで手が届くくらいある。

（…）アンジュナで暮らすには、「一日にひとつ仕事をかたづければええんじゃ」と、つねづね夫に教えられていた[11]。

どういう感覚の持ち主が、こういう文を書くことができるものなのだろう。「一日にひとつ仕事をかたづければええんじゃ」と「つねづね」言っているスイセイとは、何者なのか。『たべるしゃべる』という、高山の対談集に彼も登場し、「発明家」と紹介されてはいる。サラリーマン生活をしていたが身体を壊して辞め、インドなどを放浪したとも書かれているが、しかし結局、なにをしているひとなのかはよくわからない[12]。そこに掲載された写真の、前髪以外をすべて刈り上げた髪型が異彩を放ち、疑問はむしろ深まるばかり。ふっと世間からエスケープしてしまう高山につきまとう独特の「影」とともに、これらは謎として、ずっと気にかかっていた。

これらの謎を解くてがかり、と言ったら語弊があるかもしれないが――それは根本的に解消され尽くすことのないものだろうが――、しかし、高山とスイセイが、自分たち自身について語り、互いの分析を試みた対話の記録が『ココアどこわたしはゴマだれ[13]』として出版されていることをついこのあいだ知って、読んだ。二〇一六年一二月の刊行。これもまた深く沁みる読書体験になった。なぜこのような文章を書き、このような生き方をしているのか、という、高山とスイセイのやむにやまれぬ部分が、率直に、そしてきわめて明晰に述べられているからだ。二人の出会いについて、高山はこう書いている。

さて、三〇歳を目の前にしたある日のこと、私は友人のライブにひとりで出かけていく。そこで、階段のところに寄りかかっているひとりの人をみつけた。

ポケットに両手を突っ込んで、伏し目がちの暗く鋭い目をした人。その人の体は斜めに傾いて、ひとりぼっちの空気のようなものに囲まれていた。私にはそれが光った煙に見えた。ライブ中もずっと気になって、音楽どころではなかった。ついついその人の方に目がいってしまう。ライブが終わってからまわってきたノートに、その人は何かを書いている。

そして、「落合動物郁雄」というボールペンの太い字が見えたとき、「探していたのはこの人だよ」。〝押入れ〟の奥で眠りこけていた私の中の〝動物〟が気がついて、こっそり教えてくれたのだ。[14]

ダブル・クオーテーションで囲われた、〝押入れ〟と〝動物〟とはなんのことか。これも対話のなかで掘り下げられることとなのだが、高山は、とても遅く――二歳ぐらいになるまで言葉の出てこない子どもで、しゃべれるようになってからもずっと「どもり」だったのだという。二卵性双生児の兄「みっちゃん」とずっとぴったりくっついて育ったということもあって、「言語以前」の感覚のなかに、おそらく人よりもずっと長くいた。あらゆるものを手に取って匂いを嗅ぎ、口に入れて味わってみるという「変」な習慣があり、それをスイセイはあとから「鼻ベロ」感覚と呼ぶのだが、高山はそうした世界にずっと親しんでいた。

高山　(…)うちのお母さんは、私のことを言語障害児って言ってた。よその人に言うときに「この子は感受性が鋭いから言語障害なんです」って。(…)そのころ飼ってたネコがリリっていうんだけど、しっぽのかんじとか顔の動かしかたとかで、ネコの気持ちが分かるんだよね。学校で嫌なことがあっても、帰ってくるとすぐ寄ってきて、ベタベタくっついてきて、なぐさめてくれたりとかするの。

スイ　(…)みいとネコとの関係は、言葉のない世界のふれあいで、ちゃんと生きものどうしは言葉がなくてもふれあいができるみたいな。

高山　リリとの世界は完結していた、成就していた。[15]

一切の説明を要さない「動物の世界」を高山なおみは体験的に知って、よく覚えていて、たえずそこに立ち戻ろうとする。その感覚を可能なかぎり直接的に表現しようとしたのが、自伝的絵本『どもるどだっく』[16]である。「どもるどだっく」というのは、幼少時代の高山に、姉がつけたあだな。彼女が舌と鼻とで世界と触れ合って生きるさまが、極彩色の接触的なタッチで描かれて、その迫力に呑みこまれそうになる。ちなみに、これを買って自分の小さな娘に読ませていたら、鼻くそを食べたり、うんこの味見をしたりという描写もごく当然のようにあるので、ちょうどそれらをめぐる「しつけ」で四苦八苦している妻がなんとも言えない表情をした。どこから説明したものか、「いや、だからスイセイがライブハウスに立っていて……」と言いかけたが、らちがあきそうにないのでやめて、とにかくこれ読んでくれ、と『ココアどこ』を手渡した(だがまだ、読んでくれた気配はない)。

さて、『どもるどだっく』で再現が試みられたこの感覚が、ほかの子どもよりもはるかに強く、心のいわば基層に刷り込まれていたがために、高山は、思春期に入ってからは疎外感を味わうようになる。自分の〝動物〟的な感覚を無理に、心の奥の〝押入れ〟に閉じ込めた、とそれは表現されているのだ。

ずっとつづいた「どもり」も、このことと関係していると高山は言う。自分の実感にそぐわない、借りものの言葉を口にしようとするとき、体が抵抗してしまう。スイセイは、高山と出会ってすぐこれらのことを直感的に理解し、その内なる〝動物〟を肯定したのだという。

そして最近の私のことを、スイセイは言う。

「みぃはの、まだ気どっとるで。〝押し入れ〟の方を信用せんでどうすんの。えっ？　みぃよう」

現実のスイセイは、まだまだ容赦がないのである。(17)

二人はライブハウスでの出会いのあと、文通期間を経て結婚することになるのだが（どちらも再婚で、スイセイには娘がいた）、彼はそのときの高山からの手紙が「すごく分かりにくい文章」だったと言う。高山はそれに対してこう答える。「アハハハ。気持ちをぶつけていたんだろうね。世の中に対して、怒りを持っていたんだよ。これまでの辛かった自分を訴えていたんじゃないかな。ようやく突破口をみつけたから。（…）不器用だし。変なんじゃないかというか、このままこうやって、誰にも理解されずに死んでいくんじゃないか、という感じだったと思う[18]」。

料理を作ることと文章を書くこと

文筆家として世に知られるようになったあとも高山の文章は「どもり文体」、「タドタド式」であると、スイセイは言う。もちろんそれは肯定的な意味だ。たしかにそう言われると、高山の文章の独特のかんじについて、とても腑に落ちた気になる。スイセイによれば、幼少時代に「鼻ベロ」で直接的につながっていた感覚の世界と、大人になるにつれて覚える言葉の世界がそう簡単にはつながらないからこそ、どもりは生じる。

スイ　「どもり文体」っていうのは、別の言いかたしたら、その人が自分の言おうとしてることを思い描きながら言っている。そういうのがすごく分かりやすいんよ。
高山　感じながら喋ろうとするから、どもる。
スイ　だから本当のことを言っているように思うんよ。(…) けっこうなめらかに、慣用句とか定型文、人の、時候の挨拶とか、そういうのがぺらぺらぺらっと出てくる人の文章とは違うっていうことよの。
高山　そういうのが書けないんだよね[19]。

高山がどもりを克服するようになったきっかけは、大人たちの慣用句的な言葉とは異なる、自分の感覚にぴったり合うと思えた言葉を探り当て、人前で声に初めてできた体験だという。国語の授業で、ねこの気持ちについて発言したときなのだそうだ。そのとき以来、それを探し当てられさえすれば、比較的どもらずに言葉を出すことができるようになった。

高山のエッセイの、触覚的に、一語一語をまさぐりながら書いているとでもいったあの独特の調子は、こうした背景に根ざすものだった。「鼻べロ」感覚の世界に端を発するという点で、高山の文章と料理は同じである。

「私が文を書くということは、体ごと自分を差し出さないと書けない。それはまるで、料理を作っているのとそっくりだと今話していて思った」と高山はスイセイに言う[20]。また、料理が得意かそうでないかの決めては、「ケチか、ケチでないか」ではないかと。「食材に対しても食べてくれる人に対しても、気前よく、惜しみなく、自分を出し切ることができるか、というようなこと[21]」。

なぜ高山は、日記を書くのか。とりわけ食べものについて書くのか。自分がそれを書かないかぎり、見過ごされ、忘れられてしまうものがあり、それが惜しいからではないか。「変」なものたちは、忘れられたまま、死ぬまでずっと誰にも気づかれないかもしれないのだ。なにより「自分」が「変」だ。「鼻べロ」感覚で世界とつながっている自分だからこそ、もしかして他人よりも直接的に、それ自体で「成就している」ものの世界を味わうことができる。あまりにも多くのものが、日々、かえりみられることなく、放置されている。料理をし、料理をめぐる文章を書くことは、味と香りをとおして、そうしたものを記憶に留める行為であり、つまり、忘却に対する――世間の無関心に対する――抵抗の身ぶりなのではないか。

思い出されたこと

私がこれまで出会ったひとたちのなかにも、高山なおみのエッセイの読者はそれなりにいたはずで、実際、本棚にその著作を見かけたこともあった。彼女たち、彼らは、いかにも世の中にそう簡単に適応できなそうなかんじで、また、私はそういうところが好きで付き合っていた気もする。フィッシュマンズが流れる九十年代後半のあの空気とともに、そういうことを思い出した。彼女たち、彼らは、高山の文章に共感する理由がそれぞれにあったのだろう。遅ればせながら、そのことがなんとなく想像される。

私も、そういうひとたちと、いろいろなものごとからエスケープしては、酒をたくさん飲んだのだった。たとえば高山の比較的若い頃の日記である「日々ごはん」シリーズの最初のほうの巻を読んでいると、ふとそうしたことが在りありと思い出される。

もうべろべろでした。なんか楽しかったなあ。
帰りに自動販売機でジャスミン茶を買って自転車に乗ろうとしたら、そのままバーンとこけた。こけて道路に倒れたまま空を見上げ、自由だなあと自分で感動し、少し泣いたような気がする。(22)

私もむかし国立駅前で、映画仲間だった、いまから考えるとけっこう「変」なひとたちと痛飲したあと、駅からだいぶ遠かった自分の家まで辿りつくまえにどうにも酔いが回って、自転車がこげなくなってしまったことがある。横転しては立ち上がり、を繰り返して、ついに諦めてしばらくひとりで横になっていた。たしか、肌寒い秋の夜の住宅地のことだった。そうしていると、すこし年上の、バンドでも組んでいそうな男女四、五人が歩いてきて、彼らも同様に酒を飲んで愉快な気分だったのか、仰向けになっていた私にむかって朗らかに「おつかれ〜だいじょうぶ〜」などと声をかけてくれた。たしか、「だいじょうぶ、休んでるだけだから」と私は言い、すると彼らはにこやかに去っていった。もちろん、それからもう二度と会うことはなかった。

だからどうしたということでもないのだが、高山の本のページをめくっていると、たとえばこんなことを不意に思い出す。思い出すということは、ずっと忘れていたということでもある。そのことに、慄然とする。

(1) 高山なおみ『帰ってから、お腹がすいてもいいようにと思ったのだ。』文春文庫、二〇〇九年、二三八頁。
(2) 高山なおみ『諸国空想料理店』ちくま文庫、二〇〇五年。高山なおみ『たべるしゃべる』文春文庫、二〇一二年。
(3) 高山『諸国空想料理店』一八頁。
(4) 同前、一九頁。
(5) 同前、二一頁。
(6) 同前、八頁。
(7) 同前、七九頁。
(8) 同前、八六頁。

（9）同前、一三三～一三四頁。
（10）木村衣有子は、その料理書評集『もの食う本』で、高山なおみがどっしりと落ち着き成熟してゆくまえ、その「初期」の本を、より没頭して読んだと書いている。「思うに、私もルームメイトも、過渡期にある高山なおみの文章に愛着を持って読んでいた。それは私たちふたりも過渡期にあったからだろう。今だって、まだそうかもしれない」。木村衣有子『もの食う本』ちくま文庫、二〇一一年、一五二頁。木村の文章は、書評でありながら、「自分のものの感じ方」を本を通して確認してゆく日誌としても書かれており、その点で高山と共通する。
（11）高山『諸国空想料理店』一〇六頁。
（12）高山『たべるしゃべる』。
（13）高山なおみ・スイセイ『ココアどこわたしはゴマだれ』河出書房新社、二〇一六年。
（14）同前、二〇～二一頁。この部分は、二〇〇四年に雑誌『Ku:nel』で初めて発表された文章の再録。
（15）同前、一七八～一七九頁。
（16）高山なおみ（文）・中野真典（絵）『どもるどだっく』ブロンズ新社、二〇一六年。
（17）高山・スイセイ『ココアどこわたしはゴマだれ』二五頁。
（18）同前、五六～五八頁。
（19）同前、一六八頁。
（20）同前、八二頁。
（21）高山『諸国空想料理店』二二〇頁。
（22）高山なおみ『日々ごはん①』アノニマスタジオ、二〇〇四年、九三～九四頁。

諸国空想料理店
高山なおみ
ちくま文庫

8　引き算の料理——細川亜衣

蒸したカリフラワーのピュレ

これだけでもおいしい、というよりも、これだけだからこそおいしい、と提案し、その提案の斬新さによって、食べ手の目から鱗が落ちる。そういう料理を「引き算の料理」と言う。なにが必要でなにが必要でないか、その線引きをめぐる毅然とした判断の結果、一皿は凛とした気品を帯びる。「引く」ことで味わいが単調になるかというとそうではなく、むしろ単一の素材に潜んでいた複数の風味がそれぞれ際立ち、味に躍動感が生まれる——それが「引き算の料理」の目指すところである、と言われている。こんにちこの方向性で家庭料理をどこまで洗練させることができるかを試す、そのような存在が細川亜衣ではないか。

二〇〇四年に柴田書店から出版されたデビュー作、『わたしのイタリア料理』(1)の最初の一皿「春野菜にオイルとレモン」の解説にはこう書かれている。「〝だけ〟の潔さこそ、イタリア料理最大の魅力である」(2)。これは細川の料理のいわばマニフェストであるだろう。料理写真を見ると、茹でて刻み、オイルとレモンと塩で調味しただけの春の葉もの野菜が、白い楕円形の皿のうえに配置されている

（スタイリストは高橋みどり）。これ以上なにも足せない、足してはならないと思わせる居ずまいなのだ。

おそらく本人にとって、「引く」こと自体が目的ということはまったくないだろうし、奇を衒うつもりなど、なおさらないだろう。ただ純粋に感動を追求した結果そうなっただけ、ということが読者にはっきり伝わってくるのであるが、それにしても「無駄」の切り捨て方が、この最初の料理書から現在にいたるまで、ずっと一貫して大胆きわまりない。これだけでよかったのだ……！　と目から鱗の落ちずにいない絶妙なツボを細川はつねに探り当てようとして模索を重ね、これという一点が見極められたときにそれは一皿のかたちとなる。

さて、そもそも、なぜ「引く」ことによって、料理の感動が増すということがあるのだろうか。まかりまちがえば手抜き料理、あるいは幼いトンチ料理と思われかねないわけだが、そうはならず、「引く」ことが、積極的な、さらに言えば創造的な操作になるのはどうしてか。細川の本に、この問いの答えを探ってみよう。

「カリフラワーのピュレ」という、これもまた思いきりシンプルな料理がある。無論つけあわせではない。コースの流れのなかで味わうことになるのだとしても、これのみで完結した一皿である。材料はカリフラワーとエクストラバージン・オリーブオイル、塩こしょうのみ。ようは、カリフラワーを蒸して潰してオリーブオイルと混ぜるだけ。そしてこの解説文は、極限まで要素を減らす必要があったのはなぜか、なにを得るためであるのかを説得力ゆたかに語る。やや長くなるが、その長さも味わうために全文を引用しよう。

カリフラワーほど、だしの出る野菜はない。だしを取る野菜といえば、玉ねぎ、セロリ、にんじん、トマト、にんにく、ハーブなどいろいろあるが、みなで力を寄せ合って風味を醸し出すのとはちがって、カリフラワーはたった独りでその役割を担う。

そう信じるようになったのは、イタリアで、ある料理に出会ってからだ。カリフラワーをくたくたにゆでて、その中に米を一握り入れて煮る。味つけは塩と、器に盛ってからかけるオリーブオイルだけ。煮くずれたカリフラワーと、ほんのり芯の残った米の食感の心地よさは、野菜にはしっかりと火を入れてとろけるような甘みを出し、パスタや米は芯を残して軽快な舌触りを楽しむ、イタリア料理の心意気を私に教えてくれた。

しかし、何よりも驚いたのは、カリフラワーと米をつなぐ、汁の香りだった。何のだしも入れていないのに、これだけの香りが出るのはなぜだろう。

自分が、気づいていないだけだった。

味や香りを重ねてゆかなくとも、たったひとつの野菜が、私たちの想像を超えた香りや味を放つということを。

以来、カリフラワーに対して、一種の尊敬の念すら抱くようになった。

そして、丸ごとゆでただけのカリフラワーが、小房に分けてからゆでたものよりも、ずっとおいしいということを知った時、この野菜の持つ可能性を、蒸すことで全て中に閉じ込めてみたいと思った。

カリフラワーは、塊のまま、柔らかな葉っぱも一緒にひたすら蒸す。蒸し器から甘い香りが漂うまでは、まだである。

花のところが危ういくらいにふわふわになり、芯まで同じように柔らかくなって初めて、蒸し器から取り出す。

器に盛って、何の抵抗もなくつぶれてくれたら、あとは香りのよいオリーブオイルをたっぷりと混ぜ込み、粗塩で平坦でない塩味をつけるのみ。

口にした人が、必ず目を見張る料理である。

そんな料理は、そうそう生まれるものではない(3)。

カリフラワー一つによくもこんなに書くことがあったものだと驚かされる。そしてこれを読むとカリフラワー観が変わってしまう。この文章に初めて触れたときは、おお、とまさに脱帽する思いだった。もっとも、ほかの文章もほぼ同様の調子で書かれているので、脱帽することしきりということなのだが。脱帽しつつ、巧まずして醸しだされるそこはかとないユーモアに、ある既読感を覚えた。誰かの文章と似ているな、としばらく考えて、はたと気づいた。故ナンシー関の文章だ。

三七歳で亡くなったこの慧眼の評論家の文章を読むと、一見して平凡なテーマからよくもこんなに多くの鮮やかな発見が得られるものだと、その観察眼に心底おどろかされる。ナンシー関は、心を摑まれた細部があれば、ほかの誰がなんと言っていようと、真剣な、あまりに真剣なまなざしをそこに注ぎ、魅惑（や困惑）のわけを自分なりに、腑に落ちるまでひと息に、とことんまで掘り下げる。その結果、世間で流通している紋切り型とはべつの、もうひとつの像が出現する。テレビ番組や芸能人をおもな評論対象としていたから、その文章はときにシニカルな調子を帯びることもあったが、しかし基本的にそこには、自分の感性だけを恃む孤高さ、記憶のなかで細部をまたべつの意外な細部へと関連づける際の閃きと高揚とがつねに示されていた。私的に愛着を寄せるものをコレクションしたいという少女的な嗜好もまた。

細川はなによりもまず観察者であり、ナンシー関の場合とよく似た、ほとんど狂気じみた孤独な情熱に突き動かされているように感じられるのだが、そう言ったら言い過ぎだろうか。

カリフラワーの記述において、とくに印象的なのが、「自分が、気づいていないだけだった」の一文だ。カリフラワーの真価をいまようやく知り、これまでの不覚を悔いつつも、自分の想像を軽々と超える世界の広がりに触れて歓喜の身震いをする——そんな気づきの感動が、改行によってドラマティックに表現されている。日々食材を観察し、素材の声を聴き取ることにすべてを賭けているものだけが書きつけることのできる言葉だろう。

接写の美学

細川の料理書は、写真も独特だ。リトルモアから二〇一四年に出た『スープ』[4]における写真家・在本彌生との共同作業によってひときわ大胆になったように思うが、おしなべて共通するのは、思いきりの良い接写によって、まるで手でまさぐることができるような触覚の印象が強調されている点だ。たとえば「新にんじん」のスープの写真では、至近距離から捉えられた、油と混じり合っててらてらとつや光りする黄色いにんじんのピュレ状の肌理が強烈に主張する。(5) 惹きつけられて眺めていると、たとえば従来「にんじんのポタージュ」と呼ばれて漠然と記憶されていた紋切り型の像は霧散し、にんじんというモノ＝素材と出会い直している気がしてくる。

先に述べた「カリフラワーのピュレ」の写真もまさにそうで、乳白色のカリフラワーが充分に柔らかくなってつぶれながらも自分の汁を貯えているさまが接触的に伝わってきて、その静かな迫力に心を打たれる。皿の半分がフレームから切れた、これも接写である。

こうした写真のスタイルと、細川の潔い「引き算」の姿勢は緊密に結びついている。つまりどちらも接触的な感性の産物なのだ。心惹かれる素材の魅力に、どんどん接近して行くと、周囲のあらゆる雑音はやがてシャットアウトされてゆき、顕微鏡のようなまなざしでその神秘を解き明かそうとしてさらに近づき、距離はゼロになり、ついに盲目的に触れ合ってしまう。

芯まで赤く透き通り、手で持った時に
ふわふわに感じるほど熟れた柿を用意する。
(…) へたを取った柿を皮ごとぎゅっと
絞って器に入れる。
(…) 柚子をほんのりと搾り、
はちみつをひとさじかける。(6)

カリフラワーのピュレ。
『愛しの皿』(筑摩書房、86-87 頁)より

熟れ柿、柚子。
『スープ』(リトルモア、90-91 頁)より

「熟れ柿、柚子」と名付けられたこのスープはまさに素手で作られる。その必要があるのは、柿の甘味がねっとりと手にまとわりつく糖分の触覚によって、その魅惑が増すからでもあるだろう。それから『私のイタリア料理』には、「ささみときのこのカルパッチョ」という一皿があるのだが、ささみをどう調理するかというと、金串を刺して炙ったあと、「ラップフィルムに挟んで、手のひらの下の方で叩きのばす」のだ。[7] 半生のささみを食べるとき、普通はさっと湯通ししてよく切れる包丁でそぎ切りにしたりするわけだが、手の平でつぶすのはいかにもささみ特有のやわらかさに相応しく思わ

れて格別に愉しく、病みつきになりそうだ。

具を入れないうどん

言うまでもないことだが、細川はミニマリズムだけを追求しているわけではないし、食材と食材の組み合わせのおもしろさを堪能させてくれるレシピも同等以上に提案している。組み合わせの探求に細川がその初期からことのほか熱心であったことは、たとえば『私のイタリア料理』における「豚と桃のロースト」に添えられた次の潑剌とした一文を読めばあきらかだろう。「料理上手のイタリアの友人が、夏の終わりにマスカットと豚肉の煮込みを作ってくれたことがある。りんごと豚肉や、栗と豚肉など、豚肉と果物の相性のよさはしっていたものの、〝+マスカット〟というのは小さな衝撃だった。ならば桃色つながりで〝+桃〟でも、と奮起したところ、大成功。いまや、これが最良のパートナーだとすら思っている」[8]。想像するにつけ食欲がそそられる。桃のさわやかな酸味、たっぷりたくわえられたジュースが豚をどれだけおいしくするだろう。赤系のグラデーションも楽しい（細川は同系色の食材を用いてグラデーションにするのが好きだ）。定番である「豚肉とりんご」を超える驚きがあったからこそ、自信を持って細川はこの料理を推す。逆に言えば、そのような相乗効果を上げて「小さな衝撃」をもたらすのでないならば、あえて一緒くたにする必要はない、という判断にもなるのだろう。それならば、にんじんにはにんじんの、いもにはいもの豊かな味わいがすでにそこにはあるのだから、べつのなにかと組み合わせてそれを覆いかくす必要はないというわけだ。

細川の文章で頻出する言葉に、「際立つ」がある。それから「主張する」、「埋もれない」。たとえば、

「ゆでてもなお明瞭な香りを放つにらの存在感がたまらない」(9)とか、「この魚の存在感は、命を絶たれても、トマトの香り漂う海の中にあってもなお、燐然と輝いていた」(10)とか。

春巻きも、具材は一つが望ましいとされる。今年出版された『野菜』で取りあげられていたのは、たけのこをそのまま皮でくるんで揚げるだけの「たけのこの春巻き」。「大事なことは具を一種類にすることと、味つけをしないで巻くこと」とある。(11)「おいものころっけ」は、里いも、さつまいも、じゃがいもを、それぞれ加熱してつぶしてバターであえるだけにして、単一で揚げる。(12)それぞれ元のいものかたちを模して成形することで、三種を区別するという楽しい趣向が提案されている。

『愛しの皿』の最後に登場する、一切の具を入れない「すうどん」の記述も印象的である。

(…) 上手にだしがとれた時は、心を鬼にして、具を入れないようにする。きのこやら、みょうがやら、香ばしい油揚げなどがあったりすると、つい誘惑にかられがちだが、具を入れるとたいていは後悔する。

そもそも、上質のだしというのは、それだけで完結した味である。

だから、すうどんのだしの味つけは、塩と酒だけに限る。

透き通っただしの中をのびのびと泳ぐ乳白色のうどんの姿も、この神聖なる料理の、また醍醐味でもあるのだから。

後にも先にも、これだけ惚れ込める料理はないかもしれない。(13)

この文章に添えられている邑口京一郎の静謐な写真もすばらしい。ただのうどんが、「神聖」な対象として撮られていて、だから「うどん」という庶民的食べもののイメージとのギャップがやはりそこはかとなくユーモラスでありつつも、細川の情熱的な文と見事に釣り合っている。この場合は、なにも加えない一皿のすうどんが、逆に、うつろいゆく季節についての感覚を研ぎ澄ませる、反響板のような役割を果たすと細川は言う。

すうどん。『愛しの皿』（95 頁）より

私にとって、季節の移ろいを一番感じる食べ物といえば、すうどんだ。

季節が流れ、肌に触れる温度や湿度が変わったことに気づくやいなや、だしの温度、器の温度、
麺の温度、そういうったものに鈍感ではいられなくなる。

体中がかじかむ頃には、だしも鉢も、洗った麺もまた熱湯で熱々に。

頭の頂から足の先まで火照るような頃には、全てを、きりりと冷やして。

暖かな日差しを感じるようになったら、また、涼やかな風を感じる頃には、だしだけを熱くして、鉢はそのまま、麺はあえて冷たいままで。[14]

素材の風味への微視的なまなざしは、変化する季節という巨視的なものの兆候を探り当て、それを器のなかに反映させる。クローズアップはロングショットへと反転する。情報量は減るのではなく、倍化している。おそらくここに「引き算」の料理のきわめつきの醍醐味がある。

「料理の感動を伝えたいという気持ち」

細川の略歴について簡単に触れておこう。『私のイタリア料理』の巻末の記載にはこうある。「大学卒業後、料理を生業にすることを心に誓う。日本料理が好きだったが、まずは苦手分野から攻めようと、不得意な西洋料理に目を向け、なぜかイタリアへ飛ぶ。家庭の台所や食堂の厨房に張り込み、ふだんの食べものが作られる様を追いかけるうちに、自分もその作り手となることに喜びを感じるようになる。帰国後、料理教室を開き、日本とイタリアを行き来しながら、日本の家で、ふつうの材料を使って、当たり前の手間をかけて作る料理を考え続ける(15)」。

このときは結婚前で、米沢亜衣と署名されている。アノニマ・スタジオから二〇〇七年に『イタリア料理の本』が、二〇〇九年に続編『イタリア料理の本2』が出る。レシピと写真、物語性豊かに書き綴られるエッセイを組み合わせるスタイルがこの二冊で確立される。

結婚後、二〇〇九年から熊本に移住して、筑摩書房から二〇一〇年に『愛しの皿』、リトルモアから二〇一三年に『食記帖』、二〇一四年に『スープ』、そして二〇一七年の三月に『野菜』が出版される。『食記帖』は日々の食生活の記録で、帯文には「読む料理」とある。同じく二〇一七年の六月には『パスタの本』がふたたびアノニマ・スタジオから出た。

『私のイタリア料理』でスタイリストを務めた高橋みどりは、自著『私の好きな料理の本』[16]で細川を取りあげている。『私の好きな料理の本』は、高橋の編集者およびスタイリストとしての豊かな経験に裏打ちされた、このジャンルでは抜群の好著で、料理本好き必携のガイドブックとして知られている。「私の好きな」とあるとおり、セレクトはあくまで個人的な好みによるとされるが、しかし、プロのシビアな審美眼でふるい分けられた古典、名著、際立って個性的な書物がずらりと並ぶ。細川の本もそのなかに選ばれているのだが、高橋は「亜衣ちゃん」と親しみを込めて呼びつつ、次のように語っている。「もう一六年くらい前、はじめてフィレンツェで会ったときから、彼女はいわゆる料理家とはちょっと違うところにいくんじゃないかな、という気がしていました。その後出版された彼女の料理本は、料理の技術というより、料理の感動を伝えたいという気持ちがはるかに強く出ていて、いまや独特の存在感を放っています[17]」。

最近、ネットで目にとまった高橋の評言も引こう。「私は彼女のレシピの表現がとても好き。書いてあるのが上から目線過ぎちゃって面白いんだけどね（笑）。「苺を摘むのには、自分の家に苺畑があって、それを摘むべきだ」ぐらいな。（…）「辰巳芳子先生以外にこんなに言い切る人がいるんだ」みたいな（笑）[18]」。自邸の庭で育てた四季折々の野菜やハーブを料理に使う大御所・辰巳芳子が引き合いに出されるほどの存在というわけだが、辰巳は、素材へのあまりにまっすぐで一途な思いから、既存の調理法をすべて再検討し、自己流に作り直して「辰巳ワールド」と言うべきものを築いた点で、細川の先駆的存在だと言えるかもしれない。その一途さがときにユーモアに転じる点も、たぶん共通する。

「引き算」はなにから「引く」のか

ところで、料理における「引き算」が良しとされるようになったのは、いつ頃からのことだろうか。俯瞰的に眺めてみよう。七十年代にいわゆるヌーヴェル・キュイジーヌとか、あるいは新カリフォルニア料理が登場し、材料そのものの持ち味を生かすべく、バターや生クリームを用いたソースをばっさりと捨て、そこでイタリア料理と日本料理の技法が再評価されるという大きな潮流がある。日本の食卓でもじょじょにオリーブオイルが普及してゆき、定番だった家庭料理のメニューをリフレッシュさせる役割を果たした。ちなみに、その牽引役が、細川も一時アシスタントを務めていたという有元葉子である。有元は「引く」料理の達人である。

しかし、七十〜八十年代頃の料理書を紐解いたとしても、野菜を茹でてオリーブオイルをかけるだけ、というようなレシピはほとんどなかったのではないかと思う。そうした提案が斬新に思えるようになるのはもう少しあとのことだろう。

環境問題への意識の高まりやファストフードの世界化に対する危機感とともに、これもイタリアを起点としたスローフード運動が生まれ、並行して進歩を遂げていた調理科学の普及と組み合わさり、素材のポテンシャルを引き出す技術がそれ自体で特別な価値を持つようになるのは九十年代のことで、そこではじめて「引き算」の料理が歓迎される土壌ができるのではなかったか。

すでにべつの箇所で述べたことだが、一般的な家庭料理のレシピ本においても、やはり九十年代までは、「引き算」よりも「足し算」こそが、望まれるべき料理の方針であると考えられていたはずだ。実際、高度成長期の「主婦」として料理を作りつづけた自分の母親に、野菜を茹でてオリーブオイルをかけただけという皿を出すとすれば、へえ、これはこれでおいしいね、とは言ってくれるかもしれないが、でもやはり物足りなそうな顔をするのではないかと思うのだ。

母の世代の「主婦の料理」では、実際、重層的に味を足し、手をかけることが、いまよりもはるかに強く推奨されていた。だしを引き、丁寧にあくを取り、玉ねぎは飴色になるまで炒め、色とりどりの野菜や肉をバラエティ豊かに用い、時間差で「さしすせそ」の順番に調味料を入れ、場合によっては隠し味を用い、じっくりと加熱するのは、すべて「まろやかな」味わいのためだ。私がその典型例として思い浮かべるのは、漫画『クッキングパパ』のレシピである。男性がそれをやることで「専業主婦性」がより一層際立っているということだと思うが、主人公・荒岩一味の料理は感動的なほどに甲斐甲斐しい。彼は料理名人だから、実験的な調理法も知ってはいるが、基本的には、食卓につくあらゆる人々を無差別に元気にするため、ひたすら調和の取れた料理を提供しつづける。マヨネーズもケチャップも躊躇せず使う。ひるがえって細川はというと、市販のマヨネーズは素材の味を隠してしまうものだと語っていて、これはこれで期待にたがわず素敵なのだが。

「まろやかさ」を目指して、無個性に陥ることを厭わなかったかつての「専業主婦の料理」にはもちろんその良さがある。素材が際立つと言うときの「エッジ」は持たないかわりに、テーブルを囲む老いも若きも、感覚が鋭敏なものも、鈍感なものも、それなりに満足させることができるのだ。

そういうタイプの料理が一般家庭に普及し、飽和していたからこそ、有元や細川の研ぎ澄まされた料理が――本人たちにしてみればただ我が道を歩んでいるだけで、「引い」ている意識すらないのだとしても――食べ手にとっては、一層、際立って感じられるということがあったのではないか。これはあくまで私の個人的な、あるいは世代的な感じ方かもしれないが、「引き算」の料理がなにから「引い」ているかと言えば、万人向けの「まろやかさ」ゆえに無個性で退屈な、かつての「専業主婦の料理」からであるようにも感じられるのだ。だから「引き算の料理」は、ほんの少し残酷な味がする。

(1) 米沢亜衣『わたしのイタリア料理』柴田書店、二〇〇四年。結婚前の「米沢」名義の著作。
(2) 同前、三頁。
(3) 細川亜衣『愛しの皿』筑摩書房、二〇一〇年、八八頁。
(4) 細川亜衣『スープ』リトルモア、二〇一四年。
(5) 同前、八〜九頁。
(6) 同前、九十一頁。
(7) 米沢『わたしのイタリア料理』五五頁。
(8) 同前、四十一頁。
(9) 細川亜衣『野菜』リトルモア、二〇一七年、七一頁。
(10) 細川『愛しの皿』六三頁。
(11) 細川『野菜』一三頁。
(12) 同前、一七五頁。

（13）細川『愛しの皿』九四頁。
（14）同前。
（15）米沢『わたしのイタリア料理』九五頁。
（16）高橋みどり『私の好きな料理の本』新潮社、二〇一二年。
（17）同前、五一頁。
（18）幅允孝、高橋みどり「高橋みどりさんのおいしい本棚」、『DEAN&DELUCA LIBRARY』DEAN&DELUCA、二〇一三年一〇、一一月（http://www.deandeluca.co.jp/library/03/interview02.html）。

9　レシピ本のなかのありえない数値

アサリ二キロのスパゲッティ

料理書のレシピを読んでいて、一瞬、目を疑うような数値に出くわすことがある。なにかのまちがいではないかとさえ思われ、よくよく確認したあとも、実際に試してみるのに勇気が要る、そのような数値である。

今回はレシピ本のなかのそのような「数値」をいくつか取りあげてみたい。日々の台所生活のなかで自分から思いつくことはけっしてなかっただろうそれら数値は、実際に試してみれば、私たちの料理観を揺さぶるダイレクトな力を振るうかもしれない。

私がこれまで出会ったそのような数値のなかで、とりわけよく覚えているものがある。またしても丸元で恐縮だが、『丸元淑生のクック・ブック』(1)における「あさりのスパゲッティ」の作り方に、それは書かれていた。

あさりのスパゲッティ spaghetti alle vongole

あさり　二キロ
にんにく　六片
パセリ　一／二束　刻む
スパゲッティ　五〇〇～六〇〇グラム
スパイス　黒こしょう(2)

あさりのスパゲッティ。
『楽しもう一人料理』（講談社、57頁）より

あさりがなんと「二キロ」。四人前の分量である。スーパーでふつうにパック詰めされているのは一五〇グラムとか二〇〇グラムだが、その二〇〇グラム入りで作るのだとすれば一〇パック。ありえない。魚屋や市場で量り売りしているものを買えば出費は抑えられるものの、大変な量であることは変わらない。

盛りつけるまえに殻を外すこと、と指示されているが（砂をできるだけ除くための配慮でもある）、二キロともなればなかなかの手間だろう。麺の分量が大盛り気味に設定されているとはいえ（一人前一二五～一五〇グラム）、あさりの比率の大きさが半端ではないことに変わりはない。

調理法を一通り説明したあと、丸元はこう書いている。「この料理の味を決定するのはあさりの量である。少いあさりではおいしく出来ない」。それはそうだろうが、それにしても多すぎはしないか……。あさりのスパゲッティのレシピは、その約一〇年後に出版された『楽しもう一人料理』にも再掲されている。「スパゲッティ一〇〇グラム（一人前）に対してあさり四〇〇グラムというあさりの量が、この料理の決め手」とある。比率は『クック・ブック』とほぼ同じ。ここが譲れない一点であるようだ。念を押すように丸元はこう説明する。「あさりから出た汁がそのままソースになるので、あさりの量が少ないと感動的な味にならない。しかしこの量のあさりを使うと一切の調味料を加える必要がなく、完璧に味がまとまる」(3)。こちらの場合は、一人で食べることを想定しているので殻を外さずにそのまま提供するとあるが、その完成した皿の写真を見ると、やはり冗談ではないかというぐらい、あさりがてんこ盛りなのだった。

丸元は本当にこの提案が普及すると思って書いているのだろうか。いや、普及云々以前に、そう書かざるをえないという信念がともかくもあったのだろう。

クリームなしのクラムチャウダー

私も実際、丸元式の「あさりのスパゲッティ」を試してみた。こんな量のあさりを一度に買うことはめったにないから胆力がいる。逆に言えば、知らず知らずのうちに、あさりは一人前これぐらいでOKだろうとタカを括り習慣になっている自分がいたことが自覚される。作ってみてその味はといえば、やはりおいしい。食卓についた全員の顔がぱっと明るくなるかんじである。これはずるい、あさりなんてうまいのがあたりまえなんだから、などと言い出すものもいた。貝類の多くは、柑橘や香辛料のたぐいを足してもおいしいが、なにも足さなくとも味が最初からまとまっている。だから料理の技術はほとんど必要なく、誰が作ってもおいしい。また、塩分にさえ気を使えば、味のバランスを崩すことなく、そのおいしさをとことん増幅させることができる。シンプルな貝料理を食べると、貝塚を作ったたむかしの人間の暮らしをぼんやり想像し、このひとたちもすでに最高級の美味を知っていたのだなあと思われて満ち足りた気持ちになる。二キロ使えば、それぐらいの感慨も湧いてこようというものだ。

丸元はオリジナルの貝料理として、「クリームなしのクラムチャウダー」というレシピも書いた。好みで牛乳を入れてもよいとあるが、生クリームは抜くとある。「味は貝の汁を水で薄めるだけでまとまってしまう。(…)簡単にできて充実感のある一品になる」。その分量は四人前で以下のとおり。

はまぐり(なければあさり)　一・五キロ
玉ねぎ　三個
じゃがいも　三個
(好みでミルク)　一カップ(4)

はまぐりの量は、やはり躊躇なしの「一・五キロ」。はまぐりをこの量だけ買う勇気はいまのところないので試していないが、まあ、おいしいだろうことは想像がつく。やはり、これまでのクラムチャウダー観が揺るがされるだろう。

丸元が提唱する「シンプル料理」は、なによりも、外から濃い味を足すという戦後に広まった家庭料理の風潮に抵抗し、そのかわりに、よい素材を用い、その味わいを最大限に引き出すことをモットーとする。このモットー自体はありふれたものだが、丸元式はその針をどこまで極端に振り切れるかという実験の様相を呈していて、そこから、あさり二キロなどという異様な数値が帰結される。だが、ここまですれば、家庭料理の一皿は、どのレストランの料理にも負けぬ「感動」を呼び、なおかつ健康の点でも理想的なものになるのだと丸元は主張する。

「感動」という言葉は、丸元の料理書のあらゆるレシピに本当にくどいほど書きつけられていて、分量や組み合わせのすべては、「感動」を呼び起こすためであると述べられる。その姿勢を端的にあらわすくだりを引用しよう。

> 私の家では食事のたびに、家族のだれかが必ず一度は、「死ぬくらいおいしいね」という。最もひんぱんにいうのは私だが、妻がいうときもあれば子どもがいうときもある。三年前に逝ってすでにいないけれども、それを聞くと母がきまって、「あんたは何回死によると」といい、全員が笑い出すのである。
>
> 私は家庭料理というものは死ぬくらいにおいしくなくてはならないと思っている。ちょっとおいしいくらいではダメで、心の底から感動が沸き上がってくるようなおいしさでなくてはならないと思っているのである。[5]

まるで実母をおいしいもので逝かせたような口ぶりですらあり、異様なかんじもするのだが、ともあれ、こういうところに共鳴できるかどうかが、丸元の著作を魅力的に感じられるかどうかの分かれ目なのだろう。

ちなみに、多いと言えば丸元はだしを引くときのかつお節の使用量も非常に多い。だしの引き方は、料理書の著者たちの姿勢をはっきりと反映させるもので、千差万別の主張がある。昨今は、汁物のたねとして使う素材からもうまみが出るのだから、かつおやこんぶは控えめにしてよいという、野崎洋光のベストセラー『美味しい方程式』[6]などをきっかけに普及した考え方のほうが支持されているから、ますます丸元の使うかつお節の量は常軌を逸したものに思われるところだろう。この量は、たぶんあらゆる料理書のなかでもマックスの部類に入るのではないか。『丸元淑生のクック・ブック』にはこうある。

かつお節の量は水一〇カップに対して、一六〇〜二〇〇グラム程度。[7]

これにこんぶ（一六センチに切ったもの）が加わるのだ。ちなみに野崎洋光の場合、一〇カップに対して用いるかつおぶしの量は四〇グラム程度。丸元はその四、五倍ということになる。なぜこれほどの量が必要かと言えば、やはり、醬油とみりんと砂糖を大量に加える風潮にあらがって、だしそのものに感動的かつ完璧な味わいを持たせたいからなのだという。つまり、だし自体の圧倒的なおいしさは、つい多く使ってしまいがちな調味料から家庭料理を護るために要請されている。クリームが要らないほどの貝のうまみ、というのも同じことだ。

だが、それを理解できたとしても、かつお二〇〇グラムを実際に使うには相当の胆力がいる。スーパーで売っているパックを使うならば、大きめのものが一〇〇グラム入りだから、二袋分をどっさり入れるということになる。丸元は自宅で削ることを推奨しているが、かつおが一節だいたい三〇〇グラムぐらいだとして、三回で二本削りきることになる。……なにかに取り憑かれているとしか思えない。というより、丸元がいう「死ぬくらいの感動」は、この程度の労を厭わなくさせるものということなのだろう。料理書から学ぼうと思うと、こうしてときに、他人のオブセッションを引き受けられるかが問われることになる。さすがに私はだしにかんしては野崎派である。

マルフーガの揚げもの

世間の常識に囚われることのない独創的な提案を、奇を衒うのでなく、さも当然のこととして書く料理本とその書き手に私は惹かれてしまうのだが、有元葉子もまさにそのような存在だ。イタリアンをベースに、シンプルかつスタイリッシュな「引き算の」料理を得意とする、などと紹介されることが多いが、有元もまた自分の信じた道を揺るがずに進むという点では本当に毅然としていて（「いやなことはしない」がモットーだそうだ）、そこに憧れずにいられないのだが、その著作には、えっ、それをほんとうに提案するのですか……とたじろいでしまうような記述も散見される。

二〇一四年に出た『有元葉子の揚げもの[8]』も、私にとってはそんな当惑を誘う一冊だった。なにに当惑したかというと、巻頭で、「上質のエキストラバージンオリーブオイル」で揚げよと書かれており、それが伝授できるほぼ唯一のコツだと断言されていることだ。しかもその文章のかたわらには有元がイタリアから直接取り寄せて販売しているマルフーガ社のオイルの写真が添えられている。有元の味に近づこうと望むならば、マルフーガで揚げるのがよいということだろう。このオリーブオイルは、とくにポリフェノール値が通常のオイルよりもはるかに高いらしい。抗酸化作用がきわめて強く、したがって健康に良い。品質だけをとれば揚げものにはまさにうってつけの油ということになる。しかし値段もそれ相応である。有元のサイトで売っているのだが、三リットル入りが約一万八千円である。オリーブオイルで揚げるとおいしいということは、これまでも有元の本に繰り返し書かれてきたことではあるが、しかし、この値段を鑑みるに、一冊の料理書の前提がそれというのは、きわめて大胆と言うべきだろう。「この本を作る際にしたお約束は、揚げ油はエキストラバージンオリーブオイルか上質のごま油のみをふんだんに使用する、ということです」とあるけれど[9]、その条件を緩めてほしいというようにもありそうな編集サイドからの要望に妥協せず書かれたことが窺われる。一応、選択肢としてはごま油も用意されていてそちらのほうがだいぶ安価なのだが、メインとなるレシピで使われているのはだいたいオリーブオイルのほうなのだった。

私はかつて知人の有元ファンのお宅でマルフーガを試飲させてもらったことがあり、それがきっかけでときおり購入するようにもなったのだが、使うときはいまもすこしそわそわしてしまう。これで本当に揚げものをできるだろうか。一部の富裕層をのぞけば、有元ファンはたいへんな度胸試しを迫られることになるのだ。いや、それなりに富裕であっても、これを無駄な浪費と思わないための納得が必要だろう。日本中の有元読者のいったい何パーセントがこのハードルを超えているのだろうかと気になってしかたがない。

それだけの価値があるのか、やはり実際に試してみなければわからない。というわけで、それまでは読んで楽しむだけだったのだが、この文章を書くにあたって一念発起し、マルフーガの揚げ物に挑戦してみた。あらかじめ述べると、それはなにからなにまで刺激的な体験であった。

まず、揚げもの用の鍋に注ぎいれるだけでもかなり緊張する。タプンタプンと音を立てて黄金色の液体が流れていくのを見つめていると、反射的にガソリンスタンドにある課金メーターのようなものがカタカタと上がっていく様が連想されてしまう。自分のなかの精神的なハードルを、いやがおうにも意識してしまう時間だ。尊敬する有元葉子の提案でなければ、一生こういうことはしなかったかもしれない。

ガスを点火し、油を加熱していく。食材用の温度計もこのときは戸棚の奥から引っ張りだした。揚げる素材も新鮮でいいものを吟味した。すべてにおいて丁寧になっている。だから、この時点ですでにさまざまな効果を発揮しているとも言える。そして、衣をつけた食材を油の中に投下する。ぽとりと落ちて、じゅわーと泡が立つ。そのときの不思議な感覚をなんと表現すればいいだろう。保証つきの品質の、パンにとぽとぽかけてすこぶるおいしい、飲んでもいいようなオイルのなかに食材が入っていく、ということの安心感があるのだ。ふだんの揚げ物では油っぽさを最小限にするようあらゆる配慮をするわけだが、この場合は仮にいくら油が残っても構わず、というよりむしろ、積極的に体内に摂取してもよいとさえ思われる。つまり、マルフーガの揚げものは、原理的に、失敗のありえない揚げもののように感じられた。

できあがったものの味はどうだったか。これはあくまで私の捉え方だが、やはりオイルの風味が主張するのである。直感的に表現するならば、マルフーガッッというかんじ。揚げなすにはしっとりとオイルが染みわたっていて、噛みしめると青草のような清涼感のある香味が口中に広がり、緑茶のそれと共通する苦味が舌に残る。それはさわやかな苦味ではあるけれど、太白のごま油やキャノーラ油には存在しない要素なだけに、異質感があることは否めない。聞くところによると、搾りたては苦味が強く、だんだんまろやかになるということらしいので、この場合、比較的若いものを使ったことが原因かもしれない。ともかくこれは、油の存在感をできるだけ消すことをよしとする通常の揚げものとは異なり、マルフーガの風味とセットで味わう料理なのだと思われた。冷製の、たっぷりのオリーブオイルに浸ったマリネなどをそのまま高温にしたヴァージョンと言うべきか。いずれにせよ、揚げものの概念が揺るがされる体験であった。

二つの感情の併存

もし経済状況がそれを許し、マルフーガで揚げものをしつづけることができるならば、なにかまったくべつの境地に至るのではないか、という予感を抱かされた。その境地とは、もちろん、有元葉子がすでに踏破して私たち読者を導いているその場所にほかならない。『Olive Bar ──有元葉子のオリーヴオイルレシピ』[10]における有元のオリーブオイル観を示す文章を引こう。

オリーヴオイルは…というと、サラダ油やごま油と並列ではなく、いわゆる油ではなく違うカ

オリーブオイル。『Olive Bar』（ソニー・マガジンズ、95頁）より

> テゴリー、特別なもの。オリーヴオイルはオリーヴオイルなのです。
> 〝特別なもの〟になったのは、イタリア・ウンブリア、オリーヴの木の近くで生活をしはじめてから。料理に使うだけでなく、実際にオリーヴの実を自分の手で摘んだり、実からオイルを搾るのを見たり、オリーヴオイルに関するさまざまな話を聞いたり…。
> （…）ぬり薬やシャンプー、石鹸や化粧品など、体の中にも外にも使える、美と健康になくてはならぬもの。オリーヴの実を搾って作られる果汁一〇〇%のナチュラルな生ジュースだと考えれば、数値的にも経験的にも体にいいのは当然と言えるでしょう。実際、私が病院と縁がないのは、玄米、オリーヴオイル、このふたつのおかげ。[11]

有元の料理書の説得力は、写真に写るその姿の驚異的な若々しさにもよる。プロフィールからおおよその実年齢を推察することができるが（ご本人は数字など無意味とばかりに伏せておられる）、それがまったく信じられないようなつやのある顔色に脱帽せざるをえない。それがオリーブオイルのおかげと言うならば、誰しも試したくなるだろう。むかし『キャットウーマン』という映画のなかでシャロン・ストーンが、ビューリンという秘薬を使って永遠に若々しく、さらにはとてつもない耐久性の美肌を

手に入れていたが、有元のマルフーガもそれに近いなにかのように思えてくる。だから有元菓子の揚げものは、良質なオリーブオイルを摂取するための積極的な機会とも位置づけられるだろう。それはおいしいだけでなく、身体を老いや病から護るバリアの役割を果たす。

一九九〇年代ぐらいから、日本の家庭にはイタリア料理とオリーブオイルが大規模に導入されたが、そこで決定的な役割を果たした著述家の一人が有元葉子であった。イタリアの自宅で毎年、長期間滞在して身につけた食習慣を有元は紹介し、日本の食材と組み合わせる魅力的なレシピを提案しつづけてきた。味の基調はもちろん最良のエキストラバージン・オリーブオイルである。玄米との組み合わせをはじめとして、青魚、豆、あらゆるものをオリーブオイルと合わせて楽しむしかたを、有元の料理書とともに私たちは学んできたのだ。

オリーブオイルの使用量自体もとても多い。たとえば炙ったパンにオイルをたっぷり注ぐという「ブルスケッタ・センプリチェ（シンプルなブルスケッタの意味）」において、具体的にどれぐらいかけるのか。

どれぐらいの量のオイルをかけるのかですって？　お皿にパンをおいたら、一センチ以上はあるパンの下からオイルがジュワーと出てくるぐらいと言えば、わかっていただけるでしょうか。（…）繰り返しますが、オイルはかけるというより、パンを入れたお皿がプールのようになると思ってくだされば正解です。そこにジュワジュワとたれるぐらい浸して食べるのですから、必ずナフキンをエリの下にはさんで、口はそう、お皿の下に突き出して、お行儀悪く……です。(12)

このやりかたを真似て、自分の習慣にすることができれば、その効果は絶大であるだろう。また、その点にこそ有元の著作の画期的な意義があったのだと思われる。どういうことか。

有元は、ウンブリア州に自宅を持ち、イタリアでの暮らしと日本での暮らし、その二つを往復するということを、長いあいだつづけている。つまり、有元の料理には、二つの習慣が重ねられている。一方に、私たち同様、日本の風土に育まれた感性があり、他方で、イタリアの、良質なオリーブオイルにすべてがとっぷりと浸っているのを心地よいと思う感性がある。この異質な感性の併存にこそ、有元の料理の魅力の秘密があるのではないか。

私は、有元のいろいろな本を棚に揃えて愛用している。そのレシピはすべてシンプルだし、ふつうの料理に似ているのだが、しかし、どこかが決定的にちがう。作ってみるとかならず、はっとするような味の構成があることに気づかされる。和食なら和食のあたりまえ、イタリアンならイタリアンのあたりまえから、ほんの少しちがいがあって、そのちがいが、すべてを一挙にヴィヴィッドにし、きりっと輪郭の際立った料理になる。だから有元のレシピで料理をするたびに感嘆を覚える。

なぜそのようなことが可能だったのだろう。もちろんそれは長年の蓄積のうえで獲得された総合力によってとしか言いようがないが、しかし、最大のポイントは、日本のおいしさの在りようとイタリアのそれを大胆に、しかし両者が際立つこれというバランスを見極めつつ、重ね合わせたところにあったのではないか。

たとえば有元の料理は、いわゆる「ごはんに合う系」ではない。有元は白米よりも、イタリアにおけるスペルト小麦に相当するものとして、玄米を薦める。豚肉を香味野菜とともにこんがり焼いて、ほろ苦いオリーブオイルをかけた玄米をそこに添える。これは思わずワインに手が伸びる美味だ。日本とイタリアの双極を持つ有元の料理は、和食寄りのこともあればイタリアン寄りのこともあるが、しかしつねにどこか独特の「異邦的」な印象を放ち、食欲をそそる。

有元がしたことは、だしと醬油をおいしいと思う食習慣と、オリーブオイルを自然に身体に入れる食習慣を、重ね合わせ、その両方に新鮮さを回復させるということだったのではないか。イタリアの生活と、日本の生活、どちらか一方に着地するのではなく、二つの「おいしい」のあいだを往還する。これは小手先の操作ではないし、表面的な意匠（おしゃれさ）を取り繕うということともちがう。もっと深いところにある習慣の水準で、その変革はなされた。有元自身がウンブリアで日々飲んでいるというオイルの輸入販売は、その一環として是が非でも必要だったのだ。

やや余談めくが、かつて私が料理に本格的な興味を持つきっかけになったのは、海外の長期滞在を経て戻ってきたら、日本のふつうの料理がとても新鮮に感じられたときの衝撃であると冒頭で述べた。思い返してみれば、最後にイタリア滞在を経たことが決定打だったのかもしれない。そこでは十日ほどだっただろうか、朝昼晩とオリーブオイルをイタリア人のペースで摂取する日々を過ごした。腹も下したが、やがてこれぐらいの油の量が当然と思えるようになった。そのとき私は一時的であるにせよ、べつの感性に身体を馴染ませていた。だからこそ、戻ってみて、和食の味わいがかくも鮮やかに感じられたのではないか。

日本にいればまた身体は元に戻ってゆく。だが、有元のように毎年のように長期滞在するとまではいかないまでも、イタリアの良質なオリーブオイルを日々摂取しつづけさえすれば、あちらで育んだ「慣れ」を身体の奥に温存することができるかもしれない。そのようにして延長された「慣れ」を、この国の日常に重ねるならば、なんの変哲もないはずの食材をまったくべつの角度から味わうことができるだろう。日本の家庭料理においてオリーブオイルを大量に用いることの意味を、このように捉えることができるように思うのだ(13)。

＊

今回は丸元と有元を取りあげたが、この二人に限らず、レシピのなかに、巧まずして、途方もない提案を書けるのは、家庭料理書の偉大な著述家の共通点だろう。たとえば魚柄仁之助も、その一人として付け加えなければならない。一ヶ月の食費を「九千円」に抑えて、なおかつ健康でおいしい食卓にする、というふれこみの『魚柄流生活リストラ術(14)』も強く印象に残っている本だ。私たちの営む一般的な食生活がいかに(魚柄基準における)「無駄」で溢れ返っており、したがって「リストラ」の余地があるかを逐一指摘する体裁になっていて、たしかに常識を疑うきっかけとしてすばらしいし、私もおおいに役立たせてもらった。だが、魚柄メソッドの場合、本当に取りいれられるかどうかは、もはや生来の素質による気がしてならない。光熱費を浮かせるため、煮物をする鍋のなかにザルをひっかけて、同時に蒸し物もする、とか、ほとんど備蓄基地のようにありとあらゆる乾物を大量に揃えなければならないとか(節約の最大の鍵が干物使いだから)、かなりのマニア的気質が要求されるのだ(知り合いの魚柄ファンは、どこか生まれつき魚柄のような顔つきをしている気がする)。

最後にもう一人、ここでも辰巳芳子の名前を挙げておきたい。辰巳の書いた料理書にも驚くべき数値が頻出する。スープ作りなどの工程はある種の慈愛の営みと捉えられているからなのだが、一つのプロセスにかける時間は「六時間ぐらい」等々と記述される。味噌汁の出来映えは、分量の配慮を日々つづけ、「三年目、三年目で振り返る」と指南される。[15] 悠久のときを刻む、息の長い生活のリズムが前提としてある料理なのだ。そういえばだしに使うこんぶの分量もとても多くて、二リットルの水に対して「五十センチ」とあった。[16] 我が家で本当に実践できるだろうか。私はまだ二の足を踏んでいるが、でも、やったらべつの扉が開くだろうな、という予感はある。

(1) 丸元淑生『丸元淑生のクック・ブック完全版』文藝春秋、一九八七年。
(2) 同前、三四二頁。
(3) 丸元淑生『楽しもう一人料理——丸元淑生のからだにやさしい料理ブック』講談社、一九九九年、五六頁。
(4) 丸元淑生『丸元淑生のシンプル料理②』講談社、一九九五年、七〇頁。
(5) 丸元淑生『いま、家庭料理をとりもどすには』中公文庫、一九八七年、二六九頁。
(6) 野崎洋光『美味しい方程式——「分とく山」野崎洋光が説く』文化出版局、一九九七年。
(7) 丸元『丸元淑生のクック・ブック』一三〇頁。
(8) 有元葉子『有元葉子の揚げもの』東京書籍、二〇一四年。
(9) 同前、四頁。

(10) 有元葉子『Olive Bar――有元葉子のオリーヴオイルレシピ』ソニー・マガジンズ、二〇〇六年。この本では表記が、「オリーブ」ではなく「オリーヴ」となっているのでそのままとした。
(11) 同前、三頁
(12) 有元葉子『オリーブオイルと玄米のおいしい暮らし』だいわ文庫、二〇一三年、三一～三二頁。
(13) 有元料理の軸は、和食、イタリアンの二つだけではない、ということも言い添えておかなければならない。有元は『わたしのベトナム料理』というこのジャンルの最初期の名著を、やはり足繁く現地へ通ってした取材をもとに書いている。有元葉子『わたしのベトナム料理』柴田書店、一九九六年。加熱しない生野菜やハーブを大胆に取りいれ、青々とした香りを際立たせて日常の皿に意外な立体感をもたせる有元スタイルの源流はここにもある。
(14) 魚柄仁之助『魚柄流リストラ生活術――活き活き人生シンプルライフ』農山漁村文化協会、一九九五年。
(15) 辰巳芳子『あなたのために――いのちを支えるスープ』文化出版局、二〇〇二年、七六頁。
(16) 同前、三一頁。

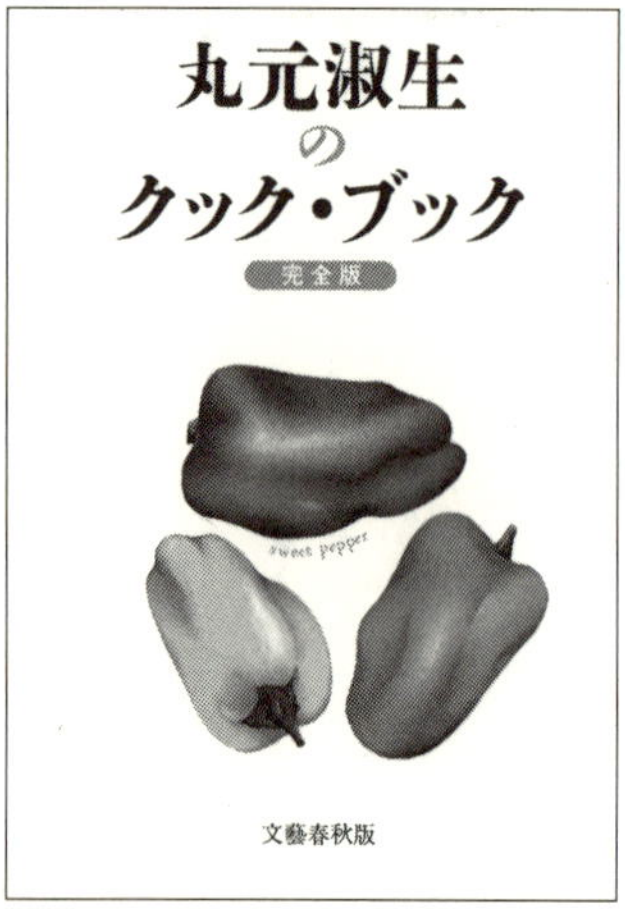

10　おいしいものは身体にいいか・1——有元葉子

細胞がよろこぶ味

細胞がよろこぶ味、という表現がある。そしてTPOを誤ってこういう言い方をすると、あやしいひとと思われる可能性があることはご存知のとおりだろう。最近の若者言葉で言えば、「スピってるひと」（スピリチュアリズムへの傾斜が入っているひと）に認定されてしまうかもしれない。「細胞……また始まったよ」というわけである。

かくいう私も、うわあ、おいしい、細胞の一つひとつが喜んでいる！　などと口走ってしまうことはたびたびある。たとえば、春先に食べるふきのとうとか、うどの新芽とか、えぐみの残ったたけのことか、冬のビーツとか、そういうものを口に含んだときの感動には、「細胞のよろこび」という表現をあてたくなってしまう。微妙であることはわかっているのだが。

細胞がよろこぶということが、本当にありうるのだろうか。そして私たちはそれを感覚しうるものだろうか。こんなふうに問うている時点で、「スピっている」可能性はもはや否定できないのかもしれない。とはいえ、この表現がなにごとかを言い当てているという実感があり、また、歳を重ねるごとに自分の食べものの嗜好が「細胞のよろこび」を指標とするようになってきている気もする（家族には意味がわからないと眉をひそめられている）。だからあらためて考えてみたい。「細胞がよろこぶ」とは一体、なんのことか。

「細胞」の語感があやしすぎるというならば、よりマイルドに「身体」と言い直してもよい。まずもって、そこで想定されているのは、「脳」がよろこぶ味との対比であるだろう。

ジャンクフードの悪を告発するたぐいの啓蒙書でよく書かれていることだが、今日の加工食品は、脳の快楽物質を分泌させて直接的に消費者を気持ちよくさせることを意図的に狙っているのだという。さまざまな実験によって、それを誘発する成分が解明されている。代表的なのは砂糖、動物性脂質だが、日本人が発見した旨味成分であるグルタミン酸ナトリウムにも同様の効果があるそうだ。新時代の濃厚こってり魚粉入りラーメンなどの中毒性も、ここから説明できるだろう。

米国の巨大食品メーカーによるヒット商品開発の内幕を描いた『フードトラップ――食品に仕掛けられた至福の罠』(1)によれば、開発研究のすえに見出された味は、「至福ポイント」と表現される。それは中毒性が極まる点でもあるだろう。このように消費者を否応なく捉えるその在りようがずばり「トラップ」と表現されており、映画「マトリックス」シリーズを彷彿とさせる書きぶりなのだ。このSF作品では人間が脳に直接プラグインされ、機械帝国にひたすら幸福な夢を見させられるディストピアが描かれているが、『フードトラップ』が描き出す今日の食の現状も、まさにそのようなものとして捉えられている。最先端の加工食品が消費者の脳をじかに操るというわけだ。

もちろんこれら食品は身体によいわけがない。なぜならば、「食べ過ぎること」こそが商品開発の目標だからだ。「やめられないとまらない」というかつての日本のスナック菓子の宣伝にあるごとく、過剰に食欲をそそるその力を、食品会社は競い合う。個人的には黄緑色の円筒形をしたプリングルズ・サワークリームオニオン味の抗いがたさは尋常でないといつも思う。そういえばクリームシチューのルウなども、最近はプリングルズみたいな中毒系の味に近づいている気がする。ご飯のおかわりがとまらなくなるわけだが、しかしそれがビッグブラザーの陰謀かどうか一度疑ってみる価値があるということだ。

さて、「細胞」や「身体」がよろこぶというとき、そこでは「脳」がよろこぶ場合とのちがいが意識されているだろう。脳をよろこばせるのはある意味、簡単なことで、快楽物質の分泌を促す成分をしかるべき量、しかるべきバランスで調合すればよい。

それに対して「身体」をよろこばせるためには、食品が実質を備えていなければならない。貴重な栄養素を含んで、身体の各部位を健康に保ってくれる――そのような料理に対して、「身体」とか「細胞」がよろこぶという。だから、いかに複雑玄妙な味わいであったとしても、健康を害するようなものならば、細胞がよろこぶとは言わない（複雑玄妙でなおかつ身体に悪い味というのもなかなかイメージしがたいが）。

「おいしい」と「身体によい」の関係

だが、「栄養がある」とか「身体によい」とだけ言うのではなく、一歩すすんで「身体がよろこぶ」と表現するのはなぜか。

先に「微妙」と述べたのもまさにここなのだが、「身体によい」と「おいしい」のつながりがけっして自明ではないという事実を意識しているからこそ、このような表現があえてなされると思うのだ。健康食が、無理をしておいしくないものを食べる営みであると考えられる場合はいまもけっして少なくない。栄養を優先させて食の快楽を断念している、それどころか、おいしくないものを無理やりにおいしいと思い込もうとしている、などと揶揄されることもある。

実践している側にしてみれば、それが禁欲行為であるなどと言われるのは心外もいいところで、身体によいものはおいしい、と考えたい。けれど、玄米や発酵食品や緑黄色野菜は、ハンバーガーのようにわかりやすい味を持たない。それは、遅効性と言うべきか、じわじわと浸透していくおいしさである。日々それらを摂取することで身体の調子が整い、感覚を研ぎすませることでそのことが感知されてくる。そのときはじめて「身体が」、あるいは「細胞がよろこぶ味」がわかる。擁護派の反論はだいたいこうしたものだろう。

だが、そんな実感を持ったことのない者の懐疑は、このような説明ではおさまらない。長期的な摂取で身体の調子をよくしてくれる、そのような学習効果によって、最初はいまいちと思える味がおいしいと感じられるということを認めるとしよう。だが、それならば、ビタミン剤だってやがては「身体がよろこぶ味」になるのではないか。つまり、「身体によい」と「おいしい」とのあいだには、信者がそう思うように「自然」の関係があるのではない。結局それはどこまで行っても恣意的なのではないか。批判はさらにつづく。

信者はよく、人間には生得的に身体によいものを食べ分ける能力が備わっていると主張する。たとえば生まれたばかりの幼児のまえに、さまざまな栄養成分をそれぞれ一種類ずつ含んだ食品をずらりと並べて差し出すと、幼児たちは、理想の栄養バランスになるよう舌で自然に選び分けて食べる、などとまことしやかに言われることもある。だが当然、そのような事実が客観的に証明されているわけではない。もし仮に、人間にそのような能力があるのだとしても、「脳」をじかに喜ばせる「フードトラップ」のまえにはまったく歯が立たないということは、今日の社会の現状を見ればあまりにあきらかだろう。自然由来の健康的な食品こそがおいしいという主張は、じつのところ、ひとを右へ倣えの「健康ファシズム」へと煽り立てているだけだ。本当においしいものは体に悪いものである、という真逆の命題も当然ながら存在する。散財を重ね、痛風になり、社会生活を破綻させることを引き換えにしてもなお探求せざるをえない魅力が美食にはあり、それは「自然の調和」などをはるかに超えて刺激的である、云々。

『ためない暮らし』と「循環」

ようするにこういうことだ。「細胞が」、あるいは、「身体がよろこぶ」という表現を用いるとき、ひとは「おいしい」と「身体によい」をイコールだと言おうとしている。だが、そこを直結させようとすることは、いまざっと挙げたような疑問をただちに生じさせるだろう。この「イコール」は、まえもって「自然」に保証されたものではないからだ。だから、もしそれをつなげようとするならば、おそらく、各人がそのための体系を作り直さなければならない。

前置きが長くなったが、以上の問いを念頭に置きつつ、前回につづいて有元葉子のいくつかの著作を取りあげてゆきたい。「おいしい」と「身体によい」がそれでも結びつくことを、独創的なしかたで徹底して考え抜き、それを一つの美しい実践のかたちとして示したのが有元だと思われるからだ。

有元は、「おいしい」ならば「身体によい」と言う。その言葉遣いは柔らかく、あくまでそれは自分の感じ方であって、感じるままにこんな暮らしをしていますと書くだけだ。他人を理詰めで説得しようとするところはいささかもない。しかしその実践は長年の経験によって研ぎ澄まされており、本人のなかでこの二つ――「おいしい」と「身体によい」が無理なく調和していることが読者にもだんだんと伝わってくる。では、それはいかにしてか。有元はこんなふうに言う。


　えてして身体にいい物はおいしくないと言われることがありますが、私はその論にはあえて反対したいのです。身体にいい物をおいしいと思う身体作りや味覚作りが本当は大事なのではないでしょうか？(2)

食だけではなく、衣食住を含めた「くらし」全般をどう整えるかについて書かれた『ためない暮らし』のなかの一節である。さりげない文章だが、「身体にいい」と「おいしい」をいきなり直結させるのではなく、それを結びつけるための「身体作り」、「味覚作り」が必要であると、有元は思慮深く述べる。両者を結びつけ、調和させるには、それ相応の時間と習熟が必要である。

さて、ではその「身体作り」、「味覚作り」とは具体的になにを意味するか。それは本の題名である「ためない」ということと深くかかわる。

この本を手にとられたかたは「ためない暮らし？」と思われたことでしょう。「ためない」とは、毎日の暮らしについてまわる汚れや要らないものをためない工夫に始まり、今手元にある物を十二分に使い切る、ということに通じます。

身近なことでは、冷蔵庫の中から台所全体へ、そして家の中全体へ、さらに、住んでいる人の身体の中まで、物がたまる所は随所に潜んでいますね。ちょっと見回せば世の中は滞ったり、循環がうまくいかないところだらけです。

川は流れが止まると、すぐによどんで腐敗臭がしてきます。同じように流れのあるところ、血管でも腸でも体内を流れているものも、「溜まる」と具合がわるいもの。世の中すべて気持ちよく循環しているのが理想の状態だと思います。(3)

「はじめに」からの抜粋であるが、ようするに、有元がこの本でしようとしていることは、食を含めた生活全般を、「循環」の相から見つめ直そうという提案である。「ためない暮らし」とは、物事が淀まずに「循環」している状態を指し、本書ではそれを有元が具体的にどう実現させているかが詳述される。また、この有元流生活術の説明が、先の問いへの回答でもある。「おいしい」と「身体によい」はどう交わるのか。「循環」の相でこの二つを捉えればそれが理解できる。

健康的な身体は、「循環」がうまくいくときに自ずと成立する。おいしい食も同様である。土地のものを新鮮なうちに無理なく生かし、使いきる。旬の食材の風味を、そのポテンシャルを、最大限に

ほうき草のほうき。
『使いきる。』（講談社、139 頁）より

発揮させる。冷蔵庫に不要なものをためず、食材の仕入れからゴミ出しまでがスムースにつながるような動線を確立させ、家に、ひいては人生に、「溜め」を作らないことである。

そのためには、物事がうまく流れているかどうかを、たえずモニタリングする必要がある。自分の身体の日々の変化にたえず耳を傾ける。ヨガなど、伝統的なメソッドの助けを借りてもよいだろう。身体だけでなく、生活環境の新陳代謝がうまくいっているかを日々、点検する。床や食器に触れる手から、それを直感できるようにする（「手は育つ」と有元は表現する）。なにを食べたときに身体の調子がよくなるか、わるくなるかを意識しながら日々の献立を決めてゆく。とりわけ気持ちのよい排出（「お通じ」）を促す食材に気を配る。こうして、「身体にいい物をおいしいと思う身体作りや味覚作り」がだんだんと進んでゆくだろう。有元がそうしているように「循環」の相で捉えることができるならば、「おいしい」と「身体によい」はまったく矛盾しないどころか、見事に調和するだろう。

有元はキャリアの初期から食だけではなく、ライフスタイル全般についての提言をしてきたが、二〇一〇年代の『ためない暮らし』あたりから「循環」の観点を前面に打ち出した著作を発表するようになり、いわばそのシリーズとして『使いきる。有元葉子の整理術　衣・食・住・からだ』、『毎日することときどきすること。[4]』が書かれている。それだけ反響が大きかったということだろうが、実際、これらは読み物としてきわめておもしろく、読んでいてこちらの身体が熱を帯びてくるような気すらする。まずもって、「身につまされる」からだろう。

ページをめくる自分のことを振り返ってみれば、「ためている暮らし」以外のなにものでもなく、家のあちこちの「滞り」に見て見ぬふりをして、しかも、そのことを忘れようとしている。だから有元のこれら著作は、自分の怠惰をひりひりと反省しながらしか読めないし、そうして読むと、有元の快刀乱麻の「整理術」がより一層まぶしく見えてくる。ひょっとして、この本に書かれた有元の姿に触発されて自分も変われるのではないか、という淡い期待ももちろん抱かされないわけにはいかない。

有元の暮らしぶり

さて、では有元の日々の実践がどのようなものか、これら著作のなかから拾ってみよう。

一日の最後にはどんなに疲れていても食器を片付ける。乾燥トレイに並べて終わりではなく、ふきんできちんと拭いて棚に収めるところまでする。「ましてや、汚れた食器をシンクの中に置いたまま寝てしまう……なんていうのは私には考えられないこと[5]」。

キッチンスタジオで仕事を終えたあとは、大勢のスタッフが使ったスリッパをすべて自分の手で拭き上げる。「このことは、うちのスタッフは知らないかもしれません。私が勝手にやっているので[6]」。

気づいたそばから、家のなかの汚れをふきんで拭き取る。冷蔵庫からものをとり出すときは左手にかならずふきんをもって、とりだした容器の下をさっと一拭きする。調理の最中、右手で鍋をふるいながら、左手で拭きものをしていることも。

ベランダの床も毎日拭き掃除する。「専用の履物を置いて、わざわざ履き替えなければいけないと、家の中とベランダが分断されます。それで掃除もしなくなり、ベランダが外とも内ともつかない「どうでもいい空間」になってしまう。もったいないです[7]」。とにかくなんでもきれいに拭いておく。ふきんの洗濯、収納、汚れたあとの一時保管、それらの流れを完璧に整える。

一人で簡単に夕食を済ませるときのため、常備菜をつねに冷蔵庫に用意しておく。それを気持ちよい営みに変えるために、既製のガラス容器ではなく、旧知の陶芸作家に専用容器を白磁で作ってもらう、というところまでするのが有元流。

用具の性質を見極めながら、最善の付き合い方を考える。たとえば「まな板」は、いきなり熱いお湯や洗剤をかけるとタンパク質や脂質の汚れが凝固してしまうから、まずは水とたわしで徹底的にごしごし洗う。

「ものを「三分の一」に減らしながら暮らす」[8]。まず家にあるものを、「使うもの」、「使わないもの」（一年間使っていないもの）、「わからないもの」に三分類する。そのうえで「使わないもの」だけでなく「わからないもの」も躊躇なく処分する。この「三分の一リセット」を定期的にする。

不要なもの、自分の気に入らないものは、そもそも家に入れない。たとえば「プラスティック製品を入れない」[9]、とりわけペットボトルはご法度。

片付けは、とにかくどんなに短くても空いた時間があればすかさずやる。床の上やテーブルの上には、一切ものが置かれていない状態をキープする。

台所はジムだと思って、体を動かすことを厭わない。

冷蔵庫や棚にも、空の段を一つ以上確保しておく。そうすると、作業がスムースに流れる。

「使いにくいもの」は、すべて具体的な改善案を考える。それを日々こなすことが億劫でなくなるよう、機能的で美しいかたちを自分なりに考え出す。考えることを楽しみとする。

あらゆる片付けにおいて「後回し」は絶対にありえない。

という具合である。本文中では有元自身の、やって当然でしょう、という口調ですべてが書かれていて、より一層迫力がある。ものごとを徹底してやるとはこういうことを言うのか、と脱帽するしかない暮らしぶりなのである。

実際にその空間に身を置いたことのある者に言わせると、有元の自宅や作業場の整理整頓の行き届き方、清潔さ、機能性は、衝撃的なレベルのようだ。たとえば、インタビュー集『料理研究家たち(10)』の宮葉子はこう言う。「正直に書くと、有元さんと東京のリビングでインタビューを終えるたびに、自分の部屋を猛烈に掃除したくなった。本当に必要なもの以外は置かない、という方針が貫かれている空間の気持ちよさは、忘れがたかった(11)」。

有元が育てた三人の娘たちが、母との暮らしの思い出について語る『母から娘へ伝える暮らしの流儀(12)』も読みどころが満載だ。身近な娘の視点を介することで、暮らしのあらゆるディテイルについての母の途方もない真剣さがくっきりと浮き彫りになっているのだ。三女の有元めぐみが、あまりに趣味の良い母に反抗した思い出について、笑いを交えて述懐するくだりがとりわけ印象的である。

素敵センスの英才教育を受けた私ですが、その反動で民族的帰属意識が芽生えたのかもしれません。高橋竹山のじょんがら節に涙し、東北訛りに憧れ、アングラ演劇、暗黒舞踏へと傾斜していく私を見て、母はさぞ背筋が凍る思いだったろうと、今更ながら同情します。母は素敵な、好きなものだけに囲まれていたいのに、アングラという悪趣味のデパートに足を突っ込んだ私の存在は、そりゃあ堪えきれなかっただろう、と。[13]

有元の家では、かけてよい音楽が限られており、民謡や演歌はタブーだったのだという。暗黒舞踏の延長線上でいよいよわが道を進むことを選んだめぐみは、やがて母に勘当を言い渡されることになる。

めったなことでは動揺しない、クールで穏やかな母ですが、私が大学に入ったばかりの一九歳の頃、その母に激昂されて勘当を宣告されたことがある、と言うと、母を知る人には必ず、ものすごく驚かれます。そして親子絶縁の理由が「お互いの美意識の不一致」だったと打ち明けた途端、皆さん揃って、さもありなんという顔をするのです。ここは納得するところじゃないですよ、実の娘と趣味が合わないからって縁を切る親がどこにいます？　と続けたいところですが、本気じゃなかったと百パーセント言い切れないのが、母のユニークなところです。[14]

ちなみにこの常人離れした潔癖さは、有元葉子の幼少時代からすでに発揮されていたそうだ。

娘たちは「Tシャツはくしゃくしゃがいい」そうですが、私はシワはダメ。子どもの頃に夜中に起き上がって、シーツのシワを伸ばしてきれいに敷き直してから寝た、って親戚に言われますけど、寝ぼけてそんなことをするぐらいで。エプロンもリネンもTシャツもアイロンのかかった、ピシッときれいなのが好きです。(15)

なるほど、これでは一緒に暮らす人間はなかなか大変だろうと想像されるけれど、しかし、この有元の潔癖さが、他者を排除して、自分の気に入るものだけを選んで閉じていく性質のものではないことは、強調されてしかるべきだろう。シーツのシワを伸ばさずにいられないのは、神経症的にノイズを排除してしまうという側面もあるだろうが、ポジティブな側面から見れば、シーツの本分を全うさせるための行為である。有元はかなり早い時期からそのような意識に目覚めていたのだろう。

ぴしっとアイロンをかけたときにリネン特有の白が最も美しく際立つなら、なぜそうしないでいられるだろうか。「もったいない」。リネンならリネンをそこまで真剣に愛おしみ、必要な手間をかけるとき、その素材の生産者や、織る職人の手作業へも当然ながら使い手の意識は届くことになるだろう。こうしてリネンのシーツは、それをとりまく一回り大きな「環境」を感知させる媒体となる。どんな素材が丈夫で、「使いきる」に値するか。それを吟味して有元は特注の分厚いリネンのクロスを作り、それを何十年も使っているそうだ。

大根でも豆でもなんでも、私たちの口にするものはすべて、命を与えられて世の中にあります。それを最後まで「食べきる」「使いきる」ことで初めて、そのものが生かされる——。
自分もそうです。自分自身も使いきりたい。「充分に生ききったね」と思ってもらいたいし、自分自身も「充分に使いきった。はい、さようなら」と思える人生が理想です。そのためには、ちゃんと食べて、ちゃんと動いて、健康でいなければなりません。料理も家事も人生も大事なことは一緒。要は自分を使いきることです。[16]

有元の「暮らし」をめぐる著作について見てきたが、「おいしい」と「身体によい」がいかに調和しうるかはもはや充分にあきらかだろう。食材、食べる者の身体、キッチン、家、地域、ひいては地球環境――それらが「循環」しながら連動し、各々が最大限に生かされている状態を、有元はその「暮らし」のうちに思い描くことができる。そのような調和のもとにある料理は、おいしい。舌先でおいしいのではなく、調和の美を深く感得させるという意味で、おいしいのだ。

有元は、栄養学をあくまで参考程度にしか用いることがない。栄養があるらしいからという理由で食べるのではないということが繰り返し強調されるし、科学的なエビデンスを知ることも絶対的に必要だとは考えられていない。次のような書き方がいかにも有元的だと思う。

私はひとり暮らしですが、鶏は一羽買いです。
　肉屋さんに丸で頼んでおけば、部位ごとにパックされている物よりずっと新鮮で、同じ鶏なのに何故か味がちがうのです。肉屋さんに聞くと同じだ、と言われますが、ちがうものはちがうので、丸鶏買いがおすすめです。[17]

物質としてはまったく同じであるのに、自分の手で捌くことによって味にちがいがでる。「ちがうものはちがう」と有元は言う。プラシーボなどではないし、胡乱なオカルティズムでも無論ない。ここを理解できるかどうかがポイントなのだと思う。一羽の鶏の骨格と肉付きを手で確かめながら、食卓の皿の上に載せるサイズに解体し、無駄なくベストに使いきる。その工程を辿ることによって、キッチンの向こうにある、より大きな「循環」を意識できるようになる。それが「ちがい」となる。有元にとっての「ライフスタイル」とは、そのように時間をかけて丹念に、さまざまな水準で循環している「生」を秩序だてて、感覚可能なかたちに収める、そのような営みのことを言う。

(1) マイケル・モス／本間徳子訳『フードトラップ――食品に仕掛けられた至福の罠』日経ＢＰ社、二〇一四年。
(2) 有元葉子『ためない暮らし』大和文庫、二〇一六年、二五頁。
(3) 同前、二頁。
(4) 有元葉子『使いきる。有元葉子の整理術　衣・食・住・からだ』講談社、二〇一三年。有元葉子『毎日することときどきすること。』講談社、二〇一六年。
(5) 同前、四六頁。
(6) 同前、一四頁。
(7) 同前、一六頁
(8) 同前、五〇頁。
(9) 有元『使いきる。』三二頁。

(10) 宮葉子『料理研究家たち』日本放送出版局、一九九九年。
(11) 同前、七五頁。
(12) 有元葉子・このみ・くるみ・めぐみ『母から娘へ伝える暮らしの流儀』講談社、二〇一一年。
(13) 同前、一三三頁。
(14) 同前、一三二頁。
(15) 有元『使いきる。』一二〇頁。
(16) 同前、一四一頁。
(17) 有元『ためない暮らし』三八頁。

11　おいしいものは身体にいいか・2——丸元淑生

美味と栄養

ときどきビーツを食べたくなる。体が求める何かがふくまれているのだろう。(1)

料理研究家の丸元淑生にとって、「おいしい」ということと「身体によい」ということはほぼ完全に等しい。すくなくとも、そのように信じることから、家庭料理の「システム」作りは始まる。たとえばビーツ。この野菜は、独特のほろ苦さを持っていて、それが食欲をそそる。だとすれば——と丸元はつねに考える——そのおいしさに見合った栄養成分が含まれているはずであり、たとえいまはまだ十全に解明されていないのだとしても、その成分ゆえに、身体はそれをおいしいと感じる。それが基本的な考え方である。

私は家庭料理というものは死ぬくらいにおいしくなくてはならないと思っている。ちょっとおいしいくらいではダメで、心の底から感動が湧き上がってくるようなおいしさでなくてはならないと思っているのである。栄養的に問題のある料理でも、舌の先でおいしいと感じさせることはできる。だが、心底からの感動を呼び起こさせうるのは栄養的に問題のない料理に限られているからだ。

（…）栄養のあるものはおいしくないという固定観念が、何を根拠に、いつのころから生まれたのかは知らないが大きな不幸である。(2)

丸元は若い頃から、美味求真に明け暮れていたそうで、その経験はエッセイ集『地方色(3)』などで読むことができる。東大仏文出身の丸元は、外国語の壁にもいっさい怯むことなく、フランスやスペイン、そしてアメリカの西海岸へ通っては、さまざまな食文化についての知見を広めた。また、なにごとも徹底して突き詰めないと気が済まない性分から、それぞれの国の代表的な料理書、レシピ集、とくに郷土料理の書物を片端から紐解いていった。他方で、最先端の栄養学にも強い関心を持ち、ほぼ独学で、その成果をつぎつぎに咀嚼していく。

自伝的小説『秋月へ(4)』では、主人公の少年が知識への飢えから、図書館や大人の書棚に置かれた本という本を読破してゆくエピソードが書かれているが、丸元自身にもこういう傾向があるのだろう。一九九八年の「AERA」に掲載された佐山一郎による綿密なインタビュー記事「丸元淑生——「老戦士」、癒やしの食卓」によると、彼は毎年発表される栄養学の論文約二千本のほぼすべてに目を通していたのだという。(5)

最初に発表された料理の著作が一九八二年の『丸元淑生のシステム料理学(6)』である。これも佐山の記事で語られていたことだが、丸元は健康雑誌の出版社を起こすも不幸なすれちがいから倒産させて多額の借金を背負い、どうしても売れるものを書く必要に迫られて本書を執筆したのだという。小説家として生きる道も断念した。この本では、「餓死」しないために、とか、「生き延びる」ために、などという表現が繰り返し書かれているのだが、それは丸元本人の状況からして誇張ではなかったのだ。『システム料理学』は累計で四十万部売れ、まさに起死回生のベストセラーとなった。一躍、独創的な料理研究家として注目されて以後、『丸元淑生のクック・ブック』、「新家庭料理」シリーズ、「からだにやさしい料理ブック」シリーズなどをつぎつぎと発表し、新聞連載も持った。いずれにおいても「おいしい」と「身体によい」の両立が目指されていた。というわけで、今回は、前回の有元につづいて、丸元の著作においてこの二つがどう関連づけられているかを見てゆきたい。

『たたかわないダイエット』

丸元において、美味と栄養の両立は具体的にどのように達成されるのか。それが最もわかりやすく示されているのが『たたかわないダイエット』(7)である。我慢せずにお腹いっぱいおいしく食べても、栄養学的に正しい食事ならば自ずと痩せる、というのがタイトルの意味するところである。くわしく見てゆこう。

本書は、アメリカの大学に留学した自分の娘「ヨシエ」が、最初の夏休みに「すっかり肥満体になって」帰ってきたことをきっかけに企画された。その発端となったできごとを丸元はこう回想する。

成田エキスプレスから降りてきたヨシエを見た瞬間の衝撃を忘れることはできない。

（…）アメリカの肥満女性にどこか似通った体形に変わっており、とくに首と肩のあたりがたくましく盛り上がって見えることに私は悲しみを覚えた。ヨシエは中学のときは陸上部に入っていて、八〇〇メートル走では目黒区の大会で優勝したのだが、そのときスタートを待つあいだ、グラウンドでぴょんぴょん跳ねていた細い足が脳裡に浮かんでくるのである。

私は衝撃をかくしてヨシエの肩を抱いた。そして、夏休みのあいだにどれくらいウェイト・ロスができるかを考えた。(8)

視覚的喚起力に富む文章の終盤に書かれた「そして、」のところで思わずのけぞってしまうのは、娘の健康を第一に気遣いつつも、その肩の裏で早くも栄養学ジャーナリストの腕を鳴らす丸元の姿があるからだ。このように自分のペースでぐいぐい物事を進める姿勢は読者におなじみのものだが、『たたかわないダイエット』もまさにそのような丸元調で書かれた、ためになるうえにすこぶるおもしろい書物なのだ。

ヨシエはアメリカで寮生活を送り、ほかに選択肢がないこともあって、巨大春巻きやソフトクリームのたぐいをひっきりなしに食べる習慣を身につけてしまったのだという。丸元は娘からの報告を聞くなり、問題の根幹は「食欲中枢」が狂ったことにあると喝破する。

「食欲中枢」は丸元の料理哲学の鍵概念である。それがうまく機能しさえすれば、食欲のおもむくままに食べてもけっして太りすぎるということはない。つまり「おいしい」と「身体によい」が両立する。けれどこの「食欲中枢」が狂えば、ひとはいつまでも満足せずに食べ過ぎてしまうということが起こる。暴走した食欲に抗うことは不可能に近い。ヨシエにはそれが起きていたというわけだが、「食欲中枢」を狂わせた一番の原因は、「血糖値を安定させない食事」であった。丸元は娘に解説する。

「なにを食べても食後は血糖値が上がるけれども、望ましいのはよこ軸に時間、たて軸に血糖値をとってグラフを描いたときに、英語でいうとプラトー（Plateau）になることなんだ。つまり、グラフが台地のような形になることで、血糖値が上がった状態でずっと平坦につづくことなんだよ。

（…）一番悪いのは食後に血糖値がロケットみたいにとび上がることで、体はそれに対応してすい臓で血糖値に見合うだけの多量のインスリンをつくり出すから今度は血糖値がすとんと下がってしまう。血糖値が落ちこむと体にとっては危機的状況なので、血糖値を上げるためにまたなにか食べなくてはならなくなる」

「それでまた食欲が出てくるのね[9]」

食事と血糖値およびインスリンの関係はいまやそれなりによく知られているが、このような知識を人口に膾炙させた一人が丸元であった。ヨシエがたえず空腹を覚える状態に陥っていたのは、精白した糖類、動物性の脂質を大量に用いるファストフードのためである。これらは口に入れた瞬間はたしかにおいしいかもしれない。しかし、「身体によい」とは両立しない。なぜなら、身体に適切な満腹感を与えず、際限なく食べつづけることを求めるからだ。

では、どのような食事をとれば食後の血糖値が安定し、ちょうどよい満腹感が得られるのか。世界各地の伝統食は、ほとんどの場合、その点で理想的に組み立てられていると丸元は言う。豆類が多く用いられているのもその共通する特徴の一つで、豆は「カロリー当たりの栄養素濃度」を示す「N／Cレート」（ニュートリエント・バリュー／カロリーレート）がきわめて高い。

この「N／C」も本書の重要な指標で、これを全般的に高めるのが「たたかわないダイエット」の大方針である。炭水化物やタンパク質を効率よく消化吸収するための必須栄養素をまんべんなく摂取したとき、食後の満足感の質は完璧になる。一番悪いのは、カロリーだけあって栄養がまったくない砂糖を大量に使うことで、たとえば、豆を甘く煮るのは、優れた伝統を破壊する悪癖以外のなにものでもないと丸元は断言する。

「そもそも伝統的な食事というのは人智の結晶で、正しい食事に到達していて、だからこそ継承されてきたのだが、現代人はその伝統を断絶させてしまった。

それで、血糖値の安定という一つの条件を満たすためだけにも、われわれは分析的に食事を考えなくてはならなくなっている。昔の人は、親から子へ、子から孫へと伝えられてきた食事を食べていればよかったんだけれどもね。

（…）伝統的なミネストローネのレシピはまさにその組み合わせになっているけれども、日本のレストランで出すミネストローネからはキドニービーンズが排除されていて、代わりにベーコンが入っていたりするからね。パパはもう死にたくなるよ」
「料理の本質がまるでわかっていないのね」(10)

このくだりに、丸元が考える栄養学の役割が簡潔に示されている。一度破壊されてしまった伝統がじつはいかに理に適ったものであったかを正当に評価し、そのうえで現代的に再生させる役割がそれである。いまや「正しい料理」は、親から子へと自明のものとして継承されるのではなく、理論を用いて再構成される対象になった。

こうしてヨシエは、父の講釈に合いの手を入れつつ、きっちりキドニービーンズで作ったミネストローネなど、おいしくてかつ栄養学的に理想的な食事をとる日々を開始することになる。

そして三ヵ月後、丸元の目論見は的中し、身長一六一センチにして六一キロだったヨシエの体重は五一キロにまで下がる。言ってしまえば、留学前の生活に戻ったら体重も元に戻った、ということではあるのだが、それでも画期的だったのは、ただ単に体重を減らすだけではなく、そのおおもとの「食欲」の在りかたそのものに働きかける食事の効果を明確に示した点である。食事内容をとおして「食欲中枢」をケアするというアイディアには、かつて私も最初に読んだとき、まさに目から鱗が落ちる思いがしたものだ。やや硬い言い方になるが、丸元は「経験の条件」へと照準する。なにをおいしく感じるかという条件へ遡及的に働きかけることがありうるならば、それはほかのあらゆる料理との比較を超えるだろう。健康にも良いのだからまさに理想というほかはない。

とはいえ、この本を読んでいてどうしても疑問に思えてならないこともある。つまり、「たたかわない」ですむのは父親が丸元だからではないか、というツッコミがどうしても頭に浮かんでしまうのだ。本書には「ヨシエの食事日記」と題された日々の献立の記録が掲載されており、「今日はヨシエが自分で作った」と書かれているときもあるのだが、その回数がとても少ない。書き忘れなどがあるとしても、実際のところ、ほとんど父がせっせと食事を提供したと思えてならない。したがって、本書の理論を実践できるかどうかという一点にかんしては、父が丸元淑生ではない以上、読者はもう一つべつのハードルを超える必要があるということだ。もともと女性誌「Pink」に連載されていたという本書の教えを、いったいどれくらいの読者が日々実践できたのだろう。

「これほどきれいな雨はない！」

なにごとも根本から徹底的に考え抜き、世間で流布する誤った常識には一切譲歩することなしに、合理的と自分が信じるシステムを大胆に構築してみせる、というのが丸元の流儀である。しかし、雄大すぎる発想の持ち主に特有の脇の甘さというか、常人では計り知れない猛烈な行動力と引き替えの視野狭窄がしばしば露見されるのは事実だろう。丸元の著作がどれも画期的なコンセプトで書かれ、有益な情報をとても多く含むにもかかわらず、「名著」などという括りに収まりがつかないのは、つねにどこか過剰な、あるいは抜けているなにかがあるからだ。

ちなみに『たたかわないダイエット』に登場したヨシエこと丸元喜恵は、父から学んだ料理をベースに、現在、料理家として活動している。二〇〇九年に出版された『野菜と魚の栄養ごはん』(11)は、父のレシピのなかでもとりわけ汎用性が高いものを集め、しばしば極端に走ってバランスを欠いたものはやわらかく修正することで、おそらく父のそれよりも使いやすい料理書になっている。

だが、ひるがえってみれば、独創的すぎる提案や、ほとんど誇張としか思われない極端な記述こそが丸元淑生の料理本の欠かせない魅力をなしていた。すでに触れたことであるが、和食の伝統を守るためにはかつお節を自宅で削るべきであると丸元は言い、しかも、一回に使う量はほかの料理書のレシピの数倍も多い。さらには、かつお節けずり器の刃も自分でメインテナンスせよと言い出す。丸元は自宅の庭に、かつお節削りの刃を研ぐための「研ぎ台」を設営したのだそうだ。(12)

また、『システム料理学』では、自分の方法を実践すれば一ヵ月の食費が最低でも五万円は浮くことを約束できます、と断言した直後に、まずはエレクトロラックス社の十七万円の冷蔵庫を装備せよ、などとダブルバインド的な提案を平気な顔で述べたりもする。(13) 新しい本のなかで、かつてした前言を撤回することもしばしばである。全力疾走しすぎの車がカーブを曲がりきれずに起こるときのようなはげしい「蛇行」も丸元の著作の特徴と言えるだろう。丸元喜恵が『システム料理学』の「あとがき」で述懐するこのエピソードも印象的だ。

> 父はサラダを作るとき、野菜を包んだ布巾をマンションのベランダでブンブン振り回して水を切っていました。野菜の水切りも晴れた日ならまだ良いのですが、天気の悪い日は父が家の中で野菜の水を切るので、母が「後で掃除するのは私なんだからっ！」と怒っていました。家の中に雨を降らさないでほしいという家族の意見に、父は「これほどきれいな雨はない！」と主張するばかりでした。(14)

やがて、回転式のサラダスピナーを導入してから、布巾を振り回す式の水切り法は撤回されることになるのだが、「これほどきれいな雨はない!」の一言に丸元の姿勢のなんたるかが要約されている気がする。丸元は、さながら自分の方舟作りに精を出す現代のノアである。そんな父のあまりに真剣すぎてときおり滑稽でさえある姿を、娘の丸元喜恵が記憶に留め、愛情を込めて回顧しているくだりは感動的である。つまり、丸元の魅力は不器用さの魅力である。料理の盛り付けもどちらかといえば、皿の上にでんと載っているだけの無骨なものが多かった。

栄養学の論文を広く読んでいるにもかかわらず、不用意と思われかねない発言もしばしばした。

> カキが栄養的にずば抜けた食品であることは、生ガキを食べると実感できる。目の疲れなどは、食べているうちに和らいでいくのが分かるし、食後の満足感が異なっている。(15)

「食べているうちに」効くというのはさすがに早すぎると誰しも首をかしげるところだろう。こういう箇所も探し始めれば、枚挙に暇はない。思い出すのは漫画「ドラえもん」に登場する「クイック」というひみつ道具で、それを用いるとあらゆる効果がいつもよりずっと早く現れるらしく、登場人物がさつまいもを頬張った瞬間、ぶっとおならが出るというギャグが描かれていたりしたのだが、文章のなかの丸元はしばしばこんなふうに振るまう。

こういうところを許容範囲とみなせるかどうかは、論が分かれるところだろう。つまり、近年の

「フードファディズム批判」の対象になりかねないところなのだ。フードファディズム（food faddism）とは、ある特定の食品を食べることが特定の不調ないし疾患に著しい効果を及ぼす、とその因果関係を誇張する行為のことを指す。そのことによって、かならずしも科学的に証明されていないにもかかわらず、「健康食」への過剰な期待が生じ、よく知られるように、悪辣なビジネスを繁茂させる結果になっている。高視聴率を稼ぐ健康情報番組で取りあげられるとその食品がスーパーから姿を消す、というような状況が、私たちの社会ではここしばらく常態化しているが、そのような消費の態度が健全からほど遠いことは言うまでもない。

丸元も頻繁にこれを食べればあれに効く式の表現に訴えており（「喫煙者はにんじんを食べよ」、など）、その傾向がキャリアの後年にますます強まるのは事実であるだろう。現在、いくつかの文庫本を除き、書店で丸元の書籍を見かけることはなくなった。一部の愛好家を除いて、丸元が「過去の人」だと捉えられているのだとすれば、その最大の原因は「フードファディズム」の著述家という印象のためではないか。だとすれば、たしかに丸元自身にその責任がないとはとうてい言えまい。しかし、一部の誤りによって、その仕事を全否定したのでは元も子もない。残された私たちが丸元のなにを継承し、なにを切り分け、なにを作り変えることができるかは、じっくり考えるべきことがらだ。この点については、べつの回で取りあげ直すことにしたい。ともあれここでただちに指摘しておきたいのは、「健康食」をめぐる丸元の書きぶりのある部分があやしいものであるとしても、そのコアにあるヴィジョンは、浅薄な「フードファディズム」と一線を画すものであったということだ。少なくとも私はそう理解している。

先述した佐山による取材記事のなかで、健康食について、丸元ははっきりこう言っている。「それで長生きしようということではない。食事が原因で病気になったり寿命を縮めたりすることだけはないようにしようと努めているだけです」[16]。

『地方色』に収められた一九八九年のエッセイのなかにも、ほとんど同内容の言葉が見出される。

私は「スーパーヘルス」という本も書いているし、栄養学に基づいた料理書も何冊か出している。それで生計を得ているのだから、食事に対してはおそらく人並み以上の注意を払っている。どういう食事が健全なものであって、いかにすればそれを毎日とることができるか、といった事柄を追求している立場にすれば食事に気を配るのは当り前だが、それで長生きしようとは思っていない。命を粗末にしてはならないと思っているだけだ。少くとも食事が原因で病気になったり、寿命を縮めたりすることはないようにしようと努めているのである。[17]

このエッセイは、「死」をテーマとし、「今日は死ぬのにとてもよい日だ」と題されている。プエブロ・インディアンの詩から取られたタイトルである。「今日は死ぬのにとてもよい日だ。／あらゆる生あるものが私と共に仲よくしている。／あらゆる声が私の内で声をそろえて歌っている」から始まるこの詩に、丸元は「死」の理想の在りかたを見る。「こういう死は病院では迎えられない。笑い声にあふれたわが家で、老人はいま死と対面しているのだが、心にあるのは美しいもの、内なる歌声、そして生命への慈しみである。それは星の降る大地の上でしか、見ることも聞くことも感じることもできないものかもしれないが、誰しも天寿を全うしたときには、これに似た幸福感が得られるのではなかろうか。死とはまさに生涯をかけての達成なのである」[18]。前回、取りあげた有元葉子の『使いきる。』とどこか共通するようにも思われるこのヴィジョンを、おそらく丸元は終生、持ちつづけた。

「生命の鎖」と「小さな惑星」

『何を食べるべきか――栄養学は警告する』[19]では、丸元が栄養学に開眼したきっかけについて述べられている。それは一九七一年にアメリカで出版された一冊の書物、ロジャー・J・ウィリアムズの『病気から守ってくれる栄養』である。この本には「栄養学の基礎となる重要なコンセプト」が示されていたと丸元は言う[20]。

それは「生命の鎖」と呼ばれる。バイオ無機化学の研究によってあきらかにされた必須栄養素が「チームとして」働くさまをこの書物は広く世界の読者に伝えた。丸元は、その協働の「美しさ」についてこのように書く。

> われわれの体内のミネラル間には、相互作用と相互依存関係があり、それが見事なまでの調和を保っているのである。その働きを子細にみていくと、互いの量的なバランスが重要で、厳しい原理があり、しかも、破綻を生じていない場合には詩的なまでに美しい。われわれの生命を支えている細胞の中の極小の世界には、生命の神秘ともいえる調和と美があるのだが、西欧型の食事がそれを破綻させることもわかってきた[21]。

丸元が同時に強調するのはそれら必須栄養素を身体が蓄積できないということで、したがって、この調和を保つためには、日々、バランスの良い食事を取りつづける必要がある。

チームなのだから、どれか一つが欠けていても全体の働きに影響が及ぶ。また、どれかが重要で、どれかはあまり重要でないということはない。すべてが重要なのだ。つまり重要性について栄養素に順位性はないのである。それでウィリアムズは、必須栄養素は鎖でできた首飾りのようなものだとして、「生命の鎖」と呼んだ。(22)

すでに述べたように「生命の鎖」を保つことは、伝統が断絶したあとの「N／C」比率の低い食事では不可能である。そのような認識から、アメリカでは政府主導の「マクガバン・レポート」が一九七五年に出されて全国民に理想の食事像が提示され、それを契機に健康食への関心が一挙に高まることになる。丸元の栄養学への傾斜も、これら一連の流れに触発されたものだ。

ウィリアムズのほかに、丸元は重要な書物をもう一冊挙げている。同じく一九七一年に出版されてアメリカでベストセラーになったアルベール・ラッペの『小さな惑星の緑の食卓』(23)である。

ラッペは栄養について学ぶうちに、それが食卓だけの問題ではなく、地球環境全般と切り離しては考えられないことに思い至り、本書に結実する調査・研究を着想した。順を追って説明しよう。まず、一九四〇年代から、伝統的な放牧ではなく、穀類の飼料を与えてシステマティックに家畜を管理する方法が普及した。ラッペはこの出来事が決定的かつ不可逆的な変化をもたらしたと言う。放牧できる土地の限度内でしか増やすことのできなかった家畜が、無際限に飼育可能になったからだ。この出来事を発端に、食用肉の生産量は飛躍的に伸び、並行して世界的に肉食への偏重が起こる。

穀類を可食肉へ変換するこのシステムは、とてつもない資源の浪費に帰結する。一ポンドの牛肉を生産するためにはその一六倍の穀類が、豚の場合は六倍の、ブロイラーの場合は三倍の穀類が必要だという。もし、それら穀類を、牛肉を生産するのに使わず、そのまま調理して全人口に分配するとすれば飢餓問題は解消するだろうとラッペは言う。

以上の議論にはもちろん大胆な単純化があるだろうが、大筋を認めるならば、読者を震撼させる力を持つかもしれない。実際、肉食が資源の無駄遣いをもたらすという考えは、菜食主義の強力なモチベーションの一つでありつづけている。かく言う私も、肉断ちするつもりはないにせよ、少なくてよい、と思うほどにはこの主張に影響された。丸元も初期の著作をのぞけば、肉料理を一切省いたフィッシュ・ベジタリアンで通している。

有限性の再設定

『たたかわないダイエット』における「食欲中枢」を正常化せよという主張と、『何を食べるべきか』における肉食を制限せよという主張には、共通点がある。どちらも「有限性の再設定」を問題にしている点である。

「食欲中枢」を狂わす現代の加工食品によって、人は無際限に食べつづけるという「底なし」の状態へ落ち込んでしまう。穀類を可食肉に変換するシステムは、人間の欲望に見合うだけの量をいくらでも供給することを可能にした。いずれも、人間の食の営みを「無制限」にしてしまう。丸元がその回復を願ったのは、「身体」という有限性の（地球環境においては「大地」という有限性の）歯止めであるだろう。

「身体がおいしく感じる」という表現の背景にあるのはこのような認識である。娘の丸元喜恵の著書にもこの考え方こそが継承されている。「父は、「魚を食べて、肉を減らすことだよ」と言っていましたが、魚を食べたときには細胞レベルで心地よさが感じられるようです」[24]。いきなり「細胞」という箇所だけ読めば、あやしいという印象を抱きかねないところだが、しかし、これまで述べてきた背景を知るならば、腑に落ちる。「細胞」という表現には、私たちの身体の微小な部位を循環する栄養素から、食卓、農地、そして地球環境へと至る、そのようなミクロ世界とマクロ世界との有機的なつながりを再生させようという希望が込められている。また、そこに適切な量的均衡が保たれてあることを、食をとおして感覚的に知るよろこびを、丸元は「心の底からの感動」と表現したのだろう。

丸元の「現代性」はそこにある。すなわち、希望の裏面には、誰もが簡単に「限度なし」に陥ってしまうこの時代への透徹した認識がある。伝統はほとんど途絶えてしまった。だからその「根拠」を再構築しなければならない。

丸元は、自身もまた伝統の外へいつなんどき足を踏み外してもおかしくないという現実を知り抜いている。旅行先で「青菜」が食べられない日を過ごして困惑した経験について述べたあと、丸元はこう書く。「私はこの一日で参ってしまったが、単身赴任者は毎日これがつづくのではなかろうか。一番こわいのは、そういう食事に適応していくことである。私も参るのは最初の一日、二日であって、そういう食事しかとれない状況がつづけば参らなくなってくるかもしれない」[25]。理想的な食事とは、栄養学の助けを借りてようやく成立するタイトロープのようなものであり、それは伝統を失った現代の底なしの状況において、かろうじて吊られているにすぎない。

『システム料理学』を書く以前の丸元の生活は、かならずしも健康的なものではなかったことが窺われる。その小説でもしばしば、健全さとは真逆の世界が描かれている。『鳥はうたって残る』では、アルコール中毒の主人公が、日本を捨てて、ラスベガスの娼婦の家に転がり込んで賭博にあけくれる日々が、妙な生々しさで描かれている[26]。女性雑誌の編集長をしていた時代には羽振りがよかったそうだが、健康雑誌の出版社を潰した直後の丸元はまさに辛酸を舐めた。同じく佐山の記事で読んでとても驚き、同時に、丸元ならさもありなんと思った記述がある。「非情な高利貸しの態度に憤り、真剣片手に乗り込んだ武勇伝」を持つというのだ。ただし、揉み合ったときに鍔が自分の口元に当たり、前歯を折って血を流した[27]。

栄養学を学び、「健康」をふたたび回復させようとした丸元の前半生には、これだけにとどまらない闇を想像させるものがある。ちなみに借金は億単位のもので、このインタビューがなされた時点（一九九八年）で、完済は丸元が七二歳になるときまでかかる見込みだったそうだ。

丸元は二〇〇八年に七四歳で亡くなった。死因は食道がん。健康食は癌に効かなかったではないか、と揶揄するのはもちろん誤りである。少なくとも借金を精算する予定の日を超えて、丸元は生ききったのだから。

(1)丸元淑生『男と女の基本料理100』読売新聞社、一九九〇年、一〇八頁。
(2)丸元淑生『いま、家庭料理をとりもどすには』中公文庫、一九九六年、二六九～二七〇頁。
(3)丸元淑生『地方色』文藝春秋、一九九〇年。
(4)丸元淑生『秋月へ』中公文庫、一九九三年。
(5)佐山一郎「丸元淑生――「老戦士」、癒やしの食卓」『雑誌的人間』所収、リトルモア、二〇〇六年、三十四～三十五頁。丸元の人生について本人が語ることは少なく、それゆえこのインタビューはきわめて貴重である。
(6)丸元淑生『丸元淑生のシステム料理学――男と女のクッキング8章』文春文庫、一九八二年。二〇一三年にちくま文庫から、娘の丸元喜恵による文庫版の「解説」をつけて再刊された。
(7)丸元淑生『たたかわないダイエット』マガジンハウス、一九九七年。
(8)同前、一四～一五頁。
(9)同前、二〇頁。
(10)同前、二二頁。
(11)丸元喜恵『丸元淑生理論らくらく実践　野菜と魚の栄養ごはん　心と体が元気になる！』講談社、二〇〇九年。
(12)丸元淑生『丸元淑生のシンプル料理』講談社、一九九三年。
(13)丸元淑生『丸元淑生のシステム料理学』ちくま文庫、二〇一三年。本書における食費節約の約束を、厳密に実現させた存在が魚柄仁之助である。魚柄メソッドにおいて、調理器具代はほとんどかからない。
(14)丸元喜恵「解説『丸元淑生のシステム料理学』のその後」、『丸元淑生のシステム料理学』所収、三一二頁。
(15)丸元淑生『よい食事のヒント――最新食品学と67のヘルシー・レシピ』新潮選書、二〇〇三年、一〇八頁。
(16)佐山「丸元淑生――「老戦士」、癒やしの食卓」三十四～三十五頁。

(17) 丸元『地方色』二七三頁。
(18) 同前、二七四頁。
(19) 丸元淑生『何を食べるべきか――栄養学は警告する』講談社＋α文庫、一九九九年。
(20) 同前、一一〇頁
(21) 同前、一一一頁。
(22) 同前、一一二頁。
(23) 邦訳は以下である。フランシス・ムア・ラッペ／奥沢喜久栄訳『小さな惑星の緑の食卓――現代人のライフ・スタイルをかえる新食物読本』講談社、一九八二年。
(24) 丸元喜恵『野菜と魚の栄養ごはん』三二頁。
(25) 丸元淑生『システム自炊法――シングル・ライフの健康は、こう守る』中公文庫、一九九〇年、七八頁。
(26) 丸元淑生『鳥はうたって残る』文藝春秋、一九七九年。
(27) 佐山「丸元淑生――「老戦士」癒やしの食卓」三七頁。

12　どんぶりの味――ケンタロウ

ご飯のすすむ味

おそらく日本に特有の美味の表現に、「ご飯がすすむ味」というものがある。これがもう少し大げさになると、「ご飯三杯はいける味」とか、「どんぶり飯三杯は……」となる。こういう表現ほど、わかるわかる、と身を乗り出させるものはないだろう。

「ご飯がすすむ味」とはどういう味かというと、むかしながらの製法で作った塩鮭などが真っ先に例に挙がるだろうか。東北や北海道などで数ヵ月ほどかけて熟成される塩鮭工場を取材する食レポなどがあれば、絶対にレポーターは「ご飯」に言及することになる。うわあ……むかしながらの塩辛い鮭だとご飯がすすむなあ！　お母さん、ご飯おかわり！　誰もが知る定番の光景であろう。あまりにルーティーンではあるのだが、これほど確実な条件反射を惹起するものもない。テレビモニターの前の私たち視聴者は、塩分濃度のいかにも高そうな鮭の切り身を見た瞬間、つぎに、白米によってその濃さが中和されるところまでを見届けないと収まりがつかない、もどかしい想いで満たされるからだ。

「ご飯がすすむ味」とは、それを頬張ったとき、ただちに塩気のないご飯を口に入れて中和せずにはいられない味のことであり、濃いものと淡いもの、そのコール&レスポンスを呼んで、いやがおうにも食べ手を巻き込まずにいない。

ちなみに、ご飯がすすむ味とビールがすすむ味は重なることが多い。哲学者の千葉雅也は、日本の食文化において、ご飯とビールの機能はしばしば等価であると述べているが、まさにそのとおりだと思う。(1) 赤提灯の並ぶ飲み屋街を歩くときに漂ってくる、醤油と砂糖と動物性の脂が入り混じって焼き焦げたあの匂いの訴求力はなんなのか。焼き鳥であれ、煮込みであれ、ホルモン焼きであれ、一口それを頬張った瞬間、ビールを口に流しこまないと不均衡が解消されないあの味。それはビールを飲みたいという欲求をあらかじめ内包している。濃い、淡い、濃い、淡い、のビートが私たちを呼ぶのだ。私たちはまず仕事で汗を流し、ビールを飲む。次にまっ茶色の塩辛い居酒屋料理を頬張り、そしてまたビールを飲む。大げさに言うならば、こうして、私たちは自分たちの体液そのものを濃くしたり、淡くしたりし、その変動から全身の快楽を引き出す。いわゆる味のマリアージュを問題にするならば、日本酒または赤ワインのほうがよい場合もあるだろう。だが、居酒屋の基本はやはりビールだ。締めのラーメンをうまくするのもビール。液体をあまりに大量に入れたことでぶかぶかに薄まった体が求める塩辛いラーメンの生理的なうまさ。生きてるなあ、という充実感を覚えることすらある。ただし、この充実感に破滅的な側面があるのも、同じくよく知られていることだ。(2)

これらの味は、前回見た丸元の健康食とはまったく違うベクトルで作られている。まかりまちがえば一線を超えてしまうような危うさがここにはあるけれど、しかし、その危うさゆえの魅力もたしかにある。その魅力はなにか。また、一線を超えてひとを不健康にしてしまう場合とそうでない場合では、なにがどう違うのか。丸元の説明（「食欲中枢」を正常に働かせるような食材と調理法を用いること）とは異なる、べつの内的理由もあるように思われるのだ。このあたりを考えつつ、今回取りあげたいのは「どんぶり」である。

「とびっきりの、どんぶり」

「どんぶり」とはなにか。その魅力はどこにあるのか。ここからあらためて考えてみたい。ジャンルの名前が、器の種類からとられているのがまず興味深い。この器のかたちが、どんぶり飯の在りようを規定している。深めの容器に、ご飯を盛り、その上に汁気を含んだ料理を載せたものが「どんぶり」である。この垂直の配置から、特有の躍動感が生まれる。上部に盛られた具材の味の濃さが、その下部のご飯を呼び込み、ご飯がまた具材を呼び込み、どんぶりが空になるまで一気呵成に食べきるイメージが浮かびさえする。濃・淡・濃・淡のビートをあらかじめ垂直構造のうちに凝縮させているのがどんぶり飯だ。

たとえば、漫画『クッキングパパ』にはカツ丼好きの田中というキャラクターが登場するのだが、彼にはその有名な「食べ方」がある。

「ボクなんかですねーっ。カツ丼のフタ開けたときにすでに点線ができてるんですよーっ！」
「なんじゃそれは？」
「つまりまずここまでは休まずに一気に食べ、つけ物をかじる。ここでミソ汁を1／2する。

『クッキングパパ』(講談社、47頁)より

このへんはカツをがまんして卵・野菜でごはんを食べる。つけ物の残りを食べる。ミソ汁の残りをすする。さあラストスパートだ。とこのよーにプログラムができあがっているのだ。(…)しかもごはんをやや優先して食べていきます。そうするとラストのほうはホンノちょっぴりのごはんにカツ2切れというような非常に喜ばしい状況になるわけです(3)」

カツ丼好きならばまさに膝を打つほかないくだりだ。

どんぶりについて書かれた本は多く、日本各地のご当地丼を取材したものから、大都市の老舗名店のどんぶりを紹介するたぐいのガイドブック、そして家で作るどんぶりレシピ集までずらりと揃っている。どんぶりレシピ集のなかには、定番の作り方を一から手ほどきする入門書から、有名シェフたちの提案からなる創作丼のたぐいについて書かれたものまで幅広くある。かつて気になって手当たり次第に読んでみたことがあったのだが、このジャンルで最も定評があるのはなんと言っても小林ケンタロウが二〇〇二年に三十歳で出した『とびっきりの、どんぶり』(4)である。私も、知るかぎり、これを超えるどんぶり本はいまだに書かれていないと思う。その理由は、どんぶりの本質をこの本ほど明確に示したものはなく、ここに掲載されたあらゆるレシピが、どんぶりとして存在する必然性を備えて美しいからだ。ケンタロウの考えるどんぶりの本質とはなにか。

どんぶりはあくまでもご飯がメインだ。

そりゃもちろん、上にのっかってるもののほうが、どう考えたって手がかかっているけれど、でも、それもこれもすべてはご飯のため。ご飯をおいしく食べるため。

（…）どんぶりはご飯がメイン。これは決して忘れてはならないことなのです。(5)


ケンタロウは、白飯と、その上に乗る具材のあいだに絶対的な主従関係を設定する。だから彼のレシピにはぶれがなく、また、「ご飯がすすむ味」をそれとして提供するかぎりにおいて、鉄板のおいしさである。ひるがえって、具材に凝った創作丼のレシピを見ていると、果たしてこれをどんぶりにする必然性があるのかという疑問が浮かんでしまう。たとえば『人気シェフの創作丼＋ご飯料理』をぱらぱらめくってみると、「仔羊とラタトゥイユの丼」の作り方が載っていて、おいしそうではあるが、正直、べつの皿に盛って、ワインをゆっくり飲むモードに入りたくなる。(6) 別々に分けて食べたほうがいいものをあえてどんぶりにすると、途端にみすぼらしくなるような気さえする。だいたい、残りもので作るのでないかぎり、ラタトゥイユと仔羊のソテーを作る手間をかけた結果が一つのどんぶりというのは、いささかアンバランスであるとしか言いようがない。そうではなく、ご飯をおいしく食べる、というベクトルを明確に設定し、そのため以上の手間は一切不要と見切ることによってこそ、どんぶりは一体性を帯びるはずなのだ。

ケンタロウが『とびっきりの、どんぶり』で紹介する第一のどんぶりは「とんテキ丼」である。ポイントはタレにある。「おろしにんにく、おろししょうが各少々、水　大さじ2／しょうゆ　小さじ1／みそ、酒、みりん、砂糖　各大さじ1」。1枚150〜200グラムの豚肩ロース肉（ステーキ用）をしっかり焼いたところでこのタレをからめ、肉はそぎ切りにして、肉と一緒に加熱していた野菜（赤ピーマン、黄ピーマン、青ピーマン、青ネギ）とともに白飯の上に乗せ、炒りごまを散らす。

普通のおかずだったらお皿にこぼれてしまう肉汁も、どんぶりなら、すっかりご飯が吸い込んで、ますますおいしくなるというわけです。そのへんがどんぶりの最高にいいところだよなあ。(7)

肉汁は、母である小林カツ代とも共通する定番の甘辛味をベースに、にんにくとしょうがの香りを際立たせた訴求力抜群のものだが、南国的な甘みを持ったカラフルなピーマンを使うことで、いわゆるスタ丼的な野暮ったさから脱している。

ページをめくって登場する二番目のどんぶりは、「さくさく竜田揚げ丼」(8)。同じくにんにくとしょうがを加えたつけ汁を前もって身に浸透させ、「よおく味がついた」竜田揚げを白飯に載せ、マヨネーズ、しゃきしゃきレタスを添え、七味唐辛子をふりかける。これは二〇〇〇年代前半から定番化する、いわゆるカフェ飯の走りであるだろう。カフェ飯がいまも淘汰されずに残っているのは、「ご飯がすすむ」というポイントを外していないからだと私は思う。ケンタロウの知恵が、おそらく、カフェ飯という日本の新定番のいたるところに生きている。

三番目のどんぶりは、ハム2枚と卵2個を使った「目玉焼き丼」。

あつあつご飯に、目玉焼きをのせただけ。で、目玉焼き丼。

そんなことでいいのか、と思われるかもしれないけれど、そんなことでいいのだ。どんぶりなんて、そんなに手を替え品を替え、手間ひまかけてよりかけて、素材や技術の粋を結集させて作るものじゃないと思う。食べたいときにガガっと作って、ガシガシ食べる。絶対にそういうものだ。

だから目玉焼き丼。

冷蔵庫を開けて卵とハムがあれば作れる。

いい感じに半熟になった黄身をくずし、しょうゆをからませて食べれば、そのへんの手間ひま料理だって、コウベを垂れるようなうまさなのだ[9]。


まさにそのとおり。一人暮らしの男子でこれをやったことがないものは少ないだろう。貧しいからでも面倒くさいからでもなく、「勢い！」で目玉焼き丼を作っているのだ、という気分にさせてくれるのがケンタロウの文章の力である。

第四のどんぶり、「ドカンとかつ丼」は、ふたたび「卵」にフィーチャーする。ケンタロウはあらためてここで卵を讃える。


卵には頭が上がらない。

卵はどんぶりを作るうえで、絶対に欠くことのできない存在だ。なぜなら、卵がなければ卵とじができない。どんぶりで卵とじができないなんて、そんなことがあっていいわけがない。

だから卵には頭が上がらない。

卵があるからこそ、あの甘くふわっとした卵とじが味わえる。菜箸を伝わらせて回し入れたらすぐふたをして、ちょっと煮たら火を止めて蒸らす。簡単だけれど奥が深い。火を通す時間が短すぎてあんまりドロドロでも、長すぎてあんまりカチカチでもおいしくない。ふわっ、とろっとしたあの感じ。(10)

このかつ丼は、溶き卵一個に加えて、上からもう一つ卵を落として目玉焼き状に固めるのがポイント。めんつゆに砂糖を加えたタレと卵が渾然一体となって「ふわっ、とろっ」となる絶妙な一瞬を見定めて、白飯の上に乗せる。

卵とじ系のどんぶりは、まさに勢いとタイミングが肝心のダイナミックな料理だが、調理が終わってどんぶりに収まったあとも、静止することはない。たれがどんどん白飯に浸透してくるし、半熟の黄身を割れば、さらにどんぶりの様相は一変する。だからケンタロウの言うように「ガシガシ」と、どんぶり料理それ自身の躍動感に見合った速さで食べ進めるとうまい。

話は脇にそれるが、むかし、ケーブルテレビの料理番組で、ケンタロウが旧友の牡蠣養殖家の家を広島に訪ねるという回があり、印象に残っている。家に入るなり、大きなCD棚の前にどっかと腰をおろし、おお〜◯◯の新譜いいよね〜という具合に、ひとしきり雑談に花を咲かせるケンタロウ。料理は自然体ですべきものであり、この場合は、海と音楽のある友人の暮らしぶりにまず身を浸すところから開始されるのが当然、ということなのだろう。CD棚のそばからおもむろに立ち上がったケンタロウは、採れたての新鮮な牡蠣の山を前に、どうしよっかな～と考えるのだが、ほぼすぐに、よし、カレーにしよう、と言って牡蠣カレーをこしらえ始めるのだった。記憶はやや曖昧だが、この友人の養殖家は、「え、カレー?」とでも言いたそうに、さすがに一瞬、眉を曇らせたのではなかったか。うちの牡蠣の持ち味を生かすならほかの調理法がもっとあるし、ケンタロウがそれを知らないはずはないでしょう……とでも言うように。だがケンタロウに迷いはなく、ここでも「ご飯がすすむ」味を追求する料理研究家ならではの、いさぎよい選択をするだけなのだった。

ライスを添えた洋食と煮凝丼

どんぶりとかご飯に合う食べものの話は尽きないものだが、もう二冊だけ挙げておきたい。一つは、勝見洋一『ごはんに還る——世界を食べ尽くした男の結論』[11]。どんなに精妙幽玄なフレンチやイタリアンよりも、ご飯をうまく食べさせる「洋食」のほうが、米食文化が骨の髄まで染みついた日本人にとっては「本物」の美味である、という持論を展開しつつ、ご飯に合う食べものがつぎつぎにリストアップされてゆく。その途方もない真剣さにはやはり脱帽。もう一つは、小泉武夫『ぶっかけ飯の快楽——A級保存版のBCD級グルメ』[12]。「A級ばかりが氾濫する世の中ですが、安くて旨くて実益のあるB級からD級の世界は、とにかく楽しいものなのです」という小泉の紹介する「ぶっかけ飯」は、どれもダイレクトにおいしそうなことこのうえない。もし自分が食堂を開くなら、粗《あら》料理専門の「粗屋」をやるのだと小泉は言う。材料費はほとんど無料。調理に手間もかからない。だが、そこで提供されるという「煮凝丼」は、濃厚な香りの魚の旨味エキスが醤油と一緒にコラーゲン質で固まって、それが熱いご飯の上で溶けて米粒一つひとつをコーティングするのだから、「ご飯がすすむ味」のなかでも最上の部類だろうとたしかに思えてくる。(13)

「暮らし」とどんぶり

さて、先ほど触れた点だが、「ご飯がすすむ味」にはリスクがある。エスカレートしすぎるというリスクである。そのことは、昨今の外食チェーン店で提供されるどんぶり料理のたぐいを見れば一目瞭然だろう。動物性脂質と、醤油と、砂糖がスパイラルを描いて、味付けがとことん濃くなるということが起こり、そういう店こそが、他店を圧倒して競争に勝ち残ってゆく。ご飯より麺料理のほうがこの傾向はさらに強いと思われるが、たとえば二郎とか「二郎インスパイア系」のラーメンは、太麺の歯ごたえ、とんこつの脂、塩、にんにく、きゃべつが、それぞれ相乗効果を上げて、その量的なエスカレートぶりはとどまるところを知らない。

里見真三が編集したベストセラー『ベストオブ丼』が出たのは一九八七年だが、すでにその後書きで、どんぶりの味がしばしばあまりに塩辛いことを嘆くくだりがある。(14) 前回取りあげた丸元も、砂糖と動物性脂質とが組み合わさると互いが互いを求め合ってどこまでも暴走し、料理の繊細な組み立てを不可能にするのだと指摘した。

そこで問われているのは、量の快楽はいつ安定するのか、ということだろう。ご飯のすすむ味がある。だが、際限なく味を濃くして中毒性にまで至るならば、それは「食べすぎてしまう味」になり、健康が損なわれる。味が濃くてご飯がすすむのだとして、これがちょうどよい、という基準はどのようにして決まるのだろう。

おそらく、そのような確固たる基準を備えているかどうかが、このジャンルにおける老舗の条件である。これ以上は濃すぎる、あるいは薄すぎる、という独自の線引きがあって食べ手に譲歩をしない、そのような店のどんぶりには「凜」とした揺るぎなさの気配が漂う。つまりどんぶりは、行き過ぎて膨脹し、やがてかたちを失うベクトルと、そのようなベクトルから自らを節制しコンパクトにまとまろうとするもう一つのベクトルの均衡上に成り立っている。

では、節制を可能にするものとはなにか。どんぶり料理の本質は、「安い、早い、旨い」であると言われる。安くて早くて旨い料理を提供するためになにより必要なのは、作る工程の合理性であるだろう。つぎつぎと店に入る客に、すばやく料理を提供する。かといって、出来合いの冷たいものが出されるわけではなく、そのつど、理に適ったしかたで最適の火入れがなされる。むかしから営まれるお店なら、長年の付き合いがある仕入先から良質で新鮮な素材が安定供給されているだろう。固定客がついていて、新奇性に訴える必要はない。というよりむしろ、飽きがこなく、疲れない味であるほうが望ましい。独創性を狙ってはいないが、かといって無個性というわけでもない。その個性は、量を捌く工夫のなかから、しだいしだいに出来上がったものだ。だからそういう一皿は、いわば街角の味になる。そのような味は、ひたすら濃くして集客をはかる昨今のエスカレーションの風潮とは一線を画して当然なのだ。

最後に、自分がこれまで食べたなかで一番おいしかったどんぶり料理について述べたい。迷う余地がまったくないのだが、それは、小さい頃に母が作ってくれたカツ丼である。兄と妹の三人兄弟だったのだが、三人で思うぞんぶん身体を動かしたあと、一緒にこのカツ丼を食べたのがおいしさの決めてだった。などと書いたらずるいと言われるかもしれないが、実際、どんぶり料理の本質はこういうところにあると思われるのだからしかたがない。食べ盛りでつねに空腹を抱えた子どもたちの欲求を「捌く」必然性から、母はカツ丼を作ったのだと思う。あの頃は惣菜屋がいまほどなかったから、まず自分でかつを揚げて、つぎに大きめのフライパンで、たまねぎと一緒に卵とじにして、並べた丼のご飯の上につぎつぎと乗せていった。とても合理的だ。忙しい生活のなかで、おそらく追われるように、せまられて作った料理だったのだろう。だから、小手先の創意工夫によっては作り出すことのできない、家の味、日々の暮らしの味がここにはあったはずなのだ。私たちの小さな身体がそのパーツであったような「暮らし」と不可分の料理。この一皿のことを思い出そうとすると、当時の空気感が、さらにいえば、時間がどんなふうに流れていたかというかんじまでもが、蘇ってくる気がする。

(1)「ビールも流動穀物ですから、ビールで流し込むっていうのは白飯をがしがし食うみたいなことですね。(…)飲み物としての白飯です」。福田和也・千葉雅也「B級グルメの奇妙な欲望――生成変化する日本―食」、『ユリイカ特集＊B級グルメ』所収、第四十三巻十号、二〇一一年九月、六九頁。

(2) 北関東のラーメンに顕著な「きじょっぱさ」の意義についての千葉の考察にも学ぶところは大きかった。それは反復衝動、すなわち「死の本能＝タナトス」とかかわる。千葉雅也『意味のない無意味』青土社、二〇一八年、二三九〜二三一頁。
(3) うえやまとち『クッキングパパ(6)』講談社、モーニングKC、二〇一二年、四七〜四八頁。
(4) 小林ケンタロウ『とびっきりの、どんぶり』文化出版局、二〇〇二年。
(5) 同前、六頁。
(6)『人気シェフの創作丼＋ご飯料理』旭屋出版MOOK、二〇〇七年、三三頁。
(7) 小林『とびっきりの、どんぶり』五頁。
(8) 同前、六頁。
(9) 同前、八頁。
(10) 同前、十頁
(11) 勝見洋一『ごはんに還る――世界を食べ尽くした男の結論』祥伝社新書、二〇〇五年。
(12) 小泉武夫『ぶっかけ飯の快楽――A級保存版のBCD級グルメ』ビジネス社、二〇〇五年。
(13) 同前、三頁。
(14) 丼探偵団『ベストオブ丼 IN POCKET』文春文庫、一九九〇年、二五九頁。

とびっきりの、
どんぶり
小林ケンタロウ
文化出版局

13　おおらかな味――小泉武夫

おいしいものとまずいもの

「あらゆる人間に正しい言い分がある。それが最も恐ろしいことだ」。フランス映画の名作『ゲームの規則』（一九三九）のなかで、監督ジャン・ルノワール自身の演じる登場人物が言う、有名な台詞である。

階級、国籍、人種などで腑分けされ、序列さえつけられてしまう人間存在を、しかし映画のカメラは絶対的に平等に映し出してしまう。このカメラのまなざしに呼応するかのように、アナーキーで放埒な秩序転覆の運動がそこかしこで勃発する。しかし、私たち一人ひとりが保守的な秩序から完全に自由ではありえない以上、それは「恐ろしい」帰結をもたらさないわけにはいかない。「良識」からの反撃にあい、諍いや暴力が引き起こされもするだろう。『ゲームの規則』や『素晴らしき放浪者』（一九三二）や『河』（一九五一）で繰り返し描かれてきたのはそのような物語だった。

本書を書き始めるにあたって念頭に置いていたことの一つにこのルノワールの言葉がある。「おいしい」という基準を私たち一人ひとりはなにがしか持っている。生まれた時代や地域によってかたちづくられもする基準をもとに、これはおいしい、あれはまずい、と線引きし、序列を作ったりもする（あの店はこの店よりだめだ）。けれどそうした基準は、もちろんこの世界に無数にあるものの一つであるにすぎない。料理の書物には、自分とはべつの基準がまざまざと示されており、レシピ集ならばそれを実際に作って味わうことができる。食についての本を読み、そこで書かれた料理を作るという営みのおもしろさは、自分にとっての「おいしさ」が絶対的なものではないということ、変わりうるということを知ることにこそある。つまり、食についても「あらゆる人間に正しい言い分がある」。それを知ることは、基本的に、楽しく、スリリングな体験であるだろう。

とはいえ、自分とはちがう味覚の基準を知りたいと願い、あれやこれや物色していくのだとして、どうにも身体が拒絶反応を起こしてしまうというときは、やはりある。ようするに、まずいとしか言いようのないときである。味がまずすぎて、慣れようにも慣れられない、という壁が立ちふさがるように思われるとき、私たちは自分の限界を具体的に触知しているのだろう。そういうとき、私などは、小さいなあ自分は、と痛感する。

逆に、大抵のものを口に入れて動じない方は、それだけで大人物に思える。たとえば思い出されるのは、「愛のエプロン」という料理番組に出演していた服部栄養専門学校校長・服部幸應の「大きさ」だ。「愛のエプロン」は、スタジオに招かれたおもに若い女性芸能人が料理の腕前を披露し、コメンテイターがそれを食べてジャッジする、という構成で進む深夜番組だったのだが、実質的な見どころは、出演者たちがどんなにめちゃくちゃな方法で料理をするか、というスラップスティック・コメディ的な部分にあった。(1) 司会を務める城島茂（ＴＯＫＩＯのリーダー）は、プロらしく顔を思い切りしかめて「ぎょえー」などと叫んでは場を沸かせるのだが、服部はごく淡々と箸を動かし、非常識きわまりないはずの食材の組み合わせに対しても「なるほど、こういう味になるんですね」などと述べて、おもしろがりさえする。塩や醬油の量があまりに多すぎて生理的に受けつけられないとき（さしもの服部が、うっと思わず詰まるところが真の見せ場だった）、あるいは、焦げたり燃えたりという食材の端的な破壊が起こるとき以外は、服部が拒否反応を示すことはほとんどない。経験を積んだプロフェッショナルはこうもすごいのか、と感動したものだった。

『捕まえて、食べる。』『世界のへんな肉』

おいしいとまずいの境界そのものを主題にした料理の番組や本は、一つのジャンルをなしている。それも気になって、私はつい見たり読んだりしてしまう。常人にはおいしいと思うことがむずかしいものへ果敢に挑戦し、そうやって、おいしいとまずいの境界を乗り越えつづけている冒険者たちには、否応なしに憧憬の念を抱かずにいられないからだ。

もちろん、まずいと言っても、単に調理技術が未熟とか、素材の持ち味を殺してしまっているというだけならば、挑戦する意味は少ない。題材として取りあげる価値があるのは、風土が異なり、あまりにも美味の基準がちがう地域で作られているがゆえに、躊躇を誘う食である。だがそれらは、慣れたひとたちにとってはおいしいものであるはずなのだ。だから、躊躇を乗り越えて、口に入れてみたいと思わせる。

このジャンルの本で最近、話題になったものに、たとえば玉置標本の『捕まえて、食べる。』[2]があり、おもしろかった。え、こんなものを、という意外な生物を釣ったり捕まえたりしてはその味わいを試すまでの体験が記される。発酵して激烈なアンモニア臭を放つことで知られるエイの刺身、ホンオ・フェを、自分が釣ったエイで自作して食べる実験について報告する第一章から始まって、常人ならば無理と思って引いてしまう限界を、玉置は軽々と超えてゆく。「基本的に深く考えずに生きていたいんだよね」とは本人の弁だが、(3)考えて躊躇するまえに、ひょいっと口に入れてしまうスタンスが格好いい。

白石あづさ『世界のへんな肉』(4)も、端倪すべからざる腰の軽さでキリンやインパラやアルマジロなど、世界各地のあの肉やこの肉を口に入れてきた著者による興味深いレポートが綴られて、一気読みせずにはいられない本だった。最後は、牛や豚や鶏など、食用に改良された「ふつう」の肉こそが最高においしいことを再確認、という結論に辿りつくのだったが、それもまたこの種の冒険がもたらす貴重な認識だろうと思う。

ちなみに私も、漁港のそばに引越して以来、定置網にかかった名前すら聞いたことのないマイナーな魚を口にする機会が増えて、どれも個性的だなあ、とは思うけれど、しかし腹が磯臭くて閉口するようなものもあれば、食感がぱさぱさで物足りなさすぎるものもある。そこでたとえば冬のぶり、などという大定番に戻ると、脂の乗りといい魚体の見事さといい、それがいかに稀有だったかに気づかざるをえないのだった。

小泉武夫の体験主義

さて、私たちの常識を揺さぶる、想像もつかない食の世界に分け入る冒険を「奇食」や「怪食」と名づけ、このジャンルの画期的な著作をいくつも発表してきた書き手に小泉武夫がいる。先に述べた玉置によるホンオ・フェ自作実験は、そもそも、小泉の著作に着想を得たものだそうだ。小泉武夫はここでは絶対王者とも言うべき存在で、その偉大さはこのジャンルに興味を持つ読者にはとてもよく知られている。

小泉は一九四三年、福島県の酒造家に生まれ、発酵学者、食文化論者として東京農大で教鞭をとり、退官後も精力的に執筆活動をつづけている。単著の数は一四〇を超える。発酵食のスペシャリストとして漬物や酒をめぐる人類の営みを平易に解説した著作群からも個人的におおいに学ばせてもらってきたが、私が熱烈な小泉ファンになったきっかけは、なんといっても、自分たちの日常からかけはなれた食をめぐる驚愕の冒険の記述を読んだことだった。

このジャンルの知見を初めて小泉が一冊の本にまとめたのが、一九八七年の『奇食珍食』(5)である。読んで驚かされるのは、博覧強記の食文化論者として古今東西の際立った事例を紹介したあと、非常に多くの場合、実食の報告が述べられるところだ。さすがに食べる機会を得ることのむずかしすぎるものについては書物からの引用だけなのだが、もしチャンスさえあれば小泉は絶対に実食していたにちがいないだろうし、これからも食べるチャンスを窺っている。そのように確信せずにいられない、まさに生粋の「体験主義者」が小泉である。

たとえば、世界各地における「虫食い」の習慣について詳述したあとで、おもむろに小泉はこうつづける。「私も福島県の山の中で送った幼少の頃、ナラやクヌギの薪を割ると、中から時々出てくるこの幼虫を、焙烙で空煎りし、醬油で味付けしてよく食べたものである。ちょうど人差し指ほどの大きさで、さわるとやわらかく豆腐のような感触だったが、炒ると硬く固まって今度は焼き豆腐のような感触に変わる。口の中にこれをほおり込み、嚙み潰す時、「プチュン！」という破裂音を口に残して虫が破れ、口中にドロドロの旨汁が充満する(6)」。

山中の生まれ故郷で送った幼少時代の文字どおりワイルドな食生活が、小泉の学問的探求のベースにある。魚や野鳥はもちろんのこと、ヘビ、カエル、虫など手当たり次第に捕獲しては食べていたそうだ。『奇食珍食』で小泉は、過去の人間の糞の化石からカブトムシ、バッタ、シロアリなどが出てきたという、人類学者テイラーの報告などを紹介したうえで次のように述べている。「人間はそれらを食べ続けているうちに、自然にまずいものとうまいものとを選択するようになった(7)」。ここでも小泉は自分の経験を重ねて書いているように思えてならない。「オレはそれらを食べつづけているうちに……」。あたかも系統発生を個体発生的に辿り直すかのように、原始的な食から現代の食までを自分自身の舌で実際に味わってきたことが、食文化論者小泉の書物に比類のない説得力を与えている。

『奇食怪食』から十数年後、ＮＨＫ取材班とともに中国とアジア諸国の食世界を探訪した記録を綴る『中国怪食紀行』および『アジア怪食紀行(8)』は、小泉の書物のなかでもとりわけ驚くべき記述が充満する、密度の濃い本だ。取りあげられているものをざっと列挙すると、豚血や鶏血の混じった血豆腐。犬鍋。先に述べたが、アンモニアの激臭がする発酵エイのホンオ・フェ。各種の蛇。蛇を漬け込んだ蛇酒。孵る寸前の鶏卵、カイ・ルゥク。モンゴルの羊料理各種。ありとあらゆる虫、蜂。土地々々の熟鮨。メコンウィスキーなどの地酒。ナマズなどのいろいろな淡水魚。秘境で作られる濃厚な塩辛と魚醤。センザンコウといったきわめつけの珍獣。それらがつぎつぎに小泉の胃の中へと消えていくのである。

普通の報告者ならば、そこで抱かざるをえない自分の抵抗感こそを強調するところであるだろうが、小泉はだいたいあっさりと食べてしまう。飲み下すのに苦労したと書かれることもあるけれど、食べないという選択肢だけは選ばれない。尊敬するほかない。それが可能だった理由は、すでに述べたように、少年時代のワイルドライフが基盤にあるからだろうが、もちろんそれだけではなく、彼が第一線の理系の研究者であることも大きくかかわっているはずだ。つまり、科学的な知性が小泉の食の冒険を支えているように思われるのだ。『匂いの文化誌[9]』などに顕著であるが、とくに初期の著作では、食をめぐる文化論が語られるのとまったく同列に、匂いや味わいを生じさせる物質的プロセスが化学式とともに解説される。文系的な感性と理系的な知性が、小泉においては最初から無理なく融合している。化学の専門的解説は、だんだんと小泉の書く一般書から減ってゆき、エンターテインメントとしてのおもしろさがより追求される傾向にある。しかし、つねに一貫しているのは、匂いや味わいについての記述が、たとえ直接示されているわけではないときも、化学的プロセスの認識に支えられているということだ。

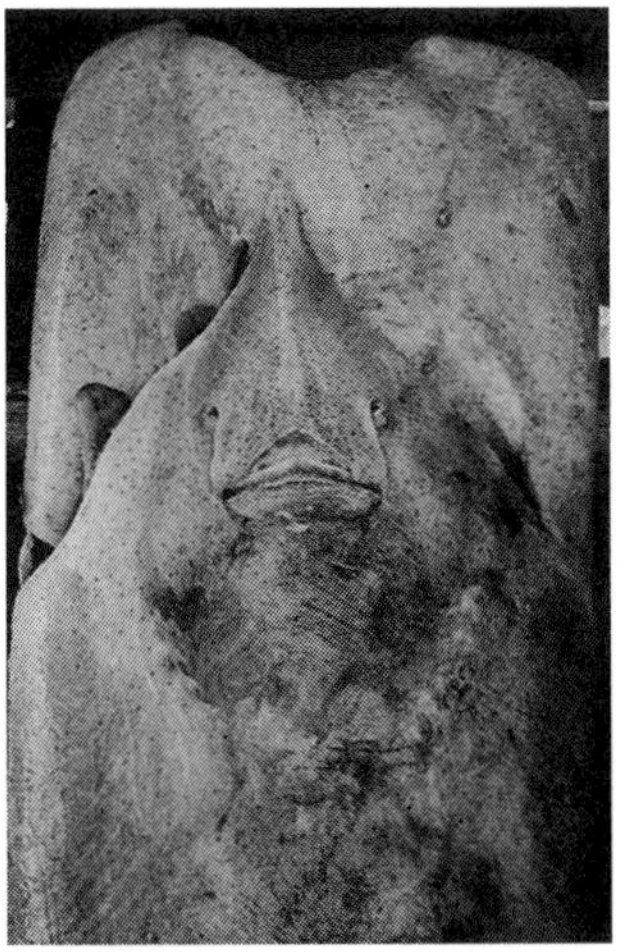
奇妙な食べ物エイ。
『中国怪食紀行』（光文社、31頁）より

「怪食」においてもそれはまったく同様である。

たとえばホンオ・フェの場合。「グワーン！　と鼻に、頭にきましたなぁ。強烈なあのアンモニアの激臭が」のあとにこうつづく。「口の中で発熱した理由はきっと、ＮＨ３の形で口の中に入ってきたアンモニアが唾液の水分に反応して溶ける時に水酸化アンモニアＮＨ４ＯＨになったために起こった溶解反応熱のためだったのでありましょう」[10]。口で起きている異常事態をこのように冷静に分析しえるからこそ、「怪食」の営みは可能だったにちがいないのだ。

なぜくさい料理はひとを魅惑するのか

さまざまな「怪食」のなかで、発酵学者・小泉の十八番は、なんと言ってもくさい料理である。発酵作用によって、食品は猛烈な匂いを発することがある。これがひとを尻込みさせもすれば、虜にもする。魚を加熱せずに缶詰に密封し、嫌気性の環境で発酵させたのが世界で最もくさい食品と言われるシュール・ストレミングだが、これも小泉の本によく登場する。世界一というのは客観的な数値によってそう測定されるからで、匂いを数値化して測定する機械をアラバスターと言うが、その開発に、誰あろう小泉も参加していたのだそうだ。ちなみに第二位はホンオ・フェ、第三位がニュージーランドのエピキュアーチーズ、第四位がカナディアン・イヌイットたちが食べるキビヤック。第五位が日本のクサヤを焼いたもの、とつづく[11]。中国、東南アジアの各地で醸される魚醬も強烈な匂いを持っているが、小泉がとくに絶品だというのはタガメの魚醬で、その艶めかしい香りをやはり好むという東海林さだおのために現地から持ち帰っては、二人で酒を酌み交わすのだという。熟鮨、納豆、キムチなど、そのくささが魅力に転じる食べものを小泉はこよなく愛し、それぞれを主題にした本――『納豆の快楽』、『キムチの誘惑[12]』など——を書いている。

さて、ではどうしてくさいものは、ひとに抵抗感を覚えさせもすれば、ひとを惹きつけもするのだろう。その矛盾する性質をどう説明できるのだろう。小泉は次のように書いている。

人間そのものは、昔、不精香という匂いをもっていました。「無精者の匂いは納豆の匂い」とか、「風呂に入らないからあいつはくさやだ」と言うことがありますが、人間が本来もっていた匂いは、意外に発酵食品の匂いに近いものなのです。これは、成人一人は大体一〇〇兆個の微生物と共存しているからで、これらの微生物が人間の匂いを体のあちこちで作っていたのです。(…)人は、発酵食品に似た匂いを仲間の匂いとして認識したり、自分の匂いをあちこちにマーキングして縄張りを主張する動物と同じことを、本来はやってきたのです。だから、発酵食品のもつあの手の匂いの名残に、われわれは潜在的に魅力を感じてしまうのです[13]。

つまり発酵食品が放つ匂いは、もともと自分たちの身体にあった匂いである。だからこそ、この匂いは、愛好と嫌悪、親しみと恥ずかしさの念をともどもに引き起こすのだろう。自分の匂いは好ましいものでありつつも、やはりそれをぷんぷんと発散させるのは気が引けることである。また、他人の強い匂いをいつでも嗅いでいたいとは思わないものだ。近代化したあとの、清潔な個人がプライヴェートな空間に隔離されていることをよしとする文化において、私たちは自分の匂いを閉じ込めようとし、他人の匂いを嗅ぐことに躊躇を覚える。近代に特有の「接触恐怖」と並行してかたちづくられた感性だ。だが、もちろんすべての接触や匂いが拒絶されるわけではなく、それは、とても親密でプライヴェートな機会だけにとっておく習慣が形成されている。近しいものとだけ許される触れ合いに特有の淫靡さが、発酵食品にもあるというわけだ。

絶倫食

強い匂いを発する食品の話がエロティックな調子を帯びるのはよくあることだが、それがどうしてかも、以上から説明できるだろう。自分の内側に、なにを取り入れたいと思い、なにに嫌悪感を覚えるか。接触恐怖と、限定的に許された対象に対して抱かれる接触欲求のあいだのせめぎ合い。こういう話はデリケートさが要求されるため、あまり深掘りしたくない気もするが、ともあれ、性愛をめぐる拒絶と欲求のせめぎ合いと、くさすぎる食品をめぐる嫌悪と愛好のせめぎ合いは、やはり並行して語れてしまうところがあるのだと思う。

小泉には『絶倫食』[14]という著作があり、まさに文字どおり性欲を励起して絶倫にする食品の数々が紹介されている。あらゆる食べものを自分の体内に取り入れる小泉の「おおらかさ」が、性愛の領域へそれこそシームレスに拡張して書かれた本だとも言えるだろう。かなりうさんくさい、呪術めいた食品がユーモラスに紹介されてもいるが、同時に、小泉は科学者として、ひとを誘惑する匂いの物質的根拠に言及してもいる。香水に用いられる蠱惑的な匂いの秘密はなにか。

人の大便にはインドールとかスカトールという芳香物質の前駆体があって、それが発酵微生物の作用を受けて、より芳香性の高い五員環物質や六員環物質に変換したという訳です。実はこれらのインドール誘導体は、超高級香水には必ずと言ってよいほど加えられているのだそうです。しかもその匂いは、男性の性ホルモンをくすぐるフェロモン効果があることもわかってきたと言うのですから驚きでありますなあ。[15]

体の内側と外側、プライヴェートな領域とその外部――ふだんは閉ざしておかねばならないと思うその扉を通過して漂ってしまうものこそが、「あの匂い」である。小泉の言うとおり、この匂いに誘われて、ひとはつい扉を開けてしまうということもあるのだろう。つまり健啖になり、絶倫にもなる。いずれにせよ、小泉の書く世界において、発酵の匂いは、ひとを開放する誘惑の信号なのだ。

おおらかさの美味表現

小泉の本の魅力は、一言で述べれば、おおらかさの魅力である。くさい、ひとを酔わせる発酵食品についての小泉の啓蒙活動は、ひととひと、ひとと自然が交わる、やはりエロティックというほかない営みへの誘惑なのだ。その意味で、偉大なる自然主義者ジャン・ルノワールと小泉は似ているのだと私は思う（そして同様にきわどい）。特筆したいのは、小泉独特の文体こそが、その自然主義的エロティシズムをものの見事に体現しているということだ。

小泉の文章は、いかにもおいしそう、ということで有名なのだが、おそらく、おいしさとともに表現されているのは自他溶融の喜悦ではないか。たとえば北海道で獲れたキンキン（キンキ）の煮付けについて。「箸でその煮魚をホコリと崩し、中から現れたまっ白い肉身と脂肪身のブヨブヨ。そこに煮汁をチョンと付けて食べた。とたんに口の中に脂肪のコクが広がり、そして肉身の耽美なうま味と上品な甘味も満ちてきて、総合的な美味に腰を抜かす思いであった[16]」。福島の名店のすき焼き。「さて、いよいよそのすき焼きに箸を付けた。鶏卵を箸で溶き、そこにまずレア状態の牛肉を鍋からとって入れ、ひと口食べる。鼻孔からはすき焼き全体の甘ったるい芳香が入ってきて、とたんに口の中には、牛肉からチュルチュルと出てきたうま汁が溢れるように広がる。美味い!!　美味過ぎる!![17]」。八丈島のクサヤ。「早速、西浜さんは自家製手づくりのムロアジのクサヤを焼いてくれた。俺は、もう焼いている時から涎を流していたが、その焼きたてのクサヤを手で大胆にちぎり、口に頬張ると、それがまた美味い!!　口の中ではホクホクポクポクとして、クサヤから出てきた濃いうま汁が唾液と混じり合って、そのうちにテロンテロンとなり、それをゴクリと顎下に飲み下して、また次のクサヤを口に入れる。ああ、これだ、これ。この美味さこそ、天下絶品、天下無双の美味というものである。鼻からは、例によって、クサヤ特有の強烈な発酵臭がしてきて、ああいいわよ、いいわよ、もうダメよ、我慢できないってことになって、またゴクリと飲み込むのであった[18]」。

このように、おいしさが極まるとその記述がエロスへ傾斜するのは、小泉にとってごく自然なことなのだった。これは真似しようと思ってもできるものではないし、下手に真似すると危険である。口の中で起きている、舌と食べものの直接的な触れ合いは、場合によってはその想像だけで、とくにそのとき出る音によって、ひとに激しい嫌悪感を覚えさせることもあるからだ。実際、私はいわゆる「シズルワード」を安直に用いる食レポが苦手だ。ナルシシズムの押し売りに思われるときもある。

浅薄に「シズル感」(食材のしたたりなどの口内感覚)を喚起するだけの文章と比べて、小泉のそれはやはり別格だ。その描写一つひとつは、人生をかけて世界各地の多種多様な料理を渉猟しながら、おいしさとまずさの境界を踏み越えつつ到達された比類のない「おおらかさ」の産物であるからだ。

『吾輩はビールである』[19]は小泉がビールの歴史や製法について解説する本だが、漱石の「猫である」に倣い、「吾輩＝ビール」の一人称で書かれている。「吾輩は、理屈抜きで楽しめるお酒だ。その楽しみ方が、五つあることをご存知だろうか。まずは目で楽しむ、そして耳で、手で、鼻で、さらに喉で楽しむ――これが吾輩の五段活用である」[20]。このように楽しくもシュルレアルな文がつづくのだが、飲む側と飲まれる側のこのあっけらかんとした通底ぶりもまた、「おおらかさ」を体現する最高に愉快な例である。

(1) 余談だが、八〇年代から九〇年代ぐらいまでの映像文化において、料理が破壊されるところを見たいという欲求が広範に存在していたように思う。料理をテーマにしたハリウッド映画もほとんどが、パイ投げ的なドタバタに走る傾向を持っていた。これはどうしてだろう。
(2) 玉置標本『捕まえて、食べる。』新潮社、二〇一七年。
(3) 同前、九頁。
(4) 白石あづさ『世界のへんな肉』新潮社、二〇一六年。
(5) 小泉武夫『奇食珍食』中公文庫、一九九四年。
(6) 同前、一七～一八頁。

（7）同前、一四頁。
（8）小泉武夫『中国怪食紀行――我が輩は「冒険する舌」である』光文社知恵の森文庫、二〇〇三年（初出：日本経済新聞社、一九九七年）。小泉武夫『アジア怪食紀行――「発酵仮面」は今日も行く』光文社知恵の森文庫、二〇〇五年（初出：徳間書店、二〇〇一年）。このシリーズには以下がつづく。『地球怪食紀行』光文社知恵の森文庫、二〇〇五年（初出：文藝春秋社、一九九九年）。光文社知恵の森文庫において「怪食紀行」としてまとめられているが、初出はそれぞれ独立した企画であるため、三冊には題材の重複がある。とはいえ、題材の重複を気にしないのは小泉の一般的な姿勢であり、これも著者特有の「おおらかさ」のうちだと私は捉えることにしている。
（9）小泉武夫・吉武利文・川上智子『匂いの文化誌』リブロポート、一九八九年。
（10）小泉『中国怪食紀行』三七頁。
（11）小泉武夫『発酵は力なり――食と人類の知恵』ＮＨＫライブラリー、二〇〇四年。
（12）小泉武夫『納豆の快楽』講談社文庫、二〇〇六年。小泉武夫『キムチの誘惑――神秘の発酵食をめぐる韓国快食紀行』情報センター出版局、二〇〇八年。
（13）小泉『発酵は力なり』二二頁。
（14）小泉武夫『絶倫食』新潮社、二〇一〇年。
（15）同前、一六頁。
（16）小泉武夫『ニッポン快食紀行　美味いはすごい！』小学館文庫、二〇〇八年、二五頁。初出は新潮社刊行の月刊誌『旅』における二〇〇四年から二〇〇五年にかけての連載「美味い！」。連載タイトルは、小泉が直前に発表した著作『不味い！』と対をなすようにつけられたのだという。『不味い！』（新潮文庫、二〇〇三年［初出：二〇〇一年］）は、タイトルどおり、まずかった食体験をつづるという趣旨の書物で、かぶとむしやせみなどの「怪食」の多くがじつはそれなりにつらかったことが告白されてもいる。基本的には、食材への敬意を欠いた料理人への批判が語られる。

（17）小泉『ニッポン快食紀行』五三頁。
（18）同前、一〇五～一〇六頁。
（19）小泉武夫編著『吾輩はビールである』廣済堂出版、二〇〇四年。
（20）同前、五七頁。

14　組み合わせの楽しさ——冷水希三子と奥田政行

組み合わせの妙

食べるのが好きなひとを家に呼んでごはんを作るときは、おお、おいしい、と言ってもらいたいものであるが、そのとき、どんな方針をとり、どんな料理本を頼りにするか。

これは私の考えだが、絶対的な十八番であるとか、専門技術を習得しているのでないかぎり、レストランの料理を模範にした、手間ひまのかかる料理を作るのはかならずしも得策ではないと思う。たとえば複雑なパイ包み焼きとか、フカヒレの姿煮とか、何種類もの具材を煮込んだあとに清澄させるコンソメスープとか、究極のラーメンとか、そういう系である（さすがにそこまでやる方は少ないと思うが）。なぜなら、それらは食べようと思えばお店で食べられるし、はっきりいえば専門家よりうまく作るのはむずかしいから。すごい、とは言われるだろう（いろいろな意味で）。だが、これら難易度の高い料理は、理想形からの減点法で評価されてしまいかねない。材料費にうんとお金がかかっていれば、コスパはどうなのか……という疑念を抱かせるだろう。労あって甲斐すくなし。ポトラッチ効果（負債感を与えること）以外になにも残らない、ということになりかねないのだ。

自分が客になるときも、そういう豪華なレストラン料理の模倣よりは、普段こういうものを食べています、という普段着に近い簡素な皿を出してもらうほうがうれしいし、相手のひととなり――なにをおいしいと感じるのかを知る貴重な機会になる。たとえばぬか漬けなどが出てきた日には、ぬか漬け談義で一気に親睦を深められるかも、などと思える。

とはいえ、普段着の料理では地味すぎないか、という心配もある。特殊な出自とか、海外在住経験があって、そこで覚えた料理のレパートリーがある、という場合でもないかぎり、ひとにいつもの料理を出すのはためらわれる、ということはあるだろう。生活感が滲み出しすぎているのはどうか、などという気もする。日々やっていることをそのままでは、なにより料理を出す自分自身がおもしろくない。そこでどうするかといったとき、解決策になるのが、食材同士の「組み合わせ」の工夫である。目先の変わる珍しい食材やハーブなども取りいれながら、いつもとほんの少しちがう組み合わせをすることで、生活感にまみれた、あるいは所帯じみたかんじがリフレッシュされ、ハレの日にふさわしい華やかな雰囲気をまとう、ということがありうる。遊び心をぞんぶんに加えて、ちょっと冒険めいた組み合わせも試し、それをみんなでわいわい食べながら、成果を講評し合う、などという展開になれば、さらに宴席は楽しいものになるだろう。

こんなふうな考えで、私の場合は、だいたい、望ましいおもてなし料理の方針が限定される。ごくふつうの自分の食習慣をベースに、無理のない範囲で作ること。そのうえで、少し変わった食材を取りいれ、なにより「組み合わせの妙」によって、ちいさな驚きを生み出すこと。これである。

さて、こういう考え方それ自体もまた、もちろん、さまざまな料理の本から教わってきたことだ。

いまも、ときおりページをめくっては、楽しい「組み合わせ」の着想を得ることのできる、そのような料理本がある。今回はそのような書物を取りあげたい。また、組み合わせの「妙」と言うけれど、それがひとを驚かせたり感動させたりするとは、そもそもどういうことか、考えてみたい。

冷水希三子のレシピ集

いつもの食材を、はっとする組み合わせによって、べつの味わいに変えてくれる——そんなすばらしいレシピを提案する現役の著述家として私が真っ先に思い浮かべるのは、冷水希三子だ。二〇一〇年の『おいしい七変化　小麦粉』とそれにつづく『ONE PLATE OF SEASONS 四季の皿』、『ちょっと贅沢なおもてなしレシピ』、『ハーブのサラダ』、『スープとパン』——これらの著作[1]では、どれも自分では思いつかないような、とはいえ奇を衒っているわけではなく肩の力の抜けた「組み合わせ」が示されている。私の知り合いにも、冷水ファンは多い。ある料理に対して「おしゃれ」と形容するのは、紋切り型すぎて逆効果にすらなりそうだが（たとえば、白い皿のうえに水菜をあしらうことを「おしゃれ」と言ったり）、冷水の料理にかんしては、ごくまっとうな意味で「しゃれている」と言いたい気持ちになる。普通の料理に似ているけれど、そこからあえてズラしたりハズしたりして構成し直し、まあたらしい装いに変えるそのセンスが、洋服のスタイリストが発揮するそれに近いようにも感じられる。

冷水は一九七〇年代生まれだから、私とだいたい同世代で、おそらくそれゆえに、そのレシピ集で示される感覚に、膝を打ちたくなることが多いようにも思う。高度成長期以後のさまざまな食の嗜好の移り変わりについて述べた回（第三回）でも触れたことだが、一九九〇年代ぐらいから、わりとふつうのスーパーでも、ホールスパイスやビネガー、各種のハーブ、小麦粉以外のさまざまな種類の「粉」などが入手できるようになった。それらを使いつつ新しい組み合わせを軽やかに楽しむときのうきうきする気分は私にもとてもよくわかるし、それが冷水のどの皿にも通底するように思われるのだ。

『おいしい七変化　小麦粉』で最初に紹介されるのは、「ローズマリーとバナナのケーキ」(2)。これは発酵させずに、ベーキングパウダーで膨らませるので、誰もが失敗なく作れる。そしておいしいから自信が持てるようになる、というすばらしい一品だ。焼いたバナナ特有の子ども心を呼び覚ます甘い香りと、ローズマリーのアダルトな苦さと清涼感が掛け合わされる。レモンの皮もたっぷり一個分入る（ピーラーで剝いてからみじん切りにする）。こういう味と香りの要素は、たぶん、自分の親世代が作るケーキには存在しないたぐいのものだろう。

ほかの小麦粉レシピも同様で、たとえば、自家製の「モーニングシリアル」には、アーモンドと干しぶどうのほかに、ひまわりの種、かぼちゃの種が入る(3)。輸入食材店に入るときのあのわくわく感が詰まっているかんじなのである。もう少し凝ったものだと、「赤い風船」(4)。広げたパン生地で耐熱容器をすっぽり包むオーブン料理で、生地の中の「赤」は、鴨ロース、すもも、ぶどう、赤たまねぎ、赤ワイン、バルサミコで構成される。スパイス・ハーブ類は、シナモンスティック、スターアニス、クローブ。字面から味と香りを想像するだけで、心がときめく。

『ハーブのサラダ』では、イタリアン・パセリ、ディル、コリアンダー、ミント、レモンバーム、バジル、セルフィーユ、フェンネル、タイム、ローズマリーという十種類のハーブを日々の食卓に取

パルミジャーノ・レッジャーノパンと白菜と鶏団子のスープ。
『スープとパン』(グラフィック社、81頁)より

りいれるしかたが紹介される。恥ずかしながら私は「ディル」とか「フェンネル」とか口にするだけで心が浮き立つほうなので、この本は、それこそ眺めているだけで楽しい。ディルの場合、サーモンと合わせるというような定番ではなく、きゅうりと枝豆と玄米のサラダに入れる、という提案がなされる。[5] 決まりきったやり方からは、ほんの少し距離を置きつつ、あくまで遊びの精神でこれらのレシピは書かれている気がする。

『スープとパン』は、あるパンに対してあるスープを組み合わせる「1+1」のアイデア集。たとえば、焼いたパンのうえにパルミジャーノ・レッジャーノをすりおろしてエクストラバージン・オリーブオイルをまわしかけ、白菜と鶏団子のスープ(八角と柑橘の香りを効かせている)とともに食べる。[6] 家にハーブと香辛料さえ揃っていればすぐにできて、なおかつ、単体だけではけっしてありえない楽しさが生まれる。ただし、スパイス類を一から買い出すところから始めるとしんどいし、そもそも作ってみる気が起きないので、どこかで一念発起してすべてを揃えるのが冷水レシピを実践するためには必須だ。

来客があるときを想定して書かれたのが、『また来たいと思われる　ちょっと贅沢なおもてなしレシピ』。これはとても実践的な本で、私もたびたび活用させてもらっている。簡単なコース仕立ての料理が十通り示されており、そのうちの一つ「焼きっぱなしのオーブン料理とワインのおとも」と題

されたコースの一皿目は、「いちじくとシェーブル　アニスの香り」。手順は以下のとおり。「皿にいちじく、シェーブルチーズ、アニス、はちみつを盛り合わせる。各自、好きな量を取り、シェーブルチーズといちじくに、好みではちみつとアニスシードを振りかけて食べる(7)」。ポイントが次のように言い添えられる。「個性のあるシェーブル（山羊の乳のチーズ）といちじくを、アニスがつないで味をまとめます」。とてもそそる一文で、試してみたくなる。次の皿は「バターで食べる生ハムとラディッシュ」。「生ハムにバターをつけて食べたり、ラディッシュにバターと塩をつけて食べたりする(8)」。

この本でほかに実際に作ってみて、来客から好評だったものに「鴨鍋と鴨そば」がある(9)。濃いめの汁（だし、酒、みりん、醬油）を土鍋に張り、たっぷりのねぎとゆず皮を散らす。人数分用意した平皿にあらかじめ鴨ロースと湯葉を取り分けておき、それぞれがしゃぶしゃぶにして食べる。次に、鴨の脂の溶け出した汁を、各自がそば猪口などにおたまで注ぎ入れ、茹でて冷水で締めたそばをそれで食べる。鴨南蛮をいちどばらばらにして再構築したというわけだが、こういう仕立てで食べると、ささやかではあるが、「鴨南蛮」とあらたに出会い直したかのような新鮮さを覚える。

奥田政行による組み合わせ

次に取りあげるのは家庭料理のレシピ集ではないから、家でそのまま再現できるわけではないのだが、しかし、「組み合わせ」とはなにかという根本のところできわめて示唆に富む書物だ。いわゆる「地産地消」のモデル・ケースとも言うべき山形の新しい名店アル・ケッチャーノのオーナー・シェフである奥田政行の最初の著作、『田舎のリストランテ、頑張る。(10)』である。「組み合わせ」のおもしろさを勘所とするあらゆる料理本と同様、読んでいるだけで心が高揚する、エンターテインメントの書でもある。

この本の魅惑について説明するためには、なにより具体例から入るのがよいだろう。「外《と》内《の》島《じま》キュウリとパサつかせて焼いた口細カレイ」という一皿がある。陸のものと海のものから、一般にはほとんど知られていない二つの食材が組み合わされる。外内島というのは庄内地方の地域の名前で、「外内島キュウリ」はその在来種である。現在普及している種類のキュウリに比べれば、生産性も良くなく、苦味と渋みが強く感じられるのが特徴だという。だが、その癖ゆえにこそ、よそでは食べられない、スペシャルな一皿を構成する可能性を持つと奥田は言う。

> 外内島キュウリの独特の苦味と渋み。これこそがキュウリ本来の旨みだと、私は思います。そしてとってもみずみずしい。生のまま齧ると、薄い皮を突き破り、一瞬にして水分が口の中に弾け飛ぶんです。苦みと渋みとみずみずしさ。この特徴を最大限に活かした料理を、と考えたときに浮かんだのが、夏が旬の口細ガレイでした。庄内浜の口細ガレイは小気味よいほろ苦さが身上。これをわざとパサつかせるように焼いたものを、外内島キュウリと合わせてみようと思いました。
> （…）一回、二回とゆっくり噛みしめていくと、キュウリが口の中で潰れ、大地から水が湧き出すように水分があふれ出します。そのパワフルな水分でパサパサのカレイの身が潤い、さらにカレイとキュウリの苦みが相乗効果をもたらし、豊かな味わいが口の中に広がります。[11]

「在来種」とは、百年から二百年以上前から作られてきた作物のことを言う。農薬を用いる必要のない、その土地に適応した野菜である点を、奥田は強調する。奥田は、地元農家や農学者たちとの交流をつづけながら、それら在来野菜について学び、レストランのメニューにおいて縦横に活用するにいたった。在来野菜は、特徴的な風味を持つがゆえに、現在普及している一般的な野菜に比べて、とても扱いづらい。それをおいしくするためには、なんらかの工夫が必要だ。そうした工夫の具体的な例が先述した外内島キュウリと口細カレイの一皿であったわけだが、奥田はこのような操作を「対比と同化」という言葉で敷衍する。「料理は対比と同化である」[12]。どういうことか。

外内島キュウリとパサつかせて焼いた口細ガレイ。『田舎町のリストランテ、頑張る。』（マガジンハウス、65頁）より

外内島キュウリの場合、単体では好ましい味わいにはならないかもしれない苦さを、カレイに含まれるそれと似たべつの苦さと重ね合わせる。「二つの共通点がつながって、相乗効果で口の中で香りが広がり、コクになる」[13]。これが「同化」である。ある癖は、それと似たもうひとつの癖と合わさることで目立たなくなるが、ただし、完全になくなるのではない。二つは「層」を成して、味わいの「広がり」を構成するというのだ。「そうすると、いわゆるソースのような外からの絶対

的な味で食材同士をつなげるものがいらなくなるのです[14]」。

アル・ケッチャーノの料理構成の基本は「5：4：1」なのだという。ほぼ対等の二つの食材がそれぞれ「5」と「4」、そしてオリーブオイルや塩などが「1」。組み合わせがうまく行きさえすれば、それだけで十分に複雑な味わいが得られる。そして、万能のつなぎ役である「ソース」に依存する必要がなくなる。

しかし、ソースを用いずに、ひけをとらない重層的な味わいになるような組み合わせを発見することは簡単ではないはずだ。それは、いかにして実現されるものなのだろうか。奥田の著作を読んで驚かされるのは、組み合わせを考えるのに先立って、まず、一つひとつの食材の味わいがとことんまで微細に分解されることだ。これという組み合わせを発見するために不可欠な準備作業であろう。

野菜の特質を知るために、私は無心になって、まず生で野菜を食べてみます。縦から、横から、囓ります。これは、野菜の味は往々にして縦横の繊維によって変わるからです。このときの第一印象——たとえば、甘い、辛い、苦い、みずみずしい、歯ごたえがあるといった特徴——を感じ取ります。

さらに一度、小さく囓ります。ここではさっきの第一印象とはまた違った香りが立ち上がってきます。この香りも捉え、合わせるものをイメージするのです。

そして、味と香りを重層的に合わせていく。もし、この重層的な合わせができない場合、私は、野菜の持つ味や香りとは対極の味付けをして、在来野菜の力を引き出します。対比です[15]。

したがって、「キュウリ」と「カレイ」が合う、と奥田が言う場合、そのキュウリのなかにすでにいくつもの味わいと風味が含まれていて、しかもそれらは時間差で舌や鼻に届く。カレイもしかり。だから、それら複数の要素の組み合わせから、重層的な広がりを生み出すために（「同化」）、あるいは、一つの味わいを際立たせるために（「対比」）、加熱時間や、蒸す焼く煮るなどの調理方法が厳密に逆算されることになる。

ワラサと月の雫の塩。同前（12頁）より

　この本を読んで驚いたのは、「塩」さえも、奥田にとっては、しょっぱいという単独の味ではないということだ。ミネラルがとても豊富になるという満月の日に汲み上げた海水で作るという、アル・ケッチャーノのオリジナルの塩があって、その味わいの構成を奥田はこう区分けする。「含有量が多いマグネシウムには苦みが、カルシウムには甘み、カリウムには酸味があります[16]」。

　この塩を、庄内産のワラサ（ブリの幼魚）の生の切り身に添えてエクストラバージン・オリーブオイルをふりかけるだけ、というシンプルな一皿があり、アル・ケッチャーノの定番のスターターとして提供される。あまりにもそっけなく思われるところなのだが、しかし、この組み合わせだけで、やはり、ソースを必要としない重層的な味わいになるのだと奥田は言う。「ワラサの血合いは鉄分で酸味があるのでカリウムの酸味と同化し、魚の瓜の香りはマグネシウムの苦みと調和します。私はこれをニガウリの法則って呼んでます。（…）単純な素材ですけど、実はものすごく複雑な料理なんですね[17]」。そうと説明されないかぎり、たんに「魚」と「塩」、と受け取られかねないところではあるが、奥田の発想を知れば様相は一変する。この「複雑な」土地の味の構成を奥田のように精細に感じ取りたいと、食べ手は思うことになるにちがいないのだ。

さまざまな法則

私は、それまで修行してきたフランス料理やイタリア料理をいったん捨てることにしました。自分の料理を根底から覆したのです。在来野菜を中心とした庄内の旬の食材でどんな組み合わせができ、どんな料理を作ることができるかを徹底的に考えたのです。（…）庄内という大地の声を聞きながら、料理を考え出していったのです[18]。

アル・ケッチャーノのレシピは、こうして、どの既存の料理体系とも異なる、唯一無二のローカリティを獲得する。なんと魅力的な物語だろう。もちろんのこと、素材を生かすという思想は古くから日本にあり、そしてイタリアにもあるのだろうし、地方色豊かな郷土料理店も数多く存在してきた。

ところが奥田の場合は、ほとんど徒手空拳で、すべてをリセットし、一から自分の土地の料理を再創造するそのしかたが徹底的で、そこにとてつもない魅力がある。また、それゆえ無数の若い料理人に真似したいと思われることにもなったのだろう。

　奥田が書くのはこのようにきわめつけのローカルフードの在るべき姿であるのだが、しかし、それはいたずらに独創性を追求するばかりのものではなく、きっちりおいしいと言わせる着地点を持っている。つまり、どう組み合わせればおいしくなるかということにかんして、いくつかの「法則」が抽出できると奥田は述べている。たとえば、キュウリとカレイの二つの苦味を重ねるとコクになって感じられるということは、ほかの素材の場合にも同様にあてはまる。それを奥田は直截に、「苦味に苦味を足すと旨味になる法則」と呼ぶ。この法則を用いたべつの組み合わせに、同じく在来種の「シドケ」と「牛タン」[19]、「ウルイ」と「ホタルイカ」[20]、「コシアブラ」と低温で焼いた「舌平目」[21]、地元農家が丹精込めてつくった味の深い「小松菜」と「サザエ」[22]がある。最後の組み合わせはこんなふうに調理される。まず、サザエを殻ごと加熱してその汁を濾し、それで小松菜を炊いてミキサーにかけ、もう一度濾してスープにする。そこにサイズを揃えて切ったサザエと小松菜を浮かせ、温めて調味。いかにもおいしそうだ。これを、コースの流れのなかで、ちょうど舌が苦味を欲するようなタイミングで提供する。

　苦味以外の似た香りを組み合わせる例に、「孟宗筍」と「イノシシの脂」がある。「この山の茹でたての孟宗筍を食べたときに口の中に広がる香りは、イノシシの脂の香りとよく似ています。そこで、孟宗筍とイノシシを合わせたリゾットを作ってみました。寒い北国で育つイノシシは、脂の融点が低

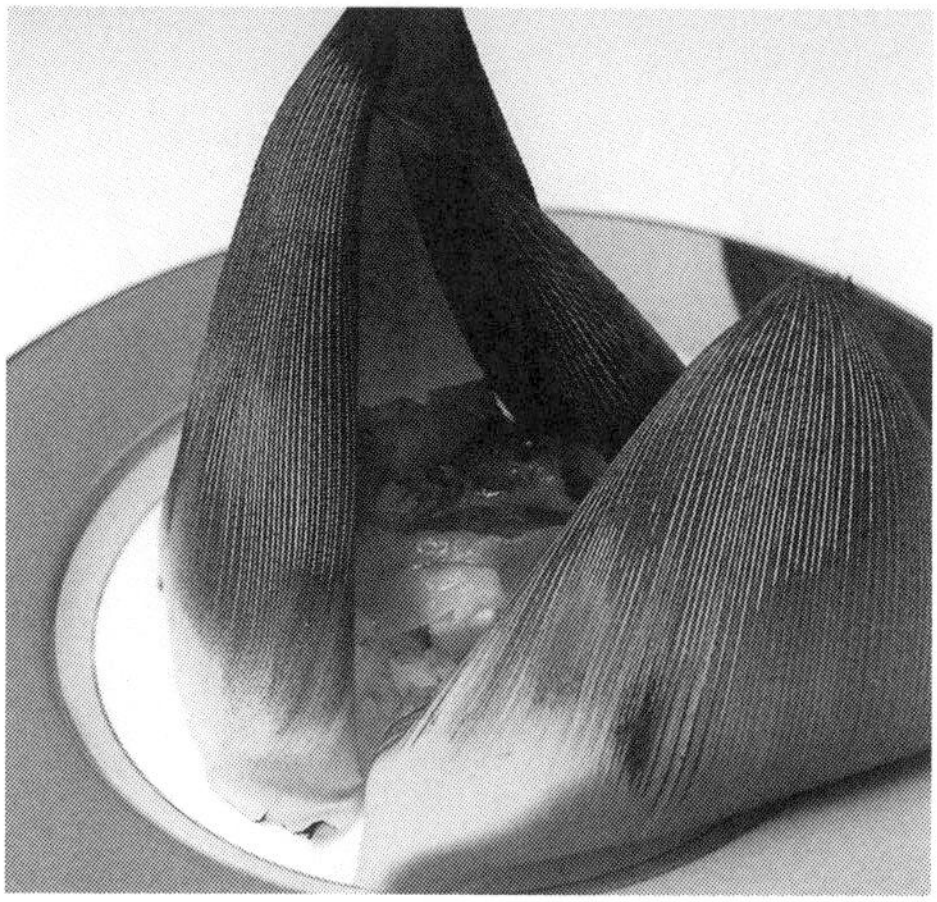

イノシシのパンチェッタをのせた孟宗筍のリゾット。同前（44頁）より

く、口の中でちょうどよく溶けていきます。その旨みをお米にたっぷりと含ませ、孟宗筍の香りと食感も合わせます。ここに味噌を少し加えてみました。これが不思議とよく合うんです。ですが、あくまでイタリアン。味噌が強調されないように、ほんの少し。隠し味です[23]」。

「独特の香りがおいしい」キンカラ鯛は、しかし、コクに乏しく脂肪が少ないので、タコを合わせて旨味を補い、（タコを炒めて香りの移った）オイルをキノコに吸わせて合わせ、油を補う[24]。不足しているものがぴったりと嵌まるこのようなケースは「凸凹の法則」と呼ばれる。足りないものを補うというのは、一般的に、食材同士の組み合わせの基本であるだろうが、奥田の場合は、バターや生クリームなどは極力使わず、土地の食材同士のバランスによって、きわめて精細な水準で実現させる。「ハタハタの特徴は、いくら食べても胃にもたれない良質の脂分と、その身の中にあるちょっとした甘み、そして皮にある胡桃の香りにあります。シェリービネガーと胡桃オイルで作るシェリービネグレットソースであえた赤ねぎを合わせれば、脂分は酸味とまとまり、胡桃オイルの香りがハタハタの胡桃の香りを引き立てます。そして、ハタハタの柔らかさと赤ねぎのシャキシャキ感がベストマッチというわけです。このように、お互いの素材が欲しい味をガチッとはめて旨味が倍増するのを、私は〝凸ちゃん凹ちゃんの法則香り編〟といっています[25]」。

また、料理において定番的に機能する食材を、まったくべつの素材で代用することも奥田は好む。「カブの焦げ目は、スパイシーな胡椒の役割を果たし、旨みを引き立たせます。これを私は「コショコゲ（胡椒焦げ）の法則」と言っています[26]」。奥田の自作解説に頻出する表現に「のような」がある。カブの焦げ目の場合もまさにそうだが、これはいわば「代用の法則」だろう。たとえば脂のこってりした魚に柑橘と塩を足して乳化させると「魚のかたちをしたフレンチドレッシング[27]」になる。生ハムの香りだけを抽出したスープに、表面だけ強い塩味をつけた「アラコ」を浮かせると、両方を口に入れたとき、ないはずの生ハムが口の中に再現される[28]。バーナーで焼いたアマドコロと、焦がさずに焼いた干し鰈を同時に食べると、口の中では香ばしい焼き魚になる[29]。先述したワラサと塩に、エクストラバージン・オリーブオイルを足すと、「フルーツの香りになる[30]」。

奥田の料理の組み合わせはローカルでユニークだが、しかし、食べ手が「おいしい」と再認することのできる（なじみ深さを感じることのできる）着地点が準備されている。そこに強みがあり、また、ビジネス的な成功もありえたのだろう。着地点があるからこそ（「のような」おいしさ）、その中間において、大胆な組み合わせの実験ができるのだ。「代用の法則」と言っても、結局はいつもの「生ハム」の味わいに戻るだけ、ということではもちろんない。むしろ、「生ハム」なら「生ハム」という一つの味のまとまりと思われていたものが、じつは、とても複雑な味と香りの要素から「合成された」効果――つまり一つの仮の結節点のようなものでしかなかったことに、こうした料理は気づかせてくれる。このような視点を得たとき、組み合わせの可能性、および「再構成」の可能性は、ほとんど無限に広がっているように感じられさえする。

無限の組み合わせとローカルな土地の有限性

これと同様の視点をいち早く、かつ、最もラディカルに提示したのは、新スペイン料理を牽引したエル・ブリであるだろう（私はもちろん行ったことがないので、柴田書店の三冊シリーズ『スペインが止まらない』などを読んだだけの、まさに本の受け売りであるが）。奥田は、自分の料理が広く受けいれられた背景として、フェラン・アドリアが率い、世界最高のレストランとして長く知られたエル・ブリの存在と、ジャーナリズムにおけるその華々しい紹介が重要だったと述べている。各素材を一から吟味・分析し、ほとんど化学の実験のようなしかたで、ある香りだけ、あるテクスチュアだけを抽出し、それらを用いて、一皿を「再構築」する。「擬態」もエル・ブリが得意中の得意とした手法だ。エル・ブリが先鞭をつけた料理の潮流に棹をさすことのできた部分が、奥田の料理にもあったということだろう。

とはいえ、最新の器具を備えた工房で、数十名のスタッフがめくるめく実験を繰り返す世界最先端のレストランと奥田の場合はやはりまったくちがう。エル・ブリは、カタルーニャのローカリティを重要視しつつも世界各国の食材を渉猟しては、まったく自由な観点から縦横に組み合わせる。それに対して奥田ははるかに慎ましく、「庄内」という場所にあえてフィールドを限定する。そこにアル・ケッチャーノの成功の秘密はあった。また、それゆえに、べつの土地で、この方法論を自分なりに移植してみたい、と思わせることにもなったのだ。

同じ水準でできるわけはないが、しかし、遊びでよいと割り切って、自分の家でもこの真似をするのはとても楽しいことであると私は思う。一番近くの海で揚がったなるべく新鮮な魚介を、まず生で一切れ食べてみて、どんな香り、どんな味わいがするかを分析してみる。次に、どんな陸のものと合うか、どう加熱すればいいかを考える。一緒に食べてくれるのが鷹揚な相手なら、きっとおもしろがってくれるだろう。いつもの「ローカル」な食べものがリフレッシュして感じられたらしめたものだ。注意すべき点があるとすれば、「説明過多」にならないようにすることか。

(1) 冷水希三子『おいしい七変化　小麦粉』京阪神エルマガジン社、二〇一〇年。冷水希三子『ONE PLATE OF SEASONS 四季の皿』アノニマ・スタジオ、二〇一一年。冷水希三子『また来たいと思われる　ちょっと贅沢なおもてなしレシピ』家の光協会、二〇一三年。冷水希三子『ハーブのサラダ』アノニマ・スタジオ、二〇一五年。冷水希三子『スープとパン』グラフィック社、二〇一五年。
(2) 冷水『おいしい七変化』六〜七頁。
(3) 同前、一二頁。
(4) 同前、四〇〜四一頁。
(5) 冷水『ハーブのサラダ』二八頁。
(6) 冷水『スープとパン』八〇頁。
(7) 同前、八八頁。
(8) 同前。
(9) 同前、七一頁。
(10) 奥田政行『田舎町のリストランテ、頑張る。』マガジンハウス、二〇〇九年。

(11) 同前、六三頁。
(12) 奥田政行『人と人をつなぐ料理　食で地方はよみがえる』新潮社、二〇一〇年、六〇頁。同じく「外内島キュウリとパサつかせて焼いた口細カレイ」を例にとりつつ解説がなされている。
(13) 同前、六〇～六一頁。
(14) 同前、六一頁。
(15) 同前、六一頁。
(16) 奥田『田舎町のリストランテ、頑張る。』一一頁。
(17) 同前。
(18) 奥田『人と人をつなぐ料理』六二頁。
(19) 奥田『田舎町のリストランテ、頑張る。』五三頁。
(20) 同前、二九頁。
(21) 同前、三九頁。
(22) 同前、二五頁。
(23) 同前、四二頁。
(24) 同前、九一頁。
(25) 同前、一〇七頁。
(26) 同前、九五頁。
(27) 同前、一五頁。
(28) 同前、一八頁。
(29) 同前、三二頁。
(30) 同前、一一頁。

スープとパン
料理＝冷水希三子

山形・庄内
田舎町のリストランテ、
頑張る。
アル・ケッチァーノ　奥田政行

第三章　ちがいを感じ、考える

15　習慣の裏をかく――エル・ブリ

醤油とプリンでウニになる

むかし、コメディアンの木梨憲武が、テレビでこんな実験をしたのを覚えている。たしか私が中学生ぐらいの頃のことだ。なんの変哲もないプリンに、醤油を適量かける。ウニだと思って食べてみて、とその皿をそばにいたべつのタレントに手渡すと、受け取ったほうは一口食べるなり、「あ、ウニだ！」と叫んで目を丸くする。スタジオから笑いとどよめきが起こる。半信半疑の表情でこの光景を見ていたもうひとりのタレントにも、木梨はこの皿をすすめる。するとやはり「ウニだ！」と納得する。得意満面の木梨は即興の節回しで、ウニ、ウニ、それはウニ〜、プリンと醤油でウニになる〜、などと歌っては、満足そうな笑みを浮かべたのだった。

「プリン＋醤油＝ウニ」というこの話は、いまネットで検索してみると、「よく知られた都市伝説」というような書きかたで、けっこう多くの記事がみつかった。「実際に試してみた」というレポートも複数あって、まあ、ウニと言えば言えるかな、ぐらいの感想が目につく。「味覚センサー」で、このプリン醤油と本物のウニを計測して比べてみるという実験結果も報告されていて、基本の五味（甘味・旨味・苦味・酸味・塩味）を五角形のグラフ化して得られるパターンは、かなり似ているということのようだ。ただし、はっきり違うのは、プリン醤油が、ウニよりも数段甘みが強いという一点。甘くないプリンを用いれば両者はもっと似るだろうと、実験者は述べている。[1]

おそらく、「プリン＋醤油」を食べたときに再認の対象になっているのは、ウニ単体というより、ウニを醤油で食べたときの記憶だろうと私は思う。「ウニ＋醤油」は、「プリン＋醤油」と、味覚および風味の構成において、かなり重なる部分がある。プリンの素材は卵と牛乳だが、口に含んだときの感触は、ウニのそれと似ている。醤油の原料は大豆だが、発酵によって、貝類のそれにも通じるうま味、潮の匂いにも通じる複雑な香りを持つ。だから、「プリン＋醤油」は、「ウニ＋醤油」として再認されることも十分ありうるというわけだ。いずれにせよ、この話に、「なにか気になる」ものが含まれているのはまちがいないことだろう。だから私はずっと記憶に留めているのだろうし、また、ネットなどでも検証記事が書かれているのだろう。さて、プリンと醤油でウニになる、という話の、なにが気になるのか。

一言で言えば、それが私たちの習慣の裏をかくものだからだろう。「ウニ」を構成するふるふるとろとろの「感触」、鮮やかな黄色の「見た目」、貝類の「うま味」、磯の爽やかな——そして独特の饐えた「香り」が同時に感覚に与えられたとき、「ウニだ」という再認が、ほぼ自動的に起こってしまう。偽の素材に置き換えたとしても、この「黄色」＋「ふるふるとろとろの食感」＋「磯的かつ饐えた香り」が組み合わされれば、それが「ウニ」でなくとも「ウニ」と受け取ってしまう。この実験は、ウニならウニの味わいが、一つの像として（それはしばしば幻影である）どのように生成しているのかに、あらためて意識を向けさせてくれる点で、おもしろい。

もちろん、さまざまなウニの味に精通して、微細な風味を嗅ぎ分けられる専門家ならば「醤油＋プリン」などには騙されない（再認がストップする）だろう。だが、プリンのなかの、ウニにはない要素（たとえば砂糖の甘さ）を消して、触感をさらに近づければどうか。いっそ、その香りを天然の新鮮なウニから抽出して、そこにまとわせればどうか。誰もが驚く、ウニ風味のプリンができるのではないか。錯覚をさらに補強するには、たとえば、ウニの殻を器にして提供するのも有効かもしれない。そのとげとげの感触から、かつて浜辺で食べた活きウニの記憶がヴィヴィッドに蘇るようならしめたものだ。私たちはその風味を予期して、目の前の黄色い物体のなかに、積極的に探し求めるようになるだろう。そうすれば、誰もが、そこに存在しないはずの「ウニ」を感覚してしまうのではないか。

『スペインが止まらない』

料理の本に関心を持つようになってから、とりわけ衝撃を受けて、何度も繰り返し愛読したものに、『スペインが止まらない』という三冊シリーズのムック本(2)がある。柴田書店の雑誌「専門料理」の「別冊」として二〇〇三年から二〇〇六年にかけて刊行された。一冊目のキャッチコピーは「才能が止まらない／スペイン新時代をリードする、八人のシェフ」。二冊目が「時代はタイニィ&ハイクオリティ　料理は進化する」。三冊目が「料理はコンセプトの時代」。天才フェラン・アドリアの実験的創作に触発されて一九九〇年代後半から爆発的な開花を遂げた「新スペイン料理」の動向が、美しい料理写真を添えて、レシピ付きで解説される。まるで一九四〇年代のニューヨークにおけるモダンジヤズとか、一九五〇年代末から六〇年代のパリにおける映画の場合のように、「新しい波」が起きて一つのジャンル全体を刷新しつつあるという興奮が伝わってくるようだった。その後、たとえば、日本の国民的アイドル・グループが自分の番組のなかで新スペイン料理の最新のテクニックを披露したりして——特別なサイフォンを使って、生クリームや卵などのつなぎを使わず食材を「泡＝エスプーマ」に変えたり——そのセンセーショナルな側面はすっかり人口に膾炙することになるのだが、私の場合は、この本で初めてじっくりとその驚くべき在りようを知ったのだった。

実際にそこで紹介されているレストランに行ってみたいと強く思わずにいられなかったが、しかし、経済的な余裕に乏しかった私は、借金してでも断行することまではできず、結局その機会を得ずじまいである。二〇〇〇年代後半にスペイン旅行に行ったときがその唯一のチャンスだったが、バルセロナとサン・セバスチャンの前衛的レストラン巡りという案は同行者に却下され（そもそも予算不十分だった）、アンダルシアへ行った（それはそれですばらしかった）。そして、叶わぬ思いをまぎらわすためにせめてもと、エスプーマ用のサイフォンを買って帰った。しかし、これを使うためには、亜酸化窒素という気体を圧縮したカートリッジが必要なのだが、日本では売っていない。亜酸化窒素は「笑気ガス」とも呼ばれ、ひとを恍惚とさせる効用から麻酔などの医療目的に使われている。日本はヨーロッパよりも法律が厳しく、一般人は原則的に使用できないのだ。料理店で使う場合は、特別なライセンスを持った業者が取り扱いを委託される、ということらしい。だから、まず器具だけ買って（八〇ユーロぐらいだった）、気長にこのカートリッジの使用が解禁される日を待っていた次第なのだが、その日はいまだにやってきていない。そうこうしているうちにエル・ブリは閉店した。アドリアたちは財団を作り、ここでなされた前衛的実験の膨大な蓄積を、料理界の共通財産とすべく公開する事業を展開している。提供されてきた料理の数々も写真付きでカタログ化され、ロンドンの美術系出版社ファイドンから七巻組の大型本として出版された。私は遅ればせながらこのカタログも取り寄せて、食べる代りに読んでいる。

つまり、もっぱら観念として、私は新スペイン料理に触れてきただけなのだが、しかし、本のページをめくり、写真を眺め、解説を読むだけでも滅法おもしろい。あらゆる料理本のなかで最もエキサイティングな部類に入るのではないかとさえ思う。『スペインが止まらない』において、それは「コンセプト」の料理であると言われていた。実際、「コンセプト」が紙面で再現されるならば、それだけで、めまいのような衝撃を受けることさえありうる（実食できればなおよかったのだが）。

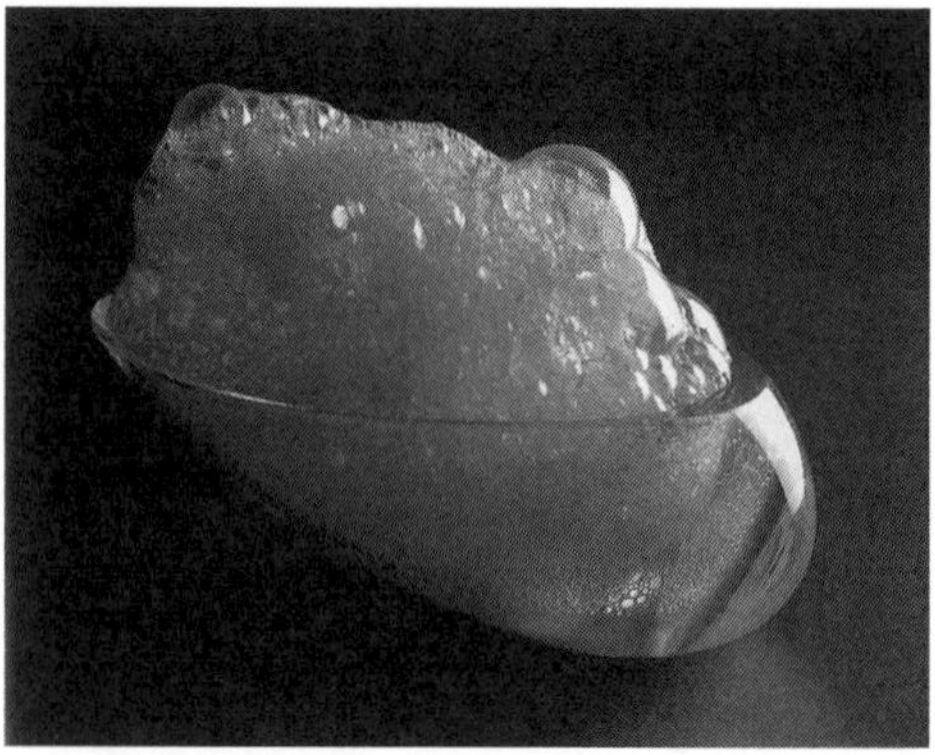

ニンジンのエアーと濃縮マンダリン。
『スペインが止まらない』（柴田書店、7頁）より

『スペインが止まらない』のシリーズ一冊目にはエル・ブリで提供された「二〇〇三年のコレクション」がレシピ付きで紹介されている。そのコンセプトの一つは、「空気を食べる」。「ニンジンのエアーと濃縮マンダリン」という一皿は、楕円形の深いガラス皿の中に、オレンジ色のふわふわの気泡が収まっている。解説文にはこうある。「エスプーマ（泡）、ヌーベ（雲）に続く新

コンセプトがエアー（空気）。軽さを食べる、香りを食べるというテーマは「空気を食べる」ところまで発展している。ニンジンジュースを最速で泡立て、オレンジシャーベットにのせたもの[3]」。日本の「だし」も、「エアー」にする。「昆布とかつお節でとったスープにレシチンを加え、最速のミキサーで泡立て」る。[4]「凍った食パン」という名前の料理は、ふつうの大きなパンが皿に乗っているだけの見た目なのだが、「ボリューム満点なのに、スプーンですくって口に入れるとすっと消える。残るのは香りだけ。これはアングレーズソースにゼラチンと粉末卵白を加えて泡立て、泡だけを冷凍したもの。ゼラチンの力で液体のボリュームを自在にコントロールする例[5]」。「ガラスのコカ」も、一見ただのバゲットだが、「ガラスのようにパリパリなのは外側だけで中は空洞。コカ（スペイン風のピッツァ）の生地を薄くのばし、少しずつアニスシロップをぬり、形を整えながらオーブンで焼いたもの。驚きにも限界がない[6]」。

「空気を食べる」と表現されたこれら料理は、あるはずのものがないという「落差」で食べ手を驚かせるだろう。それはある意味、ギャグである。たとえばバスター・キートンがそのバーレスク映画において、迫り来る重厚な物体を押し返そうとしたら実はハリボテで――あるいは幻影で――空虚のなかへとつんのめる、というような事態が、口の中で起こるのだろう。想像するだけで愉快だ。キートンがしたのは、私たちが無意識裡に身をあずけるさまざまな足場――日常生活のメカニズムを分解し、観客に驚きとショックを与えるべく組み換えることだ。その結果、家や都市空間のふだん私たちが慣れ親しんでいる場所は、巨大な遊技場へと変貌する。エル・ブリ以降のスペインの料理人たちがしていたこともほぼそれと同じだと言っていいだろう。彼らが競い合っていたのは、「習慣の裏をかく」――そのようなアイデアの案出においてである。幾人もの才能豊かで野心的なシェフたちが、「料理」を舞台にしたギャグに血道をあげるというなんともすごい光景が、「スペインが止まらない」シリーズでは展開されていたのだった。

ちなみに、ファイドンから出たエル・ブリのカタログを見ると、「ウニもどき」の料理も載っている。たとえば二〇一一年コレクションの一皿で、ウニの代用素材はバターナッツ（ナッツの風味がするカボチャに似た味のウリ科野菜）。それをピュレにして、エル・ブリが開発した天然素材の増粘剤で、ウニそっくりのテクスチャーを与え、造形する。それとはべつに、バターナッツに重しをかけて出てくる透明のエキスをかける、とある。(7) それからウニのにぎりのフェイク料理もあるのだが、シャリにあたる部分が、リンゴジュースを混ぜて作ったメレンゲの白い泡でできている。その見た目からウニの定番料理の味わいを予期して口に含むと、まったく対照的な風味が広がるという、驚きの体験になるのだろう。(8)

『エル・ブリ　想像もつかない味』

エル・ブリについては、柴田書店の三冊シリーズよりまえの二〇〇二年に、料理評論家の山本益博が『エル・ブリ、想像もつかない味』を書いている。天才シェフとの衝撃の出会いを個人的な観点からいきいきと伝える点で、その後、情報が出揃ってから書かれたどのエル・ブリ論よりもある意味ではおもしろく、時代の空気を伝えるドキュメントとしても貴重だ。(9)

「個人的な観点」ということとも関わるが、この本は、構成がやや変則的で、それが読者を巻き込む仕掛けにもなっている。肝心のエル・ブリの話がなかなか始まらず、そのまえにたっぷり一章を割いて、のべ三千回におよぶという山本のフランス料理レストラン遍歴が延々と回想されるのだ。フェラン・アドリアは、同じく天才と謳われたフレディ・ジラルデの「再来」と呼ばれた。そこで山本は、ジラルデはね、と個人的なジラルデ体験の話を開陳しはじめる。そしてそれがとても長い。あまりに高度なジラルデの料理を理解するために「十番勝負」を挑んだとか（結局流れた）、ジラルデの店に行く前日にわざわざジョエル・ロビュションの店で食べたと伝えてジラルデにプレッシャーをかけたとか、そのようなアピールを重ねた結果、「ムッシュー・ヤマモトに何を出せばいいんだ」と彼が真剣に考えはじめたとか（スタッフの日本人からの仄聞だそう）。ロビュション、ジラルデ、ガニェール、ロワゾー等々といった綺羅星のごとき料理人と山本との交流の話がこんなぐあいにつづく。とはいえ、フランス料理の具体的な技術史を解説してエル・ブリを位置づけるということが主眼でもない。もっぱら、偉大なシェフたちと「マスヒロ」の交友録が披露されるというかんじ。エル・ブリはどうなったんだ、と首をかしげつつも我慢して読み進めてゆくと、ようやく、この長い前振りの意味がわかる。

第二章のエル・ブリ体験編は、それまで三千回レストランに通い、人脈を築きながら得た自分のフランス料理の知識と経験を持ってしても、アドリアには刃が立たなかった、ということを山本が告白する展開になるからだ。エル・ブリで出される料理は、どれもおいしく感じられ、驚嘆させられるのだが、しかし、どのようなテクニックなのか、どのようなコンセプトなのかを読み解けない場合が多い。つまり第二章は、評論家の敗北の記録であり、「理解しえなさ」を身をもって示すことで、エル・ブリ体験の新しさと衝撃を伝えるという構えになっているのだ。自分を下げてアドリアを上げた山本あっぱれ、と一本取られた思いになりさえする。ただし、敗北の記録の前振りがこれだけ長く、敗けた自分の実力がそれなりのものであることを示す章を必要とした点については、大変な仕事だなあ、と思った次第。本書で山本は、偉大な開拓者である辻静雄の書物がそもそも自分をフランス料理の世界に導いてくれたと感謝を捧げているのだが、率直に言うと、辻に追いつこうとした世代が書くフランス料理評論の文章は、なぜこんなにもくどいのだろうか、と思われることがある。この独特の背伸び感（「ムッシュー・ヤマモトに何を出せばいいんだ」と自分で書いてしまうかんじ）には、身につまされるものがある。

山本は、予約至難のエル・ブリへ、常連だという旧知の富豪のつてで入ったのだと書いている。料理評論の世界では、食べる経験を積むことと、人脈を築くことが、ほとんど同じ意味を持つという現実があることも、山本の書きぶりからは伝わってくる。業界の内幕を知って興味深くもあるが、なぜ著者の「特権自慢」に付き合わなければならないのかと、読んでいて苛々してくるところでもある。一方的に憧れるだけというのは空しいし、かといって、せっせと人脈づくりに勤しむ人生が素敵だとも思えない。どうしたらいいのか。

ちなみに、『スペインが止まらない』のなかのインタビュー記事のひとつで、世界で最も予約を取るのがむずかしいレストランになってしまったことについて聞かれたアドリアは、こんなふうに答えている。「僕らはだれのために料理をつくりたいのか？ポルシェやフェラーリのように普通の人から遠いレストランになりたいのか？（ふー、とため息をついて）まいっているよ。これぱかりは解決できそうにない(10)」。そして、いくらでも高値をつけられるはずのコース料金はあえて据え置いたのだと語っている。

自分で考えてみる再構築料理

エル・ブリのすごさについて本で読んでも、実際に行くのは非常にむずかしいというジレンマがある。アドリアはこのジレンマを「解決不可能」だと言ったが、しかしその代わりに、自分のアイデアを普及する活動に精力を傾けた。すでに述べたように、レストランの閉店後、きわめて徹底したしかたで、その理念、テクニック、素材リストをアウトプットする事業を展開している。アドリアたちは自分たちの表現が、料理以外の領域にも影響を及ぼす可能性を持つことを強調し、「エル・ブリ・ウイルス」と呼んでいる(11)。

「行けなかった組」の私に残されているのも、本をとおしてそのコンセプトに感染し、自分でやってみることだけだろう。液体窒素やエスプーマも、あったほうがいいだろうが、必要不可欠というわけではないはずだ。ようするに、その「コンセプト」の核心の一つは「習慣の裏をかく」ことである。すなわち、「味わい」を分解して再構築し、食べ手の「予断」を心地よく裏切って、その結果、素材の持つテクスチュアや風味と、ふたたび出会い直させること。というより、本を読んだだけでも、そのコンセプトに倣って、料理を分解したくてたまらなくなる。そういう読者は私だけではないにちがいない。なにかにつけて、どうやったら「再構築」できるか、ということを考えてしまう。

じつは、一つ思いついて文章として発表したこともある(12)。それは「ナポリタン」の再構築料理で、それこそギャグとしか言いようがないのだが、「南国に戻ったナポリタン」というようなコンセプトの一品である。

まず、ナポリタンとはなにか、ということを考察し、その構成要素を分解する。よく知られていることだが、あのイタリアのナポリとは直接の関係がなく、日本でできたフェイク料理がナポリタンである。そこがまずおもしろい。ケチャップでロングパスタを炒めて作るわけだが、そのケチャップとはそもそもなにか。ここからは、考古学的なベクトルでの分析になる。もともとそれは「ケチャップ・イカン」とも呼ばれていた東南アジアの魚醤であった。大航海時代のイギリスでそれを再現しようとしてできた「ケチャップもどき」がまずあって（マッシュルームなどを大樽に漬け込んで発酵させ、レモンなどの柑橘も加えられていたそうだ）、やがて、トマトの酸味を加える現在の赤いケチャップになった。ようするに、ナポリタンの古層には魚醤があり、それゆえに、アジア食文化圏の一員である私たちの心の琴線を鳴らしている、と想像できる（あのどちらかと言えば臭い、緑の缶の「パルメザン・チーズ」の存在意義もここから捉え直せる）かくして、時間の層を分解して示すという方針が得られる。トマトの層の奥底から、魚醤がツンと香るという一皿を提案したという次第。麵はアルデンテではなく、アジアの調理の流儀でバチバチ炒める。

こんなふうに「再構築料理」を考えるのは楽しい。たとえば、肉じゃがならばどうなるか。この料理の構成のポイントは、肉の脂と醬油と糖類が渾然一体となって、じゃがいもなどの野菜に染み込むところにある。「味が染みている」ことが、肉じゃがに与えられるべき賛辞だ。だとすれば、こういうのはどうだろう。一見して、渾然一体とは真逆の、ほとんど生ではないかというぐらいのじゃがいも、にんじん、牛肉がそっけなく皿に並べられている。「これではまったく味が染みているわけがない」と思って一口食べてみると、どの食材もほろっと崩れ落ちて、完璧なハーモニーの肉じゃがの味がする。じつは、肉じゃがをすべて濾して作ったピュレがそれぞれの元の素材のかたちに、それぞれの色に戻して（たとえばにんじんは赤に）復元されていたということに気づく、という仕掛け。「味が染みて渾然一体」ばかりを善とする、食文化の風潮への皮肉が込められてもいる。

あるいは、「家庭的」という象徴性に肉じゃがの本質を見るならばどうか。小林カツ代的な、清く正しい昭和の家庭料理像を体現する存在としての肉じゃがのエッセンスを、それだけ分離して、時間差で組み合わせるということになるだろう。ゲストが食べ進めている途中、不意に厨房から小林カツ代風の女性が割烹着姿でちらっと登場して目が合う、などはどうだろうか。

うな重について、あるイタリアンのシェフが、この伝統料理をこよなく愛するものの、パリッとした皮の食感を楽しめないという一点が、西洋料理の習慣からつい不満に思えてしまうと発言していたのをかつて読んで、それが印象に残っている。その点を突いて、こんな一皿を考えた。手のひらサイズの小さなお重に蓋がしてあって、中につやつやのお米が入っているが、うなぎの姿が見えない。じつはそのお重の箱の部分が、極薄かつパリパリに焼き上げたうなぎの皮でできている。噛むと北京ダックのように、香ばしいうなぎの脂が口内に広がり、ご飯がすすむ。料理名は、「ないものねだり」。

（1）「プリン＋醤油はウニになるのか？　味覚センサーで検証した」、『味博士の研究所』二〇一七年十二月二七日(https://aissy.co.jp/ajihakase/blog/archives/14712)。実体としてはウニでないにもかかわらず、幻影としてのウニが感覚される。そのとき私たちの身体と脳でなにが起きているか。それを理解する手がかりを与えてくれるのが以下の書物である。ゴードン・M・シェファード／小松淳子訳『美味しさの脳科学　においが味わいをきめている』インターシフト、二〇一四年。シェファードは、ある食品の味わいだと人が言うものが、舌に与えられる味と鼻に与えられる香りの合成された「イメージ」であると考える。その根拠は、人間の口腔および鼻孔の生理学的機構にある。食べものの香りの主要な部分は、鼻先ではなく、口中で嚙み砕かれてから鼻孔の奥へ立ち昇り、感覚される。こちらをレトロネイザル経路という。この経路で得られた香りを「フレーバー」とシェファードは呼んで区別し、いわゆる「味」の大部分は「フレーバー」によって決定されていると指摘する。鼻をつまんでレトロネイザル経路における空気の流れをせき止めたときに食べものの「味」がなくなって感じられるのは、そのためだ。シェファードが特筆するのは、レトロネイザル経路で生まれるのが「体内で生じる唯一の遠隔性の感覚（味覚や触覚のように知覚対象物と直接接触せずに感知できる感覚）である」点だ（同前、四〇頁）。対象物と離れた場所で感覚されたこの香気の印象は、次に、口中の舌や歯茎の感覚へと投影され、すべては溶け合って感じられる。「鼻で感知したにおいを口で風味と感じるのは、神経系が持つ「投射性感覚」と呼ばれる特性だ。身体のある部位で感じているように思える感覚が、実は別の部位で生じているという現象である」（同前、五三頁）。したがって、私たちは直感的に「口で味がする」と思っているのだが、そのときの「味」は、実はフレイバーの投射された合成的イメージである。「驚くのは、こうして生み出される風味の感覚が蜃気楼のような虚像であることだ」（同前、三五頁）。

（2）『スペインが止まらない』、「専門料理」別冊、柴田書店、二〇〇三年。『スペインが止まらない　Part2』、「専門料理」別冊、柴田書店、二〇〇五年。『スペインが止まらない　Part3』、「専門料理」別冊、柴田書店、二〇〇六年。

（3）『スペインが止まらない』付属カタログ内七頁。

（4）同前、付属カタログ内六頁。

（5）同前、付属カタログ内一一頁。

（6）同前。

(7) Ferran Adrià, Juli Soler, Albert Adrià, *elBulli 2010–11 Catalogue*, Phaidon, 2014, p. 318.「Squash Sea urchin in Squash escabeche」という料理名で、言葉遊びになっている。

(8) Ibid., p. 287.

(9) 山本益博『エル・ブリ、想像もつかない味』集英社新書、二〇〇二年。ほかにエル・ブリについて書かれた文章としては、菊地成孔の『スペインの宇宙食』(小学館文庫、二〇一五年)、廣瀬純の『美味しい料理の哲学』(河出書房新社、二〇〇五年)もおもしろい。

(10)『スペインが止まらない　Part2』六六頁。

(11) Ferran Adrià, Juli Soler, Albert Adrià, *elBulli Evolutionary Analysis 2005–2011*, Phaidon, 2014, pp. 58-65.

(12) 三浦哲哉「サスペンスフルな批評／ナポリタンの理念とサスペンス」、『再起動する批評——ゲンロン批評再生塾第一期全記録』所収、東浩紀・佐々木敦編、朝日新聞出版、二〇一七年。このアイデアは、勝見洋一の著作から触発されたものでもある。

16　サンドイッチ考

なぜサンドイッチは「発明」だったのか

サンドイッチの起源には一つの謎がある。なぜ、パンで具材をはさむだけのことが、あえて「発明」と言われたのか。

『サンドイッチの歴史』において、イギリスの優れたフード・ジャーナリストにして食文化論者であるビー・ウィルソンはこの問いをあらためて議論の俎上にあげる。(1) 今回はこの問いから出発して、「サンドイッチ」について考えてみたい。

言われてみれば、たしかに不思議なのである。サンドイッチ伯爵ジョン・モンタギューという十八世紀のイギリスの貴族が、カードゲームに熱中するあまり、ゲームを中断することなく食べられる料理を考案し、持ってこさせたというのが、その名のとられた「サンドイッチ」の起源であるとされてきた。こうして考案された料理がまたたくまにロンドン中に広まり、そこから多種多様なサンドイッチ文化が花開くことになったのだという。有名な話だ。ちなみに私がはじめてこの伝説を聞いたのは、学研が出している教養漫画の一冊「発明・発見のひみつ」を子どもの頃に読んだときだった。そういうものかと思っていたが、よく考えてみれば、こんな単純な料理をこの伯爵以前に誰も思いつかなかったとは思えない。アメリカ大陸を「発見」したと言う場合と同じような錯誤がここにあるのではないか、という疑問が湧いて当然だろう。

ウィルソンはこの疑問を解消すべく、サンドイッチと命名される以前のサンドイッチを探して古今東西の文献を渉猟する。すると、それらしい食べ方はやはり存在していることがわかってくる。その最も古いものとしては、いけにえの子羊、苦菜、マッツォ（無発酵パン）を「包んでひとつのものとして食べる」という「出エジプト記」の記述がある。(2) ユダヤ教の過越しの儀式の食事の一部である。すくなくともこれが書かれた紀元前一世紀には、パンと具材を一緒に食べる習慣があったということが確認できるのだ。今日、中東から世界中に広まったラップ・サンドの原型がこれであるだろうとウィルソンは言う。しかし、このマッツォのロール・サンドと十八世紀イギリスのサンドイッチのあいだを結ぶものが、「じれったい」ことに、文献上はまるで見当たらないのもまた事実であるらしい。

西洋中世には「トレンチャー」と呼ばれる、「食べ物を盛って供された大きなパン」が存在するが、パンの上に食材を盛るというだけで、上下のパンではさみこみはしない。(3) 十六世紀のオランダにも類似する料理があったと思われる資料があるにはあるが、しかし、ここにも「はさむ」という決定的な操作がなされた証しがない。(4) やはり、サンドイッチ伯爵の行為には、なにかそれまでにはない画期的なものがあったのではないかとウィルソンは考えることになる。では、その「新しさ」はどのようなものだったか。

パンと肉が食べられるようになってからの数千年間、皿の上のパンと肉でサンドイッチを自作した名もなき人々は無数にいたにちがいない。しかし仕事の手を一瞬でも休めずにすむように、自分のかわりにあらかじめパンと肉をセットして持ってこさせたのは、デスクを離れる暇もないほど忙しかった貴族のモンタギューただひとりだった。新しかったのはそれを食べたことではなく、注文したことだったのだ。[5]

ポイントは彼がきわめて多忙な実務家だったということだ。しばしばそう語られてきたように、ギャンブルに熱中したあまり、という伝説は事実ではなく、公務に追われるあまり、というのが真相で、つまりサンドイッチは、彼の近代的ライフスタイルの要請から作られたということだ。サンドイッチは近代化の産物であり、ナイフやスプーンを用いた会食とはまったく異なる「個人の食事」として構想されたことに画期的な意義があったというのがウィルソンの主張なのである。この意味において、サンドイッチは、デスクワークのかたわら、テイクアウトしたそれぞれの簡便な食べものを頬張る現代のビジネスマンたちの食事の先駆けとみなしうる。パンで完全にはさみこむことによって「忙しい指には脂も残らない」[6]——そこに、ただオープンサンドのように一緒に食べるだけの場合との、はっきりした断絶があったのだ。

サンドイッチ伯爵の「発明」は、食事そのものが近代化していく歴史的プロセス全体を視野に入れたとき、メルクマールとしての意義をあきらかにする。本書の結びは次のとおりである。「サンドイッチはわたしたちをフォークと食卓と決まった食事時間から解放した。ある意味で、サンドイッチはわたしたちを社会そのものから解放したともいえる。それを嘆くにせよ、歓迎するにせよ、抗うのはむだだ。それが今のわたしたちの食べ方なのだから」[7]。

なるほど説得的である。この主張自体に異議をはさもうとは思わない。ちなみにウィルソンにはほかに『食品偽装の歴史』、『キッチンの歴史――料理道具が変えた人類の食文化』[8]という、同種の歴史的考察を記した本が邦訳されており、どちらも現代の食文化の忘れられたルーツを教えてくれて、すこぶる興味深い。さて、しかし、サンドイッチの「発明」をめぐるウィルソンの解説にかんしてすこしだけ納得がいかないのは、このあと生まれるサンドイッチ文化の魅惑をいきいきとした筆致で描き、巻末には自ら偏愛するサンドイッチのリストとレシピまで掲載するほどこの料理のおいしさに深く肩入れしていながら、この原点におけるサンドイッチの味わいについてはほとんど言及がなされていない点だ。原始的なサンドイッチであるがゆえに、特筆すべきものはなかったと考えるからだろうか。だが、ジョン・モンタギューのサンドイッチは、その味わいにおいても、やはり「新しさ」を持っていたと考えられてならないのだ。

「差」の味わい

サンドイッチ伯爵が用いた具材は、パンと「冷肉」であるとされる。おおよそ、現代われわれが食べるローストビーフをスライスしたもののことと考えてよいだろう。それを上下からパンではさむ。そのようにして作らせた一皿をはじめて頰張ったとき、サンドイッチ伯爵はなにをどう感じただろう。

ここからは根拠のない想像でしかないが、「簡便さ」を求めて作らせたはずのこの一皿は、伯爵の予想を上回るおいしさだったのではないか。激務の最中に感嘆し、一瞬、手を止めたかもしれない。はさむことによって、肉が、それ単体で食べるよりも、おいしく感じられたはずだからだ。伯爵はそのことをも「発見」し、驚いたのではないだろうか。また、だからこそ、貴族の仲間たちのあいだでまたたくまにこの食べ方は評判になり、模倣者の輪が一挙に広まることにもなったのではないか。

　サンドイッチは、上下のパンではさむことによって、あいだの具材のテクスチャーの感じ方を変える。当たり前のことではあるが、しかしそこで生まれるささやかな驚きこそが決定的に重要だと思うのだ。

　説明のために、この驚きを最大限に誇張して表現した例を一つ取りあげよう。料理漫画「美味しんぼ」が描く「トリュフ・サンドイッチ」がそれである。それまでトリュフという食材をおいしいと思ったことが一度もないと言う年若い登場人物たちに、その真価を感得させようとあの手この手を使う、というのが話の筋なのだが、その最後に登場するのが、この一品なのだった[9]。サンドイッチという調理法は、シンプルながら、具材の真価を引き出すための切り札として捉えられている。読者にはおなじみのケレン味がやや効きすぎではあるのだが、しかし、ここには原作者である雁屋哲の、取材をとおして得られたサンドイッチをめぐる洞察が鮮やかに示されており、初めて読んだとき、私もまさに目を見開かされる思いがしたものだ。

　トリュフ・サンドイッチは次のように作られる。薄くスライスしたパンを二枚重ねにして軽く焼く。その内側の焼けていない面にオリーブオイルを塗り、トリュフの薄切りを敷き詰め、塩を振る。同じくオリーブオイルを塗ったもう一枚で重ねて閉じる。その全体を今度は狐色になるまで焼く。上から全体を半分に切って提供する。

これを頬ばった瞬間、登場人物たちは文字どおり白目をむいて次のように言うのだった。「トリュフの本当の味と香りがわかった！　恍惚となるとはこのことだ！」。経験豊かな年長の登場人物が付け加える。「トリュフ自体の味を楽しむ最良の方法のひとつね」。これも読者にはおなじみの予定調和的リアクションではあるし、本当にここまでの驚愕体験が起きるかどうか、やや疑問ではあるが[10]、しかし、サンドイッチという食べ方――そのアイディアの核心を、きわめて明瞭に伝えてくれる例であるのはたしかだろう。つまりそれは、パンとはさまずそのまま食べるときとの「変化」によって驚きを喚起する。

もう少しなじみ深い例として、サンドイッチのかたわらに、すしを置いて考えてみることもできるかもしれない。魚を、単体の刺し身で食べる場合、醤油をつけて口に入れ、噛んで香りと味わいを確認したらすぐに飲み下してしまうところであっても（いつまでも噛んではいられないものだ）、すし飯と一緒ならば、もぐもぐと魚は口中により長く留まることになる。ふだん噛まないような回数、魚の身を噛むことになり、そのときに引き出される味わいの「変化」、そこで生まれる「差」こそが、そのつど、ちいさな驚きを生むのだと思う。そして、そのまま魚を食べる場合とのこの差が、おおげさに言えば、ひとの魂を動揺させる力を持つ。

モンタギュー伯爵が発見したのは、この「変化」でもあったのではないか。まったく同じはずの食材が、その置かれる関係性によって、味わいを変えてしまうということ。そこにサンドイッチの魅力の核心がある。サンドイッチは、誇張して言うならば、この「変化」を食べさせる料理である。

肉ならば肉を、パンではさみ、覆い隠す。それはある意味では擬態である。頭では、もちろん、それがたかだか肉をパンではさんだものにすぎないことはわかっている。けれども、唇と舌は最初にパンと触れるから、パンに対してなされる強い加減の、あむっという噛みしめる動きが反射的に起こり、すると、ふだんよりも深く、歯は肉に突き刺さってゆく。そのあとも、口の中に留まるパンのかけらの感触によって、噛みしめる動きが弱まることはない。だから、具材の風味がいつもより奥深くから引き出される。そのとき生まれている「差」が、驚きをもたらす。おそらく、ここで私たちは、無意識の営みであるところの「噛み」、「飲み下す」という習慣の在りようまでも、再発見することになるのではないか。サンドイッチは、私たちの身体の自然さえも、意識の対象とする。

微妙なところなので、さらにもう一つ、説明のための例を加えたい。同じ重さのカバンでも、取っ手の材質が変わると、重さの感じ方が激変するということがある。握る手が痛いと力が入らないからであり、無意識に体は躊躇する。やわらかい取っ手は、こうした躊躇を解除させる。たとえば、スーパーのレジ袋の取っ手にクッションをつけると、一気に軽くなってすいすい家まで持ち帰ることができる、などということがあるのはそのためだ。触れる部分の材質を変えることで生じる、実在するわけではないこの感覚上の「軽さ」には、サンドイッチのもたらす楽しさと通じるものがある。

『サンドイッチの歴史』においてウィルソンは、ただパンの上に具材を置くだけの状態から、蓋をするジョン・モンタギュー型への移行にいたるまでにとても長い時間がかかったことに注意を促し、その歴史的な意義を考察したのだった。そして、ついに蓋がされた理由を、すでに述べたように、もっぱら近代的な「簡便さ」(指を汚さず仕事しながら独りで食べる、近代的な食事スタイルの提案)に求めた。

しかし、それとはべつに、「味わい」の側面に関しても、そこには画期的な意義があったと言うべきではないか。その意義とはなにか。サンドイッチが体現するのは、おそらく、日々忙しくなるという意味における近代化ではなく、私たちの思考および感性における近代化のほうである、と私は思う。実体ではなく「関係」こそを重視し、身体の「習慣」を第二の自然として「相対化」する近代的思考法が成熟しつつある時期にこそ、サンドイッチの魅力は広く受けいれられた。サンドイッチは、デイヴィッド・ヒュームと同時代の産物である。(11) 私たちの習慣の裏をかくそのしかたにおいて、サンドイッチは、フェラン・アドリアにまで連なる近代的料理の一つのルーツであるとさえ言える、などといったら大げさだろうか。

定番サンドイッチの構成の見事さ

パンにはさむことで、ある具材が、そのまま食べていたときよりもおいしく感じられる——そのような場合に、サンドイッチはうれしい。また、サンドイッチとして食べることの必然性に納得し、その機能美をしみじみと反芻することになる。

「そのままの場合よりもおいしく」、というのは、あらゆる料理の組み合わせの原則であるだろうが、サンドイッチは、とくに噛むこと、歯茎の快楽において、「そのままの場合よりも」という、この感覚のうえでの「変化」——そこからくる「驚き」を純粋に生じさせる食べ方だ。だから私たちはサンドイッチを食べ飽きるということがない。言うなれば、それはずっと新しいままだ。

もちろん、サンドイッチの構成上のポイントはこれだけではないだろう。固いものと柔らかいもの

BLT サンド。『サンドイッチの発想と組み立て』（誠文堂新光社、67 頁）より

が組み合わさってできる全体的な「リズム」も大事だし、パンという炭水化物と、肉やバターという脂質がそれぞれに足りない部分を補い合って生じる「調和」の観点からも、サンドイッチのおいしさは評価されるべきであろう。切り口の視覚的な美しさも重要だ。けれど、先述した「驚き」がどこかに含まれなければ、サンドイッチは、あえてサンドイッチにした決定的な理由を持ちえないと私は思う。具材をそのまま食べたほうがよかったのでは、という憾みが残るのだ。そして、サンドイッチの定番と呼ばれるものは、実際のところ、この驚き、うれしさを堪能させてくれるよう組み立てられている。

たとえばＢＬＴサンド。代表的なサンドイッチの作り方とそのポイントを網羅的に解説したナガタユイの『サンドイッチの発想と組み立て――世界の定番サンドイッチとその応用』にしたがって、その基本の作り方をおさらいしてみる。[12] 軽くトーストしたパンにバターを塗り、カリカリに焼いたベーコン＝Ｂ、折り畳んで層状にしたレタス＝Ｌ、トマト＝Ｔをはさみ、「トマトマヨソース」（マヨネーズ20ｇとトマトケチャップ15ｇとディジョンマスタード5ｇとカイエンペッパー少々を混ぜたもの）をつけ、はさむ。

すべてありふれた具材であるが、こう組み合わせて食べると、あ、やっぱりこれは本当においしいなあ、と何度でも再確認することになる。とくにこれはレタスを最もおいしいと感じる食べ方の一つだろう。パンをがぶっと噛みしめるその勢いで、レタスを何枚も一気にバリバリバリと歯が突き抜けてゆく、その快楽がたまらないからだ。噛み砕かれるとレタスからはいっせいに淡い葉っぱの水分がほとばしり出て、トマトの酸っぱさ、ベーコンのこってりした脂と混じり合い、やがて、時間をかけて、香ばしく焼けたパンと渾然一体になる。

それで言えば、モスバーガーの歴史的大ヒット商品である、モス・テリヤキ・バーガーのレタスにも、同様のうれしさがある。レタスを最終的にあれほど大胆な厚さにするにいたるまで、どのような試行錯誤があったのだろう。濃厚なテリヤキソースと、特性マヨネーズ、パティ、そしてバンズとともに噛みしめたとき、より一層みずみずしさの際立つ、このレタスこそを影の主役に据えた点に、この商品の画期性はおそらくあった。モスバーガーはご存知のとおり、店内で注文を受けてから調理するから、この歯ごたえが保たれている。パンのあいだのこのシャキシャキを味わいたくなって、たまについふらふらと吸い込まれてしまう。

それからカツサンド。これも、最初に試したひとが驚喜したのではないかと想像せずにはいられない、シンプルだがすばらしい発明だ。トンカツはそれ自体、パン粉で揚げたサクサクの衣をまとっているが、さらにパンで包まれることで、感触の異なる二重のパンをまとうことになるとも言える。指が汚れないので列車の旅などで重宝するが（そしてビールである）、これもまた「簡便さ」と同時に肉のおいしさを増幅させるその機能美が格別だ。ロースではなくヒレ肉をサンドする場合は、パンをトーストせずに用いること、とナガタユイは薦める。[13] 実際に試してみると、脂のほとんどなく、きめ細やかに繊維の詰まったヒレの肉質が、ソフトなパンの噛み心地とマッチしてなんともおいしいことが確認できる。

やわらかい食材をはさみ、そのやわらかさにこそパンが輪郭を与えるサンドイッチも数多くある。たまごサンドもそれだ。ちょっとしたブームなのか、最近、雑誌でいくつかサンドイッチ特集がなされていたので読んでみたが（とくに「BRUTUS」の充実ぶりがすばらしかった）、セブンイレブンのタマゴサンドも特筆されていて印象に残った。[14] セブンイレブンの食についてはまたどこかべつの機会に触れたいものだが、ここはたとえばサンドイッチにはさむトマトから余分な水分が出ないよう、そのふるふるした部分をいちいちゼリーで固める技術を開発したりまでしているそうで、大企業の強みが最大限に生かされた商品の完成度にときおり驚かされる。教えられて再確認したが、タマゴ系はたしかに、狙ったとおりの半熟加減がつねに完璧だ。コンビニやスーパーのサンドイッチに特有の嫌な匂いが、セブンの場合はほとんどしない。

ただ、たまご系のサンドイッチでいえば、個人的には、黄身がほとんど固まっておらず、どろりと溢れ出るタイプのものに愛着がある。かつてニューヨークで食べて記憶しているのだが、目玉焼きの卵を、焼いている途中、器用に半分に折り畳み、白身の層で黄身のとろとろの液体をうすく包み込む焼き方があった。これはおいしかった。この調理法になにか名前があるのかずっと知りたいと思っていたが、あるとき長尾智子のエッセイでかなり近いものを発見した。「オーバーイージー」というのだそうだ。「両面焼くから、黄身を直接潰すことにはならず、ほどよく流れ出るので、試してみてほしい焼き方です」とある。[15]

やわらかさの方向性で言えば、地中海風の、トマトなどの液体をたっぷり含んだ具材をあえてはさむサンドイッチも独特の美味だ。ぬれせんべいなどと近いかもしれないが、パンのカリカリが残った部分と、くたくたになった部分がちょうどよい配分になっていると、液体そのものをはさんで食べているようで不思議なおいしさである。

最後に、バターについて。とくにテイクアウト用につくる場合、バターはパンに液体を染み込ませないための防護壁として存在すると思われがちだが、これも立派な具材の一つと位置づけることができる。パンで脂をはさむのである。炭水化物と脂質の組み合わせは、いかにも太りそうで躊躇してしまうところではあるが、サンドイッチ好きは、そこであえてカロリーを度外視した量のバター使いをすることの必要性を説く。バゲットサンドの場合はとりわけバターを思い切って使わなければならない。そして、そうやって作ると感動を呼ぶ味になる。

先述した著作のなかで、ナガタユイが「心からおいしい」と述べて自分のフェイバリットに挙げるのは、シンプルな、生ハムとバターのバゲット・サンドイッチである。バゲットへのバターの塗り方については、「バゲットの気泡にバターの塊が出来るのは気にせず、たっぷり塗る。もしくは冷たいバターをスライスしてはさんでもよい」とある。[16] ねっとりしたバターと生ハムはともに発酵食品だ。発酵して濃醇さを増した、二つの異なる脂をたっぷりと、パリパリの皮のバゲットにはさんで頬張るのである。バターも生ハムもそれ単体ではとてもたくさん食べられるものではないが、こうすると、まるでだまされたような軽やかさとともに――はじめて生ハム、とりわけバターと出会い直したかのように――そのおいしさをたっぷりと満喫することができるものだ。

(1) ビー・ウィルソン／月谷真紀訳『サンドイッチの歴史』原書房、二〇一五年。
(2) 同前、三三頁。
(3) 同前、三二～三三頁。
(4) 同前、四一～四三頁。
(5) 同前、四四頁。
(6) 同前、四六頁。
(7) 同前、一五〇頁。
(8) ビー・ウィルソン／高儀進訳『食品偽装の歴史』白水社、二〇〇九年。ビー・ウィルソン／真田由美子訳『キッチンの歴史――料理道具が変えた人類の食文化』河出書房新社、二〇一四年。
(9) 雁屋哲（作）、花咲アキラ（画）「土に隠された宝石」、『美味しんぼ92　桜エビ大作戦』所収、小学館、二〇〇五年、七一～九二頁。
(10) かつて私もこのトリュフ・サンドイッチを自分で作ってみた。トリュフが旬を迎えた時期に、専門店でそれなりと思われるものを奮発して購入し、やってみたのだが、漫画の登場人物たちのような恍惚感を味わうには至らなかった。
(11) イギリス経験論の哲学者デイヴィッド・ヒュームは一七一一生まれ、一七七六年没。ジョン・モンタギューは一七一八年生まれ、一七九二年没。
(12) ナガタユイ『サンドイッチの発想と組み立て――世界の定番サンドイッチとその応用』誠文堂新光社、二〇一二年、六九頁。

(13) 同前、一三六頁。

(14) 『&Preamium 特別編集おいしいパン案内』マガジンハウス、二〇一六年、二六頁。

(15) 長尾智子『続　長尾智子の料理1、2、3』暮らしの手帖社、二〇一三年、一二頁。

(16) ナガタ『サンドイッチの発想と組み立て』四七頁。柴田書店のべつのサンドイッチ本では、「パンの気泡を埋めるようにバターをたっぷりとぬる」とある。ナガタユイ『サンドイッチノート』柴田書店、二〇〇六年、五一頁。

17　まぼろしの味——勝見洋一

「むかしはよかった」

食べものの話のなかで出てくる決まり文句に、「むかしはよかった」というものがある。これはなんなのだろう、ということを考えている。

たとえば、こんな経験をしたことがある。だいぶまえのことだが、近所のとある居酒屋に初めて入ったとき、常連と思しい方々が、地元の旨いもの談義をしていた。私もそういう話は興味津々なのでそれとなく拝聴していたところ、君はどういうところが好きなの、と質問された。そうですねえ、僕の家から歩いて行ける距離に有名な洋菓子店のLがあって、あそこは大好きで、かなり足繁く通っています、などと素直に答えたのだが、その常連たちのなかでひときわ貫禄のあるおやじが「Lも二〇年まえはよかったが、いまはだめ」と言う。「だめ」、というところに確信が込められている。絶句である。

私はLの味わいを心から愛好し、週一ぐらいの頻度で通っていたので、酒席の言葉とはいえ聞き捨てならぬと思って訊ねてみた。味が落ちたと言うなら、二十年前とどこがどう具体的に変わったというのか根拠を示してほしい。しかし、はかばかしい返事はない。「有名になっちゃってさ」。「奢ったんだよ、むかしは真面目だったのに」などと言っては、はぐらかす。その実体験の優位を揺るがすことは結局のところなかなかできず、悔しい思いを募らせていると、このおやじは意外な言葉を付け加えた。「この界隈ならNのほうが上だね」。なんとN！

Nはむかしからある街のお菓子屋さんで、その味は全般にこっくりと甘く、「クラシカル」という形容がぴったりくる。たいするLは、契約農家から取り寄せるという季節の素材の新鮮な風味を生かすのが第一だから、全般に非常に軽やか。食材の組み合わせにはつねにちいさな驚きがあり、香り付けの洋酒など不要なものは一切なくミニマムな構成である。サイズも小ぶり。モダンなのだと言ってもいい。昨今の日本のスイーツの風潮のなかではとうぜんLが評価される。Nは、どちらかといえば時代に取り残された古き佳き味。

この居酒屋のおやじはNのほうがうまいのだという。それでなんとなく腑に落ちた。ようするに彼は懐古派のアンチモダンおやじで、「むかしはよかった」といういつもの繰り言を述べているだけなのだ。そう考えればいちいち合点がいくように思われた。Lが二十年前とくらべて味が落ちたのだと言うが、おそらく、より軽やかでよりモダンな味わいにますます変わり、それで世間の評価が高まることが、彼にとってはおもしろくなかっただけではないか。それならそれでいい。相容れない趣味の持ち主とは棲み分けすればいいだけのことだ。そう自分に言い聞かせて、この店を出た。この酒場自体、古き佳き雰囲気を持つ渋い素敵なところではあったのだが。

しかし、このおやじの口ぶりや佇まいには、なにか妙に心に残るところもあった。香具師然としているというのか、他人の主張を煙に巻いてはおもしろがるようなそぶりも感じられた。曲者に捕まって一杯食わされただけなのではないか。世間の評価のとおりにLの菓子がすばらしいと言うことは簡単だが、一皿の完成度だけで判定するのとはちがう、べつの要素、たとえば街の歴史や、ひとの甘さの嗜好が変わってゆく大きな時間的推移、そういうものを考慮に入れたときに、無名のNが有名なLよりも貴重であるという「逆張り」が成立してしまう——「むかしはよかった」から始まるそんなレトリックの構築を試みて彼は楽しんでいただけなのではないか。想像をふくらませると、そんな気もしてくるのである。

ミスティフィケーション

「むかしはよかった」という決まり文句が相当に古くからあるだろうことは想像にかたくない。新しい味が生まれるたびに、古くなって消えようとする味は、愛惜の対象になるからだ。しかし、そのようにして失われてゆきつつある味が、いわば一つのジャンルとして括られるほどに、新旧の交代劇が激化したのは、二十世紀に入って以降、とりわけ、料理ジャーナリズムの普及とともに、食文化が流行現象になってからのことだろう。

忘却のかなたに消えつつある、知るひとぞ知る料理こそを愛し、それらを「まぼろしの味」と括って顕彰した特異な美食家がいる。『怖ろしい味』と『中国料理の迷宮』(1)の勝見洋一である。世にあまたいる「むかしはよかった」おやじたちのボスが勝見ではないかと、私はあたりをつけている。

その略歴は、おおよそこのようなものである。一九四七年、新橋で代々つづく美術商に生まれる。

幼少時代から銀座や京都の老舗料亭などに出入りできる環境で育ち、二十代からは中国とフランスに長期滞在し、美術品や食文化についての見識を広める。三十代のときに桐島洋子と結婚。あのサルトルとボーヴォワールの場合と同じように、好きでなくなったらいつでも離婚する用意をしたうえでのことだという。食文化にとどまらず、美術品やオーディオ機器をめぐる文筆活動をつづけ、二〇一三年に死去。

勝見の美食評論の特徴はなにか。第一に、「世界を食べ尽くした」などとも形容される、膨大な経験を背景に開陳されるエピソードのおもしろさがある。私もまずはそこに惹かれ、二十代の頃につぎつぎと熱心に読んだ。文化資本がものを言う美食の世界で、あらゆるものを味わうことのできる場所にいた勝見の体験談は、うらやましすぎて腹も立ってくるのだが、それでも、あらがえない訴求力があった。

だが、それだけではない。勝見の本には、食文化の正しい知識を読者に届けて啓蒙する、という姿勢が奇妙にもほとんど感じられない。たとえば彼の先行世代にあたる、あの偉大な辻静雄の仕事とはその点でまったく性格が違う。料理学校の創始者だった辻は、自身を「研究者」であると言いつづけた。勝見はそのような意味における研究者ではなく、むしろ好事家と呼ばれるべき存在ではないか。「新書」という一般向けの啓蒙が期待される枠で書かれ、サントリー学芸賞も取った『中国料理の迷宮』もやはり同様で、彼の興味は、中国料理のなんたるかについてわかりやすく解説することなどではなく、むしろ、「一般大衆」が目を向けようとしない、忘却の闇の向こう側から「まぼろしの味」を探し出すことにあった。そこにはあるのは、むしろ、ミスティフィケーションへの——食文化を

「迷宮」として捉えようとする志向である。この書物についてはあとで戻ろう。

勝見が書き始めた一九八〇年代は、辻を筆頭とする開拓者たちがひとしきり紹介の仕事をし終えた時期である。経済的に豊かになって、欧米との距離も縮まり、食の民主化がある程度まで達成されようとしていた。勝見が独特だったのは、世をあげてのグルメブームの波がすみずみまで行き渡りつつあるとき、逆に、そこで押し流されて消えかけているもの、「まぼろし」になろうとしているものに着眼した点においてである。

勝見にとって美食とは、普及活動や流行によってまんべんなく世間に普及するようなもののことではない。真の美食とは、街の気配やローカルな記憶とけっして切り離しえず、それゆえに早晩、消えざるをえない、かけがえのない味や臭いを愛好する態度を意味する。その希少性、はかなさに対して、いかに敏感に反応しうるか、しかるべき値をつけられるかが好事家に必要不可欠な資質であり、勝見はその点でこそ抜きん出た著述家だった。

たとえば、以下に引用する「下町の蕎麦屋のかつ丼」を礼賛する文章は、そうした資質が発揮されたいかにも勝見的テクストである。

蕎麦屋のテクニックに虚構めいたものがあるらしいのは、うすうす知っていた。
たとえば「かつ丼」にしても、本物のとんかつをつかったのでは決して旨くない。肉は薄くて固い腿肉でなければならぬ。なぜ腿肉か。いちばんダシがでる部分だからだ。揚げ方は天ぷらと同じに強火で短時間。中の肉はまだ生だろう。とうていそのままで食べられる代物ではない。

さてこれからは中学生のときに理科の時間で習った「浸透作用」の実験そのままである。物体はそれよりも塩気の強いもので煮ることによって、内部の水分を浸み出させることができる。そして煮つづけて双方の塩気が同じになったとき、こんどは物体にほかの液体を染み込ませることができるのだ。

つまり、中がまだ生な「にせものとんかつ」を醬油とかつおダシの入った汁で煮ることで、なにが起きるか。肉からは醬油の塩味によって肉汁が排出され、醬油とかつおダシに溶け込む。さらに煮ることによって肉には今度はかつおダシが入り込む。その中間にある衣は肉汁とかつおダシと醬油のすべてで煮られることになる。その一切の化学作用をストップさせる凝固剤が玉子。考えれば考えるほど理にかなった料理法なのだ(2)。

今日的な美食の常識においては、吟味された最高の素材を適切に加熱し、その持ち味を最大限に発揮させるのが良いとされている。しかし、それは新しく普及された、浅薄なグルメ・ジャーナリズムによる、つまらない正論であるにすぎないと勝見は言う。「まったく、グルメブームほど、まっとうな製法を壊してしまったものはない(3)」。低温加熱したブランド豚をごくシンプルに提供する、などというスタイルは、言ってみれば誰にでもできることだし、底が浅い。勝見が愛好するのは、ものがなかった貧しい時代に蕎麦屋の店主が客を騙そうとしてつくった、貧弱な腿肉の「にせものとんかつ」から成るかつ丼のほうである。ここには技があり、芸があり、驚きがあり、奥行きがある。分厚く真正な肉料理よりも、衣で水増しした模造品のほうがうまいという逆説にこそ、食文化の真のおもしろさはある。また、そのような工夫を編み出す人間臭い営みこそがすばらしいし、その時代の、その街に固有の詩情が宿るのはこのような料理のほうだ。勝見はそんなふうに語った。

こうした勝見の主張は、ノスタルジックに「街」の美味を愛好する「B級グルメブーム」を支える指針になったのではなかったか。たしかに、かつ丼をこんなふうに語られると、説得されるし、探し出して食べてみたくなる。しかし、どこで食べればいいのだろう。なにしろ、これもまた失われつつある技術だというのだから。

つぎつぎと更新される食文化の流行の波によって、秘められた技術は淘汰されてゆく。「まぼろし」のかつ丼と同じことが、ほかのさまざまな場所でも起きている。それは普遍的な「近代」の悲劇である。『怖ろしい味』も、『匂い立つ美味』[4]も、『中国料理の迷宮』も、『ラーメン屋の行列を横目にまぼろしの味を求めて歩く』[5]も、すべて根本における勝見の主張はこの一点に集約されると言ってよい。

とりわけ決定的だったのが、いわゆるヌーヴェル・キュイジーヌの流行であると勝見は述べる。素材の鮮度ばかりを誇る料理がもてはやされ、奥深い伝統的な調理法が淘汰された。「なんでもかんでもみんなスマートになってしまった。料理がどんどん軽くなっていく。旨さがどんどん薄くなっていく」[6]。中国料理の領域では、文化大革命と広東料理の台頭という二つのできごとによって、やはり、伝統の技術のいくつもが「まぼろし」になった。勝見は、それら「アンチモダン」な「まぼろし」の食を蒐集することをライフワークとした。

三つの「まぼろし」

勝見の「まぼろし」探しがいかなるものか、よりくわしく見てゆきたい。「まぼろしの料理」について勝見は幅広く書いているが、それらはタイプごとに三つに分けられるだろう。

第一に、アクセスするのがむずかしい、という意味において、珍しく貴重な料理。これはその店、その土地のいわば固有種であり、それゆえ早晩、消えてなくなる運命にある。二つ目が、魔術的な料理についての記述。オカルトへの関心も、勝見の美食論の際立った特徴のひとつだ。三つ目がおそらく最も独創的であると思われるが、それを「擬態」の料理と呼んでみたい。ここでは、消えてしまった「まぼろし」が、その「名残り」や「転生」した姿をとおして探り当てられる。或る料理は、べつの料理の「擬態」であり、「偽物」あるいは「模造品」こそが真正であるという逆説が実現されるのはこの第三のカテゴリーにおいてである。以下、順番に見てゆこう。

第一の「まぼろし」。幼少時代から経験してきた、銀座や祇園の名だたる老舗料亭、パリのレストランについてなど、その空間、その時代性と結びついた味を勝見は好み、書いてきた。たとえばスモークドサーモン（勝見は「ド」をつける）について勝見はこんなふうに言う。「ロンドンのホテル、クラリッジスなど、わけがわからないけれどとにかく高級で、まあやっぱり文句のつけようのない豪華さとサービスの店で食べるスモークドサーモンは、やっぱり超絶的にうまいものである。降りそそぐ砂金のような「贅」の雰囲気をまぶしながら食べると、とたんにスモークドサーモンから「気品」と言ったおいしさが出てくる。つまり、日本のフレンチには本当の贅沢も気品もないのよね[7]」。スモークドサーモンは珍しくないどころかありふれた味であるという一般通念を踏まえた、勝見的「逆張り」である。本来の収まるべきところに収まったときにのみ、この料理は極上の美味になる。だが、その収まるべき場所はおそろしくアクセスしがたく、日本にその等価物は存在しないのだそうだ。スノビズムここに極まれりというかんじもするが、こういう美術商的価値観のうえにしか成り立たない美食の在りようがあることもやはり事実なのだろう。

「シガーは香港で吸うのが一番旨い」、というフレッド・アステア風の紳士から耳にしたという一言を回想しつつ開陳されるシガー論が以下。「美術館の運営を牛耳ることになる香港の財閥たちの昼食に招かれ、贅を尽くした食事が終われば喫煙室に移ってのシガーの時間である。香港島の高層ビルから九龍側を見下ろしながら、それぞれがシガーの煙を撒き散らし始めた（…）そこでパンチを吸いながら、ふと気づいた。少し硬い味わいのあるパンチが、実に柔らかく感じられたのだ。それどころか何とも雅な味がする。（…）香港の成功者たち特有の、黄金を舐めるような臭いもあるかもしれない。（…）これに気づいてから、私は実に鼻持ちならない嫌な人間になった[8]」。こういう味を、勝見は「魔的」とも形容する。ある時代の欲にまみれた人間の生の営みと結びついた味わい、臭い。これらも、社会の在りようが変化すれば、失われることになる。特権階級の高級品に限ったことではなく、下町で作られるとてつもなく臭い内臓料理のたぐいも、清潔化をもとめる近代社会においては淘汰され、懐古の対象となる。

第二の、魔術的な料理。いわゆる「秘伝」を追い求めるうちに、勝見のミスティフィケーションは、オカルト的な領域へと進んでゆく。たとえば、フランスの名レストラン、「ピラミッド」におけるクラシックな雉料理についての記述。鉄砲で撃たれて落下した雉を、けっしてすぐには動かさず、落下した地点でかごをのせて一週間放置するという秘法についてこう書かれている。

もうあの輝くばかりだった羽根の面影はなく、艶は沈み込んで、「腐乱死体」そのもの。（…）しかしひとたび、その紫色の肉を薄く削いで焼いてみよう。（…）くすんだ黒みの中から、深紅のバラの花が咲くように、見る間に肉は鮮やかなルビー色に変身する。（…）山の魔術だ。（…）自然の中に放置されたものは、腐敗の風味が異なる。空から落ちた雉を、たった一メートルずらしても風味が損なわれてしまうのだという、なぜ？

　これは単純に、腐敗して発酵したからおいしくなった、という話ではない。もっと生理学的な？　それともオカルト？[9]

雉のソテー。『匂い立つ美味』（光文社、32頁）より

　「美食エッセイ」そのものを、いわば虚構の芸として、目配せとともに差し出すのが勝見の流儀であるとはいえ、あやしさの度合いがぐっと高まり、思わず緊張が走りさえする箇所だ。ちなみに、彼が亡くなったあとのお別れ会のレポートがウェブにあがっていたので読んでみると、末尾にこのような一文が書かれていた。「勝見さんは、スプーン曲げ、予知などサイキック的なところもあり、多彩

な才能の持ち主であったということを、今回集まった友人達の誰もが感じていたようであった」[10]。いやそれ、多彩すぎるでしょう、という気がするのだが、ともあれ、勝見の文章には、かなり本気のスピリチュアリズムへの傾斜があったのではと想像させる箇所が頻出する。

勝見が紹介する「まぼろし」の料理は、おうおうにして今日の調理科学の常識では説明がつかない。たとえば、鯛について書かれたエッセイ「桜鯛の花見」では、名人Nさんの鯛だけが特別にうまい理由をこんな物語仕立てにして書く。「鯛を釣ったあとに小舟の生簀に一晩飼っておくというのは、鯛は狭いところで一晩ぐるぐる泳がしたほうが味がよくなるかららしい」[11]。これもふつうに考えるとおかしい。やがて旨味に変わるはずのATP物質を無駄に消耗してしまっているのだから、早く活け〆にすればいいのに、と科学的思考に従って考えてしまうところだ。まあ、それでは「秘伝」にならないのだが。

先述した古き佳き調理技術によるかつ丼にしても、「理科」などと言われているが、よく読めば納得できない箇所はある。「煮つづけて双方の塩気が同じになったとき、こんどは物体にほかの液体を染み込ませることができるのだ」とあるが、衣の中の肉と、衣の外のダシが、同じ塩分濃度になることはありえないのだから（いくら肉汁が出てもダシの方が濃いままだろう）、これではまるでエッシャーのだまし絵の「滝」で、つまり、勝見の記述は途中から空想の領域に移行してしまっているとしか思えない。紙の上でのみ書かれる空想料理がこのかつ丼の正体なのではないかという気すらしてくる。

最後の第三の「まぼろし」について見よう。このカテゴリーの「まぼろし」探しが全面展開されるのは、勝見の代表作と言うべき『中国料理の迷宮』においてである。この本を初めて読んだとき、そんなこと私は一ミリも考えたことがなかった、という驚きが頁ごとにもたらされて熱い興奮を禁じえなかったものだが、まず簡単に本全体の内容を要約すると、だいたい以下のようになるだろうか。

私たちが「中国料理」と呼ぶものは、じつは世界に向けて発信された広東料理のことを指す場合がほとんどで、しかも、それは中国料理の複雑極まりない全体のなかのごく表層であるにすぎない。広東料理の普及によって隠された、分厚い中国料理の伝統がある。とりわけ、まったくちがう美味の座標を持つ清代以来の北京料理および隣接する山東料理が重要である。勝見は美術商として北京に足繁く通い、「古老」たちとの交流によって、その秘められた歴史、ほとんど知られていないまぼろしの料理を教えられたのだという。だが、広東料理の普及、また、それに先立つ文化大革命によって、北京料理の伝統は多く消えてなくなった。そもそも、中国料理の歴史そのものが、淘汰と上書きの連続であったと勝見は言う。「中国のように王朝が何度も他民族に替わるという歴史を経験してきた国家はそれほど例がない[12]」。つまり、漢族、モンゴル族、満族が、つぎつぎに支配者の座を奪い、そして奪われながら、唐、宋、明、清とダイナミックに変身しつづけてきたのが中国史であり、その結果、料理体系は「融合」と「敵対化」のプロセスを経て多層化する。

おそらく、ここに美術商的な嗅覚が発揮されているのであるだろうが、勝見による料理の記述が冴え渡るのは、一つの料理が、それに先行するどんな料理の名残りをとどめているか、一見してそれとはわからないにもかかわらず、どんな民族がかつて伝えた技術にもとづいているかを探り当てる箇所においてである。「たとえば炒飯はもともとは西域の回族の料理である。新疆ウイグル自治区に伝わったものは「ポロ」と言い、羊肉の脂で炒めたもの。通常はたまねぎと人参の細切れと一緒に炒めるが、羊の骨髄の油だけを用いて緑色の乾し葡萄や杏と炒める作り方もある。それがいつの時代か米所の江南に渡来した。そして広東から香港へ、そして世界中の中国料理店に[13]」。勝見の興味は、消えたはずの料理がどこでどう変身し、蘇るかを発見することにあった。

そのような蘇りは、とても意外なかたちで見出されることもある。たとえば、戦後のニューヨークの中国料理店で作られる粗末な焼きそばを食べるとき、そこで用いられているウスターソースの酸味が、じつは、遠い移住元である広東地方の漁村で伝統的に使われていた魚醬の香りの名残りであると勝見は喝破する。あるいは、東京の醬油ラーメンから香る、かつお節由来の饐えた酸っぱい匂いは、中国の東北地方で作られる、豚の肺を煮込んだスープのそれととてもよく似ているのだという。

勝見の書く料理史において、真正なものと偽物をめぐる一般的な通念は曖昧に崩れ去っていくかのようだ。なぜなら最も奥が深く感動的な料理は、その下に消えた過去の味わいを暗示する模造品のほうだからだ。真の美味は、料理が隠している部分にこそある。

「擬態」は勝見の文章に頻出する言葉である。

「ムッシュウ。バゲットの皮は処女の雌羊をローストにして焼けた皮と同じ固さが一番。だってパンは最上の肉の代わりなんですからね」

パンが肉の擬態料理だとは知らなかった。そう言えばその後、マリーの家で食べさせてもらった羊のローストの皮は、ナイフを当てるなり、パイ皮のようにパッと炸裂して散ったものだった。[14]

このような認識において、一つひとつの料理は、見えないべつの料理を余韻として伴う、そのような迷宮の入口となる。

チャネリングと美食

最後に、勝見のオーディオおよびビジュアル機器におけるマニアぶりについても触れておきたい。「家に帰り、オーディオ装置のスイッチを入れた。高精度の部品で工芸品のように組み立てられた最新鋭のアンプは、少なくとも一時間は温めなければ性能を発揮しない。実に面倒だが仕方がないことなのだ」[15]。このように、門外漢には驚き呆れるほかない記述が、そのエッセイのなかには散見される。かつていきいきと鳴り響いたはずの「原音」を可能なかぎり高精度で再現することを追求して、勝見はほとんど狂気の沙汰とも思える装置作りに情熱を傾けたのだそうだ。たとえば、隣接する二つの部屋のあいだの壁をくりぬいて、幾重にも折り曲げられた全長十メートルの「コンクリート・ホーン」が収納された。[16]この情熱は一体なんなのだろう。

ビデオ・プロジェクターにも相当熱を入れあげていたとのことで、『怖ろしい味』所収のエッセイ「嗚呼！　熱海キネマ」にはこんなくだりがある。

山の中の家のメリットは電気が市街地に比べて汚れていないこと。それに電気の綺麗さは、電柱の上にあるトランスがいかに余裕のある電力を供給しているかにかかっている。不思議なことにちょいと外が湿ってきて、トランスにたまっていた静電気が地上に流れると、プロジェクターの光ががぜんおいしい光に変貌するのだ。だから湿った日は初めからアースが流れっぱなしになっているからいいとして、乾燥した日には、トイレから延々と伸ばしたホースで窓から十メートルほど離れた電柱に水をかける。かけ過ぎはよくない(17)。

やはりここもオカルトがかっているのだが、それに加えて注意を引くのは、これだけの手間をかけていながら、ソフトとして使われるのが、当時としても情報量において最善とはいえないレーザーディスクであると、このあとで書かれている点だ(18)。自宅に35ミリフィルムの映写機を設置したこともあったがそれではだめで、レーザーディスクの映像を、厳選したレンズで絶妙に滲ませながら投影し、たとえばそこに映る過去のパリの光景に想いをいたすことこそが至福なのだと勝見は語る。

「いまここ」と「あちら」のあいだに組み立てられたこの奇怪な装置もまた、勝見的嗜好を体現するものであるだろう。そこで彼が淫していたのは、へだたった過去とつながるためのチューニング、というよりチャネリングの作業である。おそらく、彼の美食論と共通するものがここにはある。「むかしはよかった」と言うのはどうしてかもここにかかわるが、勝見にとっての美食とは、畢竟、遠ざかった過去をふたたび探り当てるためになされる、甘美なチャネリングの営みを意味していたのではないだろうか。

(1) 勝見洋一『怖ろしい味』光文社文庫、二〇〇七年。勝見洋一『中国料理の迷宮』講談社現代新書、二〇〇〇年。
(2) 勝美『恐ろしい味』六八～六九頁。
(3) 同前、六八頁。
(4) 勝見洋一『匂い立つ美味』光文社文庫、二〇〇七年。
(5) 勝見洋一『ラーメン屋の行列を横目にまぼろしの味を求めて歩く』朝日新聞出版、二〇〇九年。
(6) 勝見『怖ろしい味』一二四頁。
(7) 勝見洋一『匂い立つ美味　もう一つ』光文社文庫、二〇〇八年、一〇五頁。
(8) 勝見『匂い立つ美味』一二一～一二三頁。
(9) 勝見『怖ろしい味』一五頁。
(10) 妹尾翠「エッセイスト・美術鑑定家・料理評論家、勝見洋一氏「お別れ会」ゆかりの地バンクーバーで桐島洋子元夫人と友人らが集う」『e-nikka.ca』二〇一四年六月二六日号、[http://www.e-nikka.ca/Contents/140626/communitynewsPh_01.php]
(11) 勝見『怖ろしい味』一五頁。
(12) 勝見『中国料理の迷宮』二二頁。
(13) 同前、一二一～一二三頁。
(14) 勝見『怖ろしい味』二五頁。
(15) 同前、二二〇頁。
(16) 同前、二二六頁。
(17) 同前、一七三～一七四頁。
(18) 同前、一七四頁。

1502
講談社現代新書
中国料理の迷宮
王朝の交代は、料理をどう変えたか。社会主義が食文化に与えた影響は？北京・広東などの名菜を紹介しながら中国の歴史を辿る斬新な試み。
勝見洋一

18 「嗜好品」と太古の味

味わえる楽園

ヴォルフガング・シヴェルブシュの『楽園・味覚・理性――嗜好品の歴史』[1]によれば、西欧中世の貴族たちは、ワインにさまざまな種類の香辛料を大量に入れて飲んでいたのだという。「中世のワインはぶどうの果汁というよりも、香辛料の煮汁だった」[2]。

いま、こういうことをすれば、ワインそのものの味がわからなくなってしまってもったいない、と思われるところかもしれない。たしかに今日も「ホット・ワイン」という飲み方があって、シナモンやクローブなどを入れるが、その場合でも、ワインの引き立て役として控えめに使われるほうが多いだろう。だが中世のその習慣においては、ワインの向こうから匂う香辛料が主役だった。遠くオリエントから運ばれたそれは、中世の人々にとって、「楽園から人間の世界に吹き込んでくる微風」にほかならず、その香りによって人を恍惚とさせたからだ[3]。

いまここにいながらにして、はるか遠くの「異世界」を想わせること。その「遠さ」の感覚に、香辛料の魅惑はある。かの地で収穫され、乾燥して移動可能になったそれらは、大変な危険を伴う旅の果てにヨーロッパへと持ち帰られ、知られるように、「黄金」にも比肩する価値を持つものとして取り引きされ、貴族たちのステータスシンボルにもなった。

いまはスーパーで誰しも気軽に買えるようになったので、当時のそれがいかほどの魅力を放っていたかを追体験することはもはやむずかしい。とはいえ、それに近い経験は、おそらく現代の私たちも知っている。たとえば、クミンとかコリアンダーなどが「ホール」の状態で食材店に並ぶのが当り前になったのは一九九〇年代のことだったと思うが、まさにその出始めの時期、それらホールスパイスには、ひとを恍惚とさせるエキゾチズムがいまよりも濃く漂っていた。当時は、バックパック旅行が大流行した時期でもあったが、旅行先の東南アジアやインドといった地域の魅惑は、あれら新奇な香辛料の匂いと分かちがたく結びついていて、だから、旅行者たちは帰国後に旅の思い出とともにエスニック料理店に通った。以前に取りあげた高山なおみの「諸国空想料理店KuuKuu」もそんな店の一つだったのだろう。『諸国空想料理店』[4]に書かれるスパイシーな料理のくだりを読み返せば、それら未知の香りを初めて知った当時の鮮烈な感動が甦ってくる。中世の香辛料嗜好に通じるものが、現在にも綿々と継承されているにちがいないのだ。

> 「中世の著述家にとっては、なんらかの香辛料の香りをかいだり、あるいは舌で味わったりしないでは楽園のイメージを心に思い描くことができなかった。詩的に描かれた庭園が聖人のためであろうと恋人のためであろうと、その情景は選び抜かれた最高のシナモン、マスカット、ジンジャー、ネルケなどの発するうっとりするような芳香で満たされていなければならなかった」

（ヘーニシュ）。

香辛料は楽園に繋がっている。そしてその楽園はオリエントのどこかの地にある、こう考えられた。オリエント産の香辛料――これが中世の人々の想像力を刺激し、魅了したのである。(5)

このような表現は、たんに「香辛料の魅惑」を述べているだけではなく、「食の魅惑」の核心の一つを直截に言い当てているのではないかと思う。ここではないどこかの雰囲気を強烈に帯びて、それを嗅ぐものの精神を、いまここにいながらにして、はるかかなたへと運びさってしまう力。それがあるからこそ、ひとは食をとおして、魂が揺さぶられるほど感動するということがあるのだろう。中世の香辛料は、そのような意味における「嗜好品」の原形であり、この時代の感性をきわめて強いしかたで規定したのだとさえシヴェルブシュは言う。

十一世紀から十七世紀まで、つまり十字軍からオランダとイギリスによる東インド会社の時代まで、ヨーロッパ人の味覚を支配していたのは香辛料である。異国への関心の最初の目覚めから十七世紀の植民地征服の終了まで、香辛料はヨーロッパ人の嗜好とともに歩み、その刻印を捺してきた。(6)

中世の香辛料以来、「嗜好品の歴史」は、つねに異国趣味に結びついてきた。ヨーロッパ社会において時代を画した代表的な嗜好品は、どれもヨーロッパの外から運ばれてくる輸入品だった。「香辛料」の次に来るのは、十七世紀の「コーヒー」と「タバコ」である。十八世紀には「茶」が流行する。十九世紀にはそれが阿片やハシッシといった「麻薬」になる。

異国趣味と近代化

さて、これら嗜好品の時代ごとの変遷の軌跡を辿っていくと、そこには主導的な力が働いていたことがわかるとシヴェルブシュは言う。「近代化」がそれである。たとえば十七世紀に「コーヒー」が大流行して、それまでの嗜好の習慣と入れ替わったのはどうしてか。煎じ詰めて言うならば、「近代化」の要請による。「コーヒー」は、古い飲酒の習慣を駆逐するものとしてこそ歓迎された。たとえば歴史家のジュール・ミシュレの言葉から、その事情がくっきりと浮かび上がる。

「いまや居酒屋は地に落ちた、あの汚れた居酒屋は退位したのだ。ほんの五十年前までは、若者が酒樽と女のあいだを転げ回っていたのに。夜の酔いどれの放歌高唱もすくなくなり、溝に転がる貴族の数も減った。……コーヒーよ、正気をもたらす飲み物よ、酒とは異なり純粋と明晰をもたらすものよ、脳の偉大なる栄養なり。コーヒーよ、想像力にかかる黒雲を追い払い、現実の姿をふぃの真実の閃きで照らし出してくれるコーヒーよ、……」(7)

コーヒーの大流行は、資本主義社会の発展と並行した現象であり、勤厳実直を求める「プロテスタンティズムの倫理」に後押しされてはじめて成立した。それに先立つ時代の人々の飲酒癖は大変にすさまじいものだったそうだが、コーヒーにはその悪癖を絶ちきる役割が期待されたのだ。コーヒーが酔い覚ましの効果を持つという、つい最近まで信じられていた俗説も、そこで一役買っていたと考えられるのだという。

欧米における嗜好品の歴史的展開は、社会が激しい勢いで合理性を求める「近代化」のプロセスと並行している。たとえば十九世紀のイギリスにおいて、ビールの代替物として「火酒」(ジン)が普及する理由も同様である。産業革命によって労働の厳しい効率化を余儀なくされたイギリスの労働者たちは、アルコール摂取さえもまた効率的にせざるをえない境遇に置かれたのだとシヴェルブシュは言う。彼らはのんびりと酒を飲む代わりに、安く早く酔いつぶれる習慣を身につける。喫煙をめぐる習慣も同じで、パイプからシガーへ、シガーからシガレットへという移行も、近代社会における「スピードアップ」の要請による。

飲酒癖。16 世紀の版画。
『楽園・味覚・理性』(法政大学出版局、35 頁)より

太古的儀式の「飛び地」

さて、興味深いのは、こうして「嗜好品」をめぐる習慣そのものが「近代化」の影響を受けて更新しつづけるとき、逆に、古びてしまったむかしの習慣こそが価値化されるという現象が起こることだ。

一方で、嗜好品をめぐる習慣はつぎつぎに新しくなっていく。他方で、古くなった習慣は完全に消えてしまうわけではもちろんなく、いわば、新しい地層の下に潜り込むようなかたちで、かつての人間の感性を封じ込めたまま残存する。そのとき、この埋もれたほうの層は、その古さによってひとを魅了するということがありうる。かつて中世の香辛料が「空間的」なへだたりによって魅惑を放っていたのだとすれば、過去へと遠ざかった嗜好の習慣はその「時間的」なへだたりにおいて、再度べつの魅力を獲得すると言えるかもしれない。それらは、「近代化」によって失われてしまった価値を取り戻させてくれるものとして、あらたに愛好の対象となる。

その点でシヴェルブシュが特筆するのは「居酒屋」である。それは近代社会において失われた「太古の観念」の「飛び地」であると表現される。居酒屋でいまもなされる「ラウンド」というおごり合いの習慣がそのことを示す。

居酒屋を訪れるものは、別世界に足を踏み入れるのだ。ここでは、交換という抽象的原理は部分的に効力を失う。むろん、飲んだ分は支払わなければならない。居酒屋の主人も商人である。だが、ほかの点では、外の世界とは異なるルールが支配しているのだ。

「日曜日の午後。三人の男がカウンターに腰をかけている。各人、一人で飲んでいる。四人目の男が店に入ってくる。一杯注文し、それを半分あける。それから、バーテンダーにいう。『みんなに、一杯ずつだ』。会話が始まる。しばらくして、別の一人が四杯のグラスを注文する。残りの二人はまだふるまっていない。この二人は失業中である。そのうちの一人が三回目のラウンドを注文する。グラスが運ばれてくると、もう一人の失業者は店を出る。ただし、戻ってくるというしるしに、グラスを半分残している。五分後、彼は戻ってきて、自分のグラスを飲みほしてから、四杯のグラスをふるまう。それで一巡したわけである。あとで彼が私に語ったところによると、本当は最後まで続けるつもりはなかったという。お金が足りなかったのだ。それで、家へ戻ってお金をとってこなければならなかった。彼は、自分だけラウンドから逃げることはできないと思ったという(8)」。

これは一九三〇年代イギリスでなされた社会調査の記録だそうだが、贈与と返礼が終わりなくつづく「ポトラッチ」という前近代的な習慣が、いまも「居酒屋」の「ラウンド」に姿を変えていきいきと残存している。そのことの意義を、シヴェルブシュは以下のように敷衍する。

居酒屋はこの意味で疑いもなく、太古的である。(…)彼らの導き手は、アルコールである。ここではアルコールこそ、主役なのだ。意識の、文明化された新しい層を剝ぎとり、あの古層をむき出しにするのである。そこでは、酩酊と友情と競争とが自明のごとくに一つに溶けあっている。そしていま、五百年前の、千年前の、いや三千年前の酒宴が甦るのだ(9)。

ちなみに理路整然とした「近代的調理法」の提唱者であったはずの丸元淑生もまた、そのカリフォルニア滞在記において、シヴェルブシュが紹介するのとまさにそっくりの「ラウンド」体験について書いている。

なかなか感じのいいバーで、隣に坐っているのはダム工事の技術者か建築技師といった二人連れだったが、その一人が私に酒をおごってよこした。その返礼に私はカウンターにいる十人ばかりの客全員におごり返した（アメリカの田舎では何を飲んでも一ドルでお釣りが来る）。それが失敗だった。カウンターの端で二人の女にはさまれて坐っていた眼光の鋭い男が私を見つめた。私も見つめると、

「サンキュー！」

と、彼はグラスを持ちあげた。それは私の予期した反応ではなかった。ついでその男のやったことはもっと意外だった。（…）精悍、細面、中肉中背のその男はいきなりカウンターの中に入ってきた。男がテキーラの瓶を棚からとり出すと、驚いたことにバーテンダーが制するどころか、グラスを十個男の前に並べた。男はテキーラの他にも何か入れてカクテルをつくり、十個のグラスに慎重に注ぎ分けた。

それを私が舐めると彼は一息に飲めという。それからの無茶苦茶さ加減は、会津若松あたりの温泉旅館でわが国の東北人がくりひろげる矯声、カラオケ、ドタンバタンの入り混じった乱痴気騒ぎほどではないにしても、ほぼそれに近いものだった。

男は私の隣りに席を移して飲みはじめ、少なくとも五回はカウンターの中に入った。その度に私もおごり返した気配があるからスリー・リバーのバーは、店の主人ぐるみシエラ・ネバダの静

寂を破って正体を失っていたように思われる。彼らは笑いつづけた。（…）おぼろげな記憶では、精悍、細面と私は相撲をとっていたようである。[10]

酒と神秘主義

さて、ではなぜほかならぬ「アルコール」が、「太古」へと通じる道を開くのだろうか。酩酊して文字どおり「理性」が融解し、意識が退行するから、ではあるだろうが、それで説明が尽きるわけではない。シヴェルブシュによれば、飲酒は古来、自分の中に、液体をとおしてべつの誰かを招き入れることを意味し、それゆえ危険な行為であるとも考えられていたのだという。今日の理性に照らせば珍妙に思われるさまざまな儀式は、その危険への対処として要請されていた。

飲むことが食べることより重大な行為だとみなされるのは、飲むことによってある物の固有の生、あるいは精が直接的に体内に取り込まれるからである。呪術的世界では液体は血の象徴であり、動物なり植物のもつ血や体液は、その精なのだ。（…）この直接性の故に、原始的心性をもつ人間にとって、飲むことはつねにある種の危険をともなったのである。飲み物とともにあるものの精を体内に取り込む程度に応じて、自分自身の精が失われるからである。古典的な例はワインである。ワインを飲んで酔った人間は自分自身の精を失い、ワインの精、あるいはワインの神の精に支配されるのである。[11]

全員が酩酊するまで抜けることの禁じられた廻し飲みや、長々しい前口上とともになされる乾杯の儀式は、このような想像力のもとで形成されてきた。これらの儀式は、参加者全員が固く団結することで、自分を乗っ取りかねない危険ななにかを馴致しつつ、酒の精の良い側面だけを取り込むためにあったということなのだ。私たちはアルコールと、それを取り巻くさまざまなしきたりをとおして、そのような想像力にこそ触れている。

こうした想像力のもとになされる儀礼の最たるものが、カトリシズムにおける「聖餐」であるのではないか。「これはわが血、これはわが肉」という司祭の言葉とともに、信者たちはパンとワインを口にする。「これはわが血」というとき、その言葉を字義どおりに受け取って、ワインが本当にキリストの血に変化するという教義があり、それを「全実体変化」という。信者一人ひとりが、この聖なる飲食の儀式によって、まさに直接的にキリストの肉体と一体化すると想像されているのだ。

中世哲学研究者である山内志朗の『感じるスコラ哲学——存在と神を味わった中世』[12]によれば、中世の修道院には、私たちの予想をはるかに上回る量の飲酒の習慣があったのだという。節制に貫かれていた禁欲の場という私たちが抱きがちな通念に反して、日々、ワインがかなり多く飲まれていた理由はなにか。まず、当時飲料に適した水は簡単に得ることができなかったため、酒でしか水分補給ができなかったという事情がある。「アメリカン・コーヒー」の場合と近いが[13]、飲料水を身近に得やすい日本ではなかなか気がつきにくいことだ。さて、だがべつのもっと重要な理由がある。神的な存在を、少なくとも想像のうえで、身体に直接取り入れるという「全実体変化」の教義が、陰に陽に影響を及ぼしていたからだと山内は言うのだ。

その結果、どれくらいの量が飲まれていたかと言えば、一日に〇・七五リットルであるそうだ(14)。ワインのボトル約一本ということだから、そこそこの量と言えるだろう。そんなに飲めるなら修道院に入ってもいいかな、という気さえしてくる。

嗜好品とメディウム

最後に、前回取りあげた勝見洋一の書く「まぼろしの味」との関連について述べたい。歴史の波に洗われて消え去りつつある味を、勝見は「まぼろし」と呼んで偏愛し、そのカタログを作ることをライフワークとした。その営みは、しばしばオカルト的とも言いたくなる領域へと、勝見の筆を向かわせた。この世から消えてなくなった風味、忘れられてしまった味が亡霊のように甦る、そんな瞬間がなかば虚構として、好んで語られた。

ところでシヴェルブシュの書物が教えるのは、このような愛好のかたちこそが、あらゆる嗜好品の一つの根源的要素としてあるということではないだろうか。いまここには存在しない、遠くへだたったものが味覚と嗅覚を通じて想い描かれる。空間的なへだたりの先にある「楽園」であることもあれば、いまはほとんど失われてしまった心性が息づく「太古」であることもあるだろう。「楽園」から運び込まれた香辛料を煮出す中世のワイン、ポトラッチの息づく居酒屋のアルコール、さらに、キリストの血になると想像して飲まれる修道士たちのワインは、みなこの点で共通する。これら嗜好品はメディウム＝霊媒である。しかも、じかに体内に取り入れて自分と一体化させるという点で特別なメディウムなのだ。

(1) ヴォルフガング・シヴェルブシュ『楽園・味覚・理性――嗜好品の歴史』法政大学出版局、一九八八年。
(2) 同前、五〜六頁。
(3) 同前、六頁。
(4) 高山なおみ『諸国空想料理店』ちくま文庫、二〇〇五年。
(5) シヴェルブシュ『楽園・味覚・理性』六〜七頁。
(6) 同前、一四頁。
(7) 同前、三八頁。
(8) 同前、一七六〜一七七頁。
(9) 同前、一八四頁。
(10) 丸元淑生「カリフォルニア縦断三〇〇〇キロ」、丸元淑生編『サンフランシスコがいちばん美しいとき』所収、文春文庫ビジュアル版、一九八八年、一二一〜一二四頁。
(11) シヴェルブシュ『楽園・味覚・理性』一七八頁。
(12) 山内志朗『感じるスコラ哲学――存在と神を味わった中世』慶應義塾大学出版会、二〇一六年。
(13) 本書の第五回を参照。
(14) 山内『感じるスコラ哲学』六四頁。

ヴォルフガング・シヴェルブシュ
福本義憲訳
楽園・味覚・理性
●嗜好品の歴史
法政大学出版局刊

19　pénultième＝最後から二杯目の日本酒

酒の味わいに開眼する

今回は酒の話をしたい。

酒のおいしさに開眼したきっかけを、いまもはっきりと覚えている。宮城県の銘柄・日高見の純米を飲んだことがそれだ。大学の学部を卒業したばかりの頃で、たしか二〇〇〇年前後だったと思う。宮城県に就職した友人が持ってきてくれたのだった。

日高見はいまも好きな酒の一つだが、自分の潜在的な嗜好とまさに合致したのだろう、俺は日本酒のうまさがわかったぞ、と叫びだしたくなるようなかんじがあった。

二〇〇〇年頃は、新潟の淡麗辛口ブーム、それにつづく吟醸ブームが一段落して、若い酒造りのパイオニアによる新しいタイプの日本酒に脚光が当てられるようになっていた時期だと記憶する。十四代とか醸し人九平次などが、たしか、日本酒界をリードする存在と目されていた。日高見は、そういう新世代日本酒に特有の鮮やかな立体性はないのだが、とにかくバランスのいい酒なのだ。

私は専門家ではないので、曖昧な主観的印象を書くほかないが、最初にフルーティーな酸とともに控えめな吟醸香が来て、次に、この銘柄の最大の特徴である米の甘やかな味わいが口中に広がり、最後に軽いほろ苦さが舌の奥に感じられ、すっと消える。

おいしい日本酒はどんどんあとを引く。酸が甘さを呼び、甘さが苦さを呼び、苦さがまた酸を……という無限ループが内包されているのが、つまり日本酒のおいしさの条件だと個人的には考えている。そのことを、日高見は初めて理解させてくれたのだ。バランスがいい、というのは、もっと精確を期すと、次の一杯への傾斜をあらかじめ含んでいる、という意味だ。そんな「傾き」をどの銘柄に感じ取るかはひとそれぞれだろう。私の場合は日高見だった。自分に合った酒と出会うのはよろこばしいことだ。その晩は、宮城のその友人と、二人で四合瓶をあっというまに空けたのではなかったか。その後、愛好するようになった銘柄は、まったく異質といえば異質だけれど、私にとっては、どれもこの「傾き」を持っている。神亀とか、鷹勇とか、常きげんとか、義侠とか。あとを引き、飲み飽きせず、自然と量を飲んでしまう酒ばかりだ。

日本酒に開眼してから、いろいろな種類を飲んでみようと思って、品揃えの豊富な酒屋に日参するようになり、並行して、さまざまな本を買って調べた。カタログ的なもの、製法やその歴史についての概説書など。酒造りの具体について知るのに役に立った本に、尾瀬あきらの漫画『夏子の酒』がある。全十二巻という長さもちょうどいい。主人公の夏子が、死んだ兄の残した設計に従い、精魂込めて醸した酒がキリストの血にたとえられるという、ちょっと盛り上がりすぎなクライマックスへと進むのだが、とにかく登場人物も筆者も全員が完璧に酒に狂っているかんじがして、入門者の高揚感に酔っていた私も素直に、そうだろう、そうだろう、と納得しつつ、感激して読んだ。尾瀬あきらが師事したという、日本酒作りの伝説の技術者である上原浩の定番的な「純米酒論」の数々も一通り読んで、しっかり感化された[1]。

日本酒以外の酒はどうかというと、大学院生時代にフランスへ十ヶ月ほど留学したことがあって、そのときは、一本数ユーロでそこそこの味のものが飲めるものだから、それこそ、一日一本ぐらい飲んでいたと思う。だからいまも、ワインを飲むと、懐かしいと感じる。語学はたいして身につかなかったが、この勉強は人生にとって本当に有意義だったと思っている。それ以来、ワインの本もそれなりに買い集めた。ワイン雑誌の「ワイナート」も一応、定期購読している。とはいえ、ワインについて自分がひとに教えられるような知見を持っているとは到底、思えない。理由はシンプルで、体系的にワインを飲むための財力がなく、それを無理やりカバーする気力もなかったからだ。世の中には、消費者金融で借りてでも至上の銘酒を味わいたいという方々がいるらしいが……。

いま飲むことが多いのは、正統的なワイン学の体系とはちがう座標軸で造られる、いわゆる「自然派」である。グラン・クリュを頂点とするヒエラルキー（味の個性が際立った貴重な美酒ほど高い価格で売られるシステム）にあえて従わず、土地とぶどうそれ自体と向き合いながら独自の流儀の酒造りを貫く個々人の点在するのが「自然派」の世界だと言われていて、実際、肩が凝らずに、素朴でうまい酒にありつける確率は高いように思われる。「自然派」好きは、飲んだ翌日が楽でいい、と口を揃える。亜硫酸塩無添加であるのに加えて、アルコール度数が若干、低いことが多いからだろうか。ちなみに、この界隈ではときおり完全にスピっている御仁に遭遇する。

pénultième

というわけで、酒の話といっても、ソムリエたちのすばらしい薀蓄に類するものを開陳できるわけではない。酒について私がささやかながら考えているのは、さまざまな個性の銘柄が百花繚乱する酒の「質」のことというより、「量」の体験としての酒のほうである。もちろん「質」は大事なのだが、その「質」は、酒において、そもそもどれぐらい身体に入れることができるかという「量」の問題と無関係にはありえないと思うのだ。

飲酒を「量の問題」として語ってみせたのは、自身、若い頃に身体を壊すほど飲んだという哲学者のジル・ドゥルーズである。その晩年、テレビ用に撮影したインタビュー集「アベセデール」のなかには「飲酒」の項目が設けられていて、そこでドゥルーズは、酒飲みにとって真に重要なのは、つねに「最後の一杯」なのだという自説を述べている。(2) これが非常におもしろい。

「最後の一杯」とはなんのことか。その場合の「最後」とは、文字どおり本当の最後、それを飲んだら病気になって飲めなくなるという意味の「最後」のことだ。だから酒の常習者たちは、けっしてそこに辿り着かないように、その寸前に留まりながら、ちびちびとできるだけ長く飲みつづけようとする。彼らは「最後の一杯」だけは、けっして飲まない。そうしたら酒飲み生活そのものが終わってしまうからだ。そうではなく、フランス語で「最後から二番目」を意味する「pénultième」の一杯を飲み、そこに留るのが酒飲みなのだとドゥルーズは言う。そして翌日、また始めからやり直すのである。大酒飲みが、たいてい、これと決めた一つの銘柄の酒ばかり飲むのは、いつ自分が限界に近づき、最後から二杯目に辿り着くのかを正確に測るためである、とドゥルーズはつづける。きっと彼自身もそんなふうに飲んでいたのだろう。

なるほど、というかんじがする。自分もおおむねそうしている実感がある。このインタビューの後半では、もし飲酒を正当化しうる理由があるとするならば、と自問しつつ、ドゥルーズは、あまりにも耐え難いできごとを耐えさせてくれることだと述べている。哀しすぎるできごと、どう対処していいかわからないできごとに直面したとき、そのショックを和らげ、ただちに応答しなければならないという切迫からいっとき逃れるために、ひとはグラスを傾けるということがある。飲酒はそのとき、「崩壊」のせとぎわでかろうじて保たれている「生」をめぐる、量的な調整の技法であるのだろう。「pénultième」という概念で飲酒を捉えてみると、その「生の営み」としての側面がくっきり浮かび上がるような気がする。

酒は水のごとく

科学的な手法から味覚の世界にアプローチする研究で知られる伏木亨も、「量的問題」としての酒について、興味深い説を述べている。「酒は水のごとし」という表現がむかしからあるが、日本酒の味わいの探求は、口のなかで存在を消し去る、そのような地点を究極とするものであると言うのだ。大胆な単純化ではある。その味わいの多様性こそを尊重すべきであるという反論も当然あるだろう。だが、これはたしかに、酒を飲むという営みの一つの本質を突く指摘であるように思われる。

越後の杜氏は、水のような酒を理想として精進している、と聞かされたことがある。たしかに、新潟のいくつかの酒は、口に含むと香りとほのかな甘さを残し、一瞬に消えてしまうように思う。水のごとしは洗練の極みである。(3)

だが、酒はどのようにして水のようになることができるのか。それに答えるのはなかなかむずかしい。まず、水に本当に近ければいいという話ではもちろんない、と伏木は言う。問題は、口の中で重さをまったく感じさせずに、消えてしまうように感じられるということであって、水には水の味があり、消えて感じられるわけではないからだ。とくに不純物を一切欠いた「純水」は、口にそれなりに強い違和感を与える。あらゆる違和感を生じさせない液体は、水ではなく、唾液である。「舌は、口の中に食物がないときには何も感じない。つまり、唾液には存在を感じない。唾液は舌にとって究極の無である(4)」。

そこで伏木は、酒が、人間にとって唾液のような存在になるのではないかという仮設を立てて、検証にあたる。実際に成分が比較されるのだが、その結果、ナトリウムとカリウムのミリグラム／リットルの値は、唾液がそれぞれ「七〇〇～一〇〇〇」と「八〇〇」。日本酒が「一〇～二〇」と「三〇～五〇」。実際は、とても近いとは言えず、むしろ、かけはなれている。日本酒のほうがはるかに薄いのだ。ビールのほうがまだ唾液に近いそうだ。つまり、数値としては、日本酒と唾液の類似性を証明することはまったくできない。

伏木は、次に、主観的な官能評価によって、両者の類似性を示唆する。要約すると、日本酒一リットルあたり数十グラム含まれる糖分の「滑らかな感触とほのかな味」、アルコールの適度な「刺激」

が重要な役割を果たして、ちょうど唾液に近い印象になるはずだ、ということらしい。「これらの総和が舌やのどで唾液と区別のつかない刺激となって、酒の風味だけを残して消えてしまう。そのような微妙な調和になったときに〝水のごとし〟となるのである」[5]。

以上が、酒＝唾液説をめぐる伏木の推論の結論部分である。そう言われるとなんとなくわかる気もするが、ちょっと苦しいという感も否めない。

酒への馴れをめぐる考察

このつづきを自分なりに考えてみたい。酒が水のように感じられるということ――抵抗感をなくすということは、印象としてはありうると私も思う。それはどのようにしてか。身も蓋もない言い方になるが、馴れるからだと思う。だが、その点をあわせて考慮しないかぎり、「酒は水のごとし」という印象を理解できないのではないか。

そもそも、あらゆる酒は、生まれて初めて飲んだときはまったくおいしく感じられない、という端的な事実がある。最初の酒は絶対的にまずい。生体維持に必要だからおいしいと感じられる、炭水化物由来の甘さとか、タンパク質由来のこく味よりも、酒の場合、アルコール臭や発酵による酸味がはるかに勝っているからだ。ひとが美味というとき、そのベースとなっているのは生まれたときに飲む母乳だという通説があるが、酒は乳製品の味わいに近いわけでもない。私たちは、酒の味に、じょじょに馴れてゆく。そして、だんだんと抵抗感が薄れてゆく。酒の味わいの表現に、「喉にぐっと力が入る味」というものがあって、この表現が言い当てようとしているのはなにか、ずっと考えていた。

「ぐっと力が入る喉」を、おそらく、酒飲みはどこかで獲得しているのではないか。それがなければあまりに刺激が強く感じられ、うっと戻してしまうかもしれない異物としての酒を迎え入れるための喉――これが酒の刺激を適度に楽しむことを可能にする保護膜の役割を果たすのではないか。酒飲みは、だんだんと年月を重ねることで、このように刺激を馴致する受け入れの体勢＝喉を獲得する。また、異物としての酒を飲むために体をこわばらせることそれ自体に、癖になるなにかがあるようにも思う。(6)

こんなふうにして、最初は異様だった味に、ひとは馴れてゆく。酩酊感が繰り返し得られることで報酬系が形成され、そのことで味わいはますます好ましいものに変わってゆくということもあるだろう。やがて、銘柄ごとの風味のちがいに気づくようになり、作り手たちの味の設計とか、素材のちがいとか、テロワールとか、そうした質的な要素を楽しめるようになる。それらを頭で理解することによって酒に対する親密さがさらに増していけば、抵抗感はさらに減っていくことだろう。そうでなければ、たとえば、アイラ島のシングルモルトをうまいと思って飲めるはずがない。だが、馴れたものにはたまらなくうまい。生物として感じて当然の抵抗が、蓄積された経験によって解除しうるということ、その馴れの歴史がこの一口のおいしさには折り畳まれている。喉にぐっと力を込めて抵抗を押しやり、異物を喉に流し込む――その一連のプロセスが、癖の強い酒のやめられない魅力の一部を成している。

「酒は水のごとし」に戻ろう。そのような印象が成立するのだとすれば、そこに存在していたはずの抵抗が、馴れによって解除され、いまやほとんど感じられないということ、やりすごせるということとによるのではないか。かつて覚えた違和感がいまやなくなっていること——その相対的な軽やかさを私たちは楽しんでいる。「凪」のような、抵抗感のこの真空状態を差して、酒造りに携わる人々、それを愛好する人々は、「水のごとし」と表現してきたのではないか。逆に、身体に合わないまずい酒は、原初の抵抗感を如実に思い出させる。

私も酒を飲んで「水のごとし」と感じるときがある。熟成されてまろやかさを増した山廃純米がよいだろうか。それをこの一点という温度のぬる燗にして飲むときなど、はっきりそう思う。熱くしすぎてはならない。熱いと刺激が強くなって、ぴりぴりし始めてしまう。逆に、冷たいままだと、重たい苦味が舌に残りすぎる。そのどちらでもない、ぎりぎりの中間を探るようにしてゆっくりと温めてゆき、ここというところでぴたりと止める。まさに人肌の三十度台後半になっているだろうか。そのとき抵抗感は最小である。もちろん、酒であるかぎりで、物理的に舌にとっての異物であることをやめているわけではない。この「凪」は、入念に味を探りつづけた長年の経験によって獲得されたものであって、客観的な液体として「水のごとき酒」が在るわけではない。それは「私」と「酒」の均衡のうえに在る。

酒をめぐる表現

酒について語られる言葉を聞いたり読んだりすると、だいたい、その年季のほどがわかるということがある。たとえば品揃えに人生を賭けているというたぐいの酒屋の店主たちが酒について話すときの語彙は、自分のまだまだ知らない境地を垣間見させてくれるようで勉強になる。むかしよく通ったお店の方も表現が独特で、「ぐっと喉に力が入る」というのもじつはこの店主の用いる表現だったのだが、ほかにたとえば「ちょっと温めるとたーっと飲めちゃうかんじ」とかそういう言い方をしていた。自分の体液に毎晩少しずつつぎ足して、なにか精妙な均衡を保っているとでもいうような口ぶりなのだ。

私もかつては、ある種の派手においしい吟醸酒を飲んだときなどに、「驚くほどフルーティーだ」とか、「まるで白ワインのようだ」などと表現したりしていたものだが、「白ワインのようだ」と言って日本酒を褒めたつもりになるのは、白ワインにも日本酒にも失礼だったといまは反省している。経験を積んだ酒飲みは、けっしてこういう言い方をしない。とてもフルーティーな吟醸香の印象が強い酒があるとするならば、暑い日の最初の一杯にちょうどいいね、とか、この前菜と合うね、ぐらいのコメントになるだろうか。なにしろこの人物は、この日も「pénultième」の一杯をできるだけ遅く飲むことを最初から目指していて、そのあいだにいろいろな種類を試すかもしれないが、基本的には自分の身体に馴染むレンジで、あとを引く、穏やかにうまい酒をおもにチョイスするつもりでいるからだ。

前後不覚

とはいえ、「私」と「酒」のあいだに、つねに適度なバランスを保つことができるわけではないこともまた、酒飲みたちはよく知っている。「酒に呑まれる」という表現はまさに言い得て妙で、「私」と「酒」の主従関係は、このとおりに逆転することがある。そうすると前後不覚、記憶喪失、場合によっては、周囲に多大な迷惑をかけてしまうこともある。

「酒に呑まれる」経験をしたあと、もうこういうことは金輪際やめようと、二日酔いの気分のどん底のなか、しみじみと誓うということにもなるのだが、そうだとして、もちろん、それでやめられる見込みはとても少ない。本当に体が壊れるのでないかぎり、やはりひとはまた繰り返し「酒に呑まれる」ことだろう。

私もつい調子に乗っているうちに「呑まれ」ていることがある。それがとことんまで進むと、本当に記憶が消されてしまう。旅行先で泥酔し、深夜目覚めたときなどは、とても不思議な感覚を味わうことになる。ここはどこだろう、ということがしばらくわからなくなるのだ。

いまがいつなのかわからない、という状態になったときもある。そのときは最高潮に酔ったあげく頭を打ったからかもしれない。フランス滞在中のことだった。暗闇のベッドで半醒半睡の私は、奇妙にも、自分が少年時代に兄貴と寝ていた二段ベッドの上にいるというぞっとするほど確かな空間感覚を覚え、しかも同時に、大学時代に借りた最初のアパートのベッドの上にいるかんじもして、そのどれがいまなのかわからず、くらくらと目眩がした。ひとは臨死体験において、あらゆる記憶が走馬灯のように巡って見えるというが、それはこういう具合なのだろうか、と起きてから思った。さすがにここまでのケースは稀だが、しかし、これに近いことは何度か起きた。

それにしてもどうして定期的に、こんな破滅的な飲み方をしてしまうのだろう。ほどほどにしておけばいいことは、頭ではわかっている。だが飲んでいるうちに、自分を乗っ取ろうとする力にふと身を委ねたくなる。まあいいか、となってしまう。この境目を見極めるのはとてもむずかしい。酒の味わいとはつまり、このなにかに乗っ取られたり、その寸前でうまい均衡を維持したりする、この綱引きの手応えの謂いであるにちがいない。

この綱引きはぎりぎりの賭けでもあり、手綱を緩めすぎて「あちら側」に行ってしまう危険はつきものだ。しかし、行ってしまってからまた醒めた頭に戻るとき、後悔の念をともないつつも、そこに特有の感慨が生まれる。ああ、自分がまだ存在している、ということに少し驚く気持ちになるのだ。

（1）たとえば、上原浩『純米酒を極める』光文社、二〇〇二年。フルーティーな吟醸香や冷酒、原酒をもてはやす風潮に釘を差し、きっちりと発酵させ切り、じゅうぶんに熟成させて「味の乗った」純米酒のすばらしさを説く上原の金言の数々が、やはりいまも私の日本酒嗜好の最大の指針になっていると思う。
（2）國分功一郎監修『ジル・ドゥルーズの「アベセデール」』角川書店、二〇一六年。
（3）伏木亨『魔法の舌――身体に必要なものを美味しいと感じる不思議なしくみ』祥伝社NONBOOK、一五八頁。
（4）同前、一五九頁。
（5）同前、一六〇頁。
（6）ここから、きつさによって癖になるジャンルの食べものが説明できる気がする。きつすぎる酒、というのもそうだが、きつすぎるツマミ、というジャンルがあると私は思う。たとえば、私は飲食にかんして許容範囲はけっこう広いつもりでいるが、添加物まみれのピンクのいかの塩辛、これはダメだ。実家の正月などで、父親世代の酒飲みたちに、これを勧められることがある。いかの風味を欠いて、ただ塩分と、得体の知れない苦味だけが濃縮したこの塩辛を彼らは頬張り、とがった味の熱燗で流し込む。荒々しくはあれど、ここにもやはりある種の均衡が生きられているのだと思う。この塩辛を跳ね返す態勢を習得したおやじたちは、私のことをまだまだ青いな、と笑うのだった。

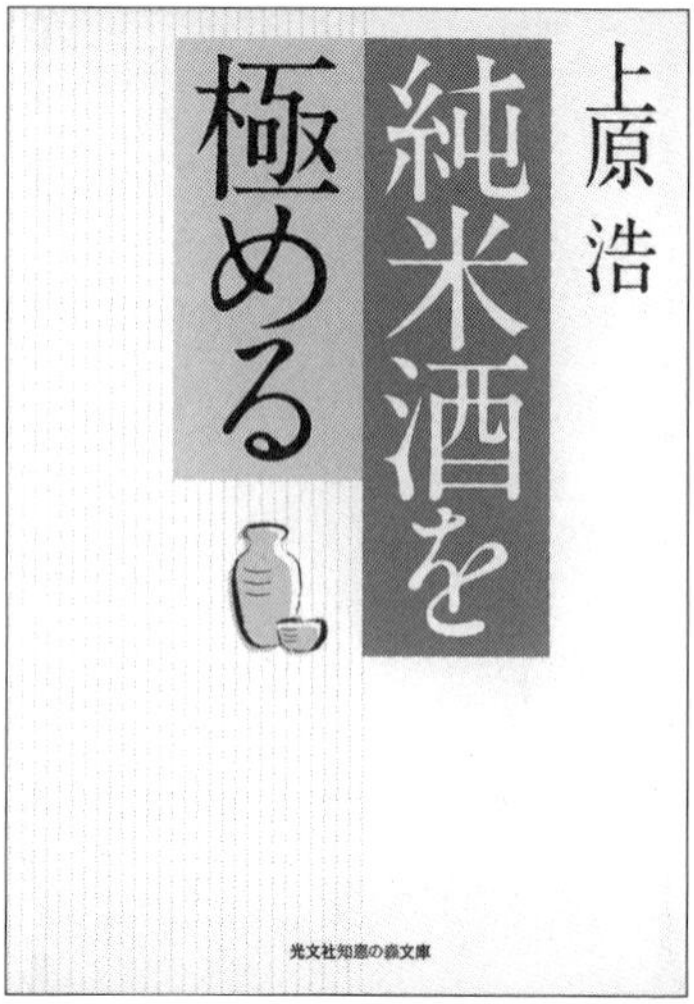
上原 浩
純米酒を
極める
光文社知恵の森文庫

20　ビオディナミと低線量被曝

原発事故と食

今回が最後となる。取りあげることのできなかった本、話題は多いが、残されたこの回で考えてみたいのは、原発事故のあとに浮上した食の問題についてである。自分にとっても、食べるとはなにか、その再考を促された決定的なできごとだった。第七回ですでに触れているが、もう一度この論点に立ち戻りたい。

食と原発事故をテーマとして書かれた本は数多い。とくに調査によるデータがある程度出揃うまでは、放射性物質による汚染をめぐる危機意識が広まり、また、危機をどう見積もるかという立場の相違によって議論が紛糾したからだ。いわゆる「安全派」「危険派」双方の本を私もチェックしてきて、そのたびに揺らぐ思いを抱かざるをえなかった。結局のところそこではなにが問題だったのか、また、いたずらな炎上を回避して、冷静に落とし所を見つけることはどのようにして可能か、それを事故の七年後に、社会学およびコミュニケーション論の視点からあらためて考察したのが、昨年二月に五十嵐泰正が上梓した『原発事故と「食」——市場・コミュニケーション、差別』(1)である。

五十嵐は、自身の暮らしている柏市の農地からホットスポットが見つかったことをひとつのきっかけとし、柏と福島とを往復しながら、この問題に深くコミットすることになったのだと書いている。複雑で、デリケートで、強い感情的負荷を伴うこの問題とじかに触れあってきたからだろう、本書のどの箇所からも熟慮の果てに——さまざまな立場の方々の肉声を思い浮かべ、そのどれをも無視してはならぬという厳しい覚悟のもと——書かれた気配が伝わってくる。おそらくそのために、私も個人的な震災後の記憶が生々しく蘇ってくるということがあった。同様の読者は多いのではないか。

まず五十嵐は、事故後かなりの時間が経ったいまもなお論争が終結したわけではいささかもないと指摘する。(2) たしかに、挑発的な意見を公の場で主張する者は少なくなったし、科学の主流からあまりに外れた言説がこれ以上広まることもないように思われる。けれど、それなりに広範な層において、福島の農産物に対する漠然としたネガティブな印象が残りつづけている。さらに、約一〇%という統計上の数値が示されているが、放射性物質の危険性を自分たちなりに調べたうえで、主流の科学的知見に反しても、高く見積もりつづける人々がいる。「人々がいる」などと書いた瞬間、友人知人のあの顔この顔が思い浮かんで微妙な気持ちになるのだが。ともあれ、意見を異にする者同士のあいだでの意思疎通の道がほとんど絶たれてしまった現実がある。

原発事故の直後は、このできごとを反省し、より賢くなるために連帯しなければならないという悲壮な想いがさまざまな場所で表明された。そのことを思い出すにつけて、沈鬱にならざるをえない。自分と同じ立場のものだけを仲間とみなし、それ以外は敵として憎むか冷笑する、そのようなコミュニケーションの在りようばかりが、いつのまにか目につくようになってしまった。

「切り分け」の必要性

五十嵐のこの書物は、社会学者としての知見をもとに、そのような今日のコミュニケーションの隘路を突破する可能性を探るために書かれている。まず、断絶の起きた背景や歴史的経緯が丹念に調査される。いわゆる「風評」が発生し固定化するメカニズムはどのようなものか、福島県の農業の構造とその特色はなにか、さらには、日本国民がそもそも「多様性」をどの程度許容しており、あるいは政府への信頼がどの程度のものかが、他国との比較において統計データとして示される。たとえば、チェルノブイリ後にきわめて理性的な対応をすることのできたノルウェーとの比較が興味深い。ようするに日本はそもそも意見を異にする他者への寛容度が高くはなく、政府に対する根深い不信感があり、それも問題の一因とされる。(3) これら複合的な原因を踏まえたうえでなされる五十嵐の根本的な主張は、議論の「切り分け」こそがまずもって必要不可欠というものだ。このことが再三再四、確認される。

ひどい場合はヘイトスピーチとなってあらわれる「分断」や「差別」や「無関心」がなくならない大きな理由の一つは、別個に扱いうる事柄を「混同」することであると五十嵐は言う。典型的なのが、「福島の農産物のリスクを低く見積もったら、脱原発運動は進まなくなり、ひいては東電およびエネルギー政策の変革に及び腰の政府を利することになる」というたぐいの論理だ。こんな主張がなされるとき、じつはいくつもの要素が雑多に混線してしまっている。それに対して五十嵐は言う。

放射線影響への不安が強い人たちを念頭に、常に言及してきたのは、原発事故以降の問題群における4つの大きな課題の切り分けという原則だった。4つの課題とはすなわち、【科学的なリスク判断】【原発事故の責任追及】【一次産業を含めた復興】【エネルギー政策】である。言うまでもなく、これらの問題は深く相互に絡み合っている。しかし、そこをあえて分けて考えないことには、実際に起こってしまった放射能問題に立ち向かえない、というのが現場の実践を経たうえでの偽らざる実感であった。(4)

さて、しかしこの「切り分け」はもちろん容易ではない。「混同」の誤りをただ理詰めで指摘するだけでことが収まるのであれば、すでに問題は消滅しているはずだ。たとえば、五十嵐との共著もある開沼博による『はじめての福島学』は、放射線のリスクをめぐる「誤解」を網羅的に列挙し、代わりに正しい知識を啓蒙する作業の決定版とも言える本で、食をめぐる問題に大きくページを割いてもいるのだが、しかし、開沼から見て「誤解」する人々に対するときにあまりに厳しい語調が、かえって分断を強めているのではないかと五十嵐は懸念する。(5)

ではコミュニケーションを再開させるためにはどうすればよいか。五十嵐はフィリップ・コトラーによるマーケティング論を援用しつつ、感情および情緒に訴えかけることこそが重要だと言う。コトラーは、消費者の直感および情緒に訴えかける「システム1」と、理性的かつ科学的な認識にかかわる「システム2」が別々に作動しているとまず大づかみに捉え、その両者に個別的にアプローチする戦略の有効性を説いた。つまり、ここでもある種の実践的な「切り分け」の発想がなされていると言えるだろう。

単純に事実を知らせさえすれば残された「風評」が払拭されるという戦略は、もはや現実味が薄いと言わざるを得ない。ましてや、無関心な人たちやうっすらとネガティブイメージを固定化させている人たちを、勉強不足と批判したり見下したりすることが、有意味な効果をもたらすとは考えにくい。

そうした状況の現在、意識調査の数字にも出てきづらい「悪い風化」にどう対処していくか。そのためには、消費者の直感や感情（システム1）に訴えかけ、さらにはそれをきっかけに、しっかりと面倒な思考プロセス（システム2）を開いて、情報を更新する興味と動機づけを与えることが不可欠である。(6)

「手の想像力」

以上が本書の提言の要約とも言える部分である。五十嵐のこの著書が有意義なのは、食をめぐる判断の「感情」的で「情緒」的な部分（システム1）の重要性とある種の自立性を、コミュニケーション論の視点からはっきりと認め、しかるべき地位を与えた点による。ようするに、数値では割り切れないなにかがある。それはしばしばあまりに簡単に無視され、踏みにじられてしまう。

さて、その「なにか」の内実とは、いかなるものか。自分の見知ったことを踏まえつつ、さらに考えてみたい。

私の知るかぎり、飛散した放射性物質にとても強い忌避感情を抱いた方々のかなりの割合が、食こそを生きがいだと思い、そこにとても大きなものを託していた。直接お会いした方々の顔を思い出すにつけ、そう感じられてならない。食べものは、そこで、ただたんに安全だったり危険だったりする「対象」というより、むしろ、それをとおして世界と触れ合う、そのような認識の手段だったのではなかったか。

本書では、ある種の「スピリチュアリズム」に似た料理書の言葉を取りあげた（「細胞の一つひとつが喜んでいる」、というたぐい）。そこで働いているのは、実証的な科学的知見以上に、アナロジー（数値ではなく、類似性や喩えによって事物を関係づけ、その流動的かつ直接的な相を捉えようとする思考）による世界認識である。ヴォルフガング・シヴェルブシュは、前近代的な呪術的思考の「飛び地」が飲食の領域には残されていると述べた。どう考えても実証科学で検証されうる効果を持たない儀礼（たとえば「乾杯」をめぐるあれこれ）にひとが魅了され、拘束されるのはそのためだ。放射線への忌避の感情はこのアナロジー的認識ともおそらく強く結びついている。私は一人の料理好きとして、そのことをけっして嗤うことができない。

独創的な料理書の著者には、この直感的でアナロジックな認識を優先させる傾向があると思う。辰巳芳子は、料理における「理」の重要性をたえず強調しつつ、既存の方法を疑い、つねにもっと良いしかたがないかを模索する実験的な面を持つ著述家であるが、その場合の「理」は、厳密に言えば、実証科学におけるそれと同じではないだろう（結果的に実証科学の裏付けが得られることのほうが多いだろうが、そうでないこともそれなりにあるはずだ）。たとえば、塩漬けの梅を水にさらして塩分を抜く辰巳の方法にこういうものがある。大きなたらいに梅を入れ、「細い流水で1日さらす。（…）水道の蛇口に布を巻きつけ輪ゴムで縛り、その先端を梅の底に導き水を流す。底から上へ、都合のよい対流が塩分とアクを抜く」[7]。たいへんな手間（となかなかの水道代）に思われるので、数時間おきにボウルの水を取り替えれば浸透圧によって数値上は同じ結果が得られるのでは、などという疑念も浮かんでしまう。だが、仮にそうだとしても、辰巳のやり方が無意味であることにはならないとも思う。手を介して、かたちを介して、梅や塩や水の状態が変化していくさまを直感的に把握し、なおかつ、それが日々の家事労働を美しく清らかに秩序づけることこそがポイントだということも理解できるからだ。つまり、いわば「手の想像力」を、梅をはじめとした物質に行き渡らせることこそが辰巳の問題なのだ。そこに料理の幸福はある。

梅を水にさらす。『辰巳芳子の旬を味わう』（NHK出版、41頁）より

辰巳の文章は、愉しい擬態に充ちている。火加減について述べるとき、辰巳は、大鍋の汁の表面が「微笑む」程度の加減で、などと表現する。あるいは、「最大火力の七分目」、などと。家によって最大火力はもちろん違う。しかし、数値にしてしまったらおそらくだめなのだ。「手加減」を微調整するすべを家事従事者一人ひとりが体得し、そのうえで家事をめぐるあらゆる所作に血を通わせることこそが目的だからだ。

料理がこのような質の「想像力」によってこそ試され、秩序づけられるものであるとすれば、それがしばしば厳密な科学的検証の範囲を行き過ぎることがありうるのもみやすいことだろう。丸元淑生は、電子レンジを危険視して使わなかった。愚かな判断だと私は思う。そうするのは勝手だがひとに勧めてほしくないとも思う。だが、ここに積極的なものが皆無だとまでは言えない。自分の「手の想像力」の届く範囲に、加熱の手段を留めるということでもあるだろうからだ。

有元葉子は、生ゴミをコンポストで発酵させて畑に還元するときEM菌を使うのだと書いている。EM菌はあやしい。だが、ありとあらゆるものが「循環」してあるという有元の美的秩序のなかで意味を持つだろうこともわかる。有元の場合、客観的に実証しえないものについては読者に勧めることを注意深く避けて、自分の思い込みかもしれないが、効果はあるようですよ、という程度の言い方をする。だからバランスは保たれていると言える。

原発事故で最も残酷だったのは、本来貴重であるはずの――自分の生活にあたたかな血を通わすはずの「手の想像力」に頼ろうとした者ほどバランスを逸してしまったということではなかったか。

原発事故のあとのエコロジーの野蛮さ

食こそがこの世界の調和と連続性を直感させてくれるという考えがある。とりわけオーガニックな食文化への愛好は、つきつめればそのような認識に至る。放射性物質は、そのような感受性にとって、きわめて異質な存在だった。どうやらそれはＤＮＡを切断し、生命の連鎖に不具合をもたらしかねないものである。しかもやっかいなことに、それは感覚に直接与えられない。目の前の食品が安全であるかどうかは、自分の舌ではなく、数値で測ることによってしか確かめえない。この不可解な状況には独特の耐えがたさがあった。耐えがたさから、さまざまな「決断」がなされもした。

二〇一一年のあとに繰り返されたデモに何度も参加したが、そこで叫ばれた言葉に心が痛んだ。いまこそ「自然」を取り戻すべく連帯するのだ、という主張が、「ノーモア・フクシマ」とか、「フクシマのものを食べてはならない」という強い言葉と結びつけられていた。なにかもう後戻りできないかんじがした。

それまで愛好していたフィクション作品に、なにかケチがついた気持ちになることも少なくなかった。『美味しんぼ』の主人公が福島で鼻血を出し、その原因が放射性物質だと示唆されるくだりや、さらにそのあと取ってつけたように彼の死んだ実母がじつは福島県民だったという過去が明かされるとか、そういう迷走がつづいて複雑な気持ちになった。食における「清らかさ」や「純粋さ」をフィクションとして賛美するたぐいの作品が、もはや現実で起きている事態の複雑さに追いついていないように思われた。食から牧歌的な幸福が失われてしまったように感じられた。いや、もともとそのような幸福があったのだとして、それは幻想として存在していただけであり、そのことを私たちは集団的に忘却していたということなのかもしれない、と疑われた。福島以後、清らかなユートピアを求めてエコロジーを語る言説は野蛮であるように思われたし、都市における私たち消費者のエゴイズムとそれを区別することがむずかしく感じられた。

むろん、だからといって、食をめぐる直感的な「想像力」のすべてが信用ならなくなったということを言いたいわけではない。依然、それが重要であることに変わりはない。ただ、それを疑い、「切り分け」しなければならない。当たり前のことではある。しかし、非常に頻繁にそれは行き過ぎることがあり、救済の幻想と結びつき、ひとを誤らせる。だからと言って逆に、「スピっている」などと揶揄して、アナロジーの力を頭から否定すればいいと思うのもまちがいだ。自分と食べものをつなぐ想像力と、客観的に数値で検証しうること、その複雑なからまりあいを思考するためには、丹念な批評の作業が必要であるはずなのだ。批評だけでなく、芸術の刷新もまた必要である、と宮沢賢治に倣って、言い添えるべきかもしれない。震災後、宮沢賢治の言葉はふたたび、多くのひとの心を打った。私たちが直面する問題の淵源を彼がすでに見つめていたからではないか。「農民芸術の興隆（……何故われらの芸術がいま起こらねばならないか……）」を引こう。

曾つてわれらの師父たちは乏しいながら可成楽しく生きてゐた
そこには芸術も宗教もあった
いまわれらにはただ労働が　生存があるばかりである
宗教は疲れて近代科学に置換され然も科学は冷く暗い
芸術はいまわれらを離れ然もわびしく堕落した
いま宗教家芸術家とは真善若くは美を独占し販るものである
われらに購ふべき力もなく　又さるものを必要とせぬ
いまやわれらは新たに正しき道を行き　われらの美をば創らねばならぬ
芸術をもてあの灰色の労働を燃せ

ここにはわれら不断の潔く楽しい創造がある
都人よ　来ってわれらに交れ　世界よ　他意なきわれらを容れよ[8]

科学と芸術と宗教がばらばらになり、世界の手応えが失われてゆく状況を賢治は透徹したまなざしで書いた。そのうえで、それらをふたたび一致させる困難な道筋を、食と農に探し求めた。私たちはその思考をしかるべく継承しているだろうか。「世界がぜんたい幸福にならないうちは個人の幸福はあり得ない」(「農民芸術概論綱要序論」)と、彼のように希求することはまだできるだろうか。

ビオディナミと低線量被曝

かく言う自分も、かえりみれば、果たして「バランス」を適切に保てているかどうか、心もとないところは多い。たとえば、私はいわゆる「自然派ワイン」を愛飲している。そのなかには「ビオディナミ」と呼ばれる農法を採用するワイナリーのものもある。「ビオディナミ」には、近代科学の常識とは相容れないようにしか思われない部分がある。大橋健一『自然派ワイン』[9]を読んで学んだことなのだが、その有機肥料の用い方がおそらくその最たるものだろう。牛の糞やノコギリ草、イラクサといった植物を貯蔵・熟成して用いるそうなのだが、その量が、信じがたいほど微量であるのだ。たとえば最も基本的な「５０１番調剤」と呼ばれる肥料があり、「石英粉に水を加えて柔らかい練りもの状にし、やはり雌牛の角の中に詰めてひと夏土中で熟成させたもの」なのだそうだが、一ヘクタールの農地に散布するその量は、なんと四グラムである。[10]あたかも大地の感受性を試しているかのようだ。

門外漢には前近代的な呪術のようにしか思われないのだが、これをどう納得するか。

これら微量すぎる肥料が直接的に効くかどうかはいったん措いたうえで、こうした営みを「儀礼」として理解することはありうる。儀礼を守ることで、スピードアップの風潮から距離をとることができ、自然の運行に対して敏感になる。それが農家たちをして土の微細な状態を観察し、健康に保たせるうえでの一助になっている。だから間接的にであれ効果はある、というわけだ。もっとざっくり言うならば、生き物の状態に注意を払い、愛情を注ぐひとの作ったものはおいしい確率が高い。これはいわゆる「保存料無添加」食品一般に言えることで、無添加がより美味であることが多いのだとすれば、それは添加剤そのものが不味だからということではなく、添加剤に頼ることができない環境においては、食材の観察がより鋭敏にならざるをえないということが理由だからだろう。

「ビオディナミ」のワインを購入するとき、「低線量被曝」という言葉が頭をよぎる。この言葉は、放射性物質で汚染された場所に居住可能かという議論のなかでたびたび持ち出された。「低線量被曝」がしばしば含意するのは、ここからは影響がない、という閾値を定めることができない、という考えだ。たとえば一年間で何マイクロシーベルト以下の被曝量であれば安全、というような国際的基準は、この考え方においては不確実とされる。ほとんどゼロに近い値であっても、希釈がある程度まで行き着いたところでこそ、放射能は著しい効果を及ぼすこともありうる、という主張もなされた。非科学的でとうてい支持できないが、しかし、自然の身体の感受性をとことんまで鋭敏なものとみなすという「ビオディナミ」の世界観とそれはあまりに似通っている。私は「低線量被曝」説を否定しながら「ビオディナミ」のワインを愛好するという自分の矛盾に、いまもとまどったままだ。

「料理本批評」の意義

食における「自然さ」への誘惑は強く、またそれは、しばしば異物を排除しようとする傾向と一体になる。だが、いくら「自然」を志向しようとも、私たちはもはや取り返しがつかないほどに近代化されきった土壌のうえで生きているということも他方では否定しようのない事実である。「中途半端さ」こそが常態である。すくなくとも私は、震災によってあらためて痛烈にそのことに気づかされた。この「中途半端」さを「宙吊り」と言い換えてもよい。私たちの足元には、つねにすでに、なんらかの危機が、理解しえない異物が潜んでいて、それがあらわになるたびに、自分たちの脆弱な認識は覆されてしまう。

私たちは自分を支える日常のことをじつはほとんど知らない。一見して安全に見えるものにじつは危険が潜んでいる可能性があるということも、もちろん、近代化以後の食の常態である。だから、たとえばビー・ウィルソンの『食品偽装の歴史』(11)を読み返す意味がある。化学的な加工技術と、都市における流通というインフラが整備されて以後、きわめて多くの食品は「身元不明」になり、また、だからこそ同時に、企業によるブランディングという虚構的な「信用」の再構築と、政府による品質管理が始まった。むかしながらの牧場で採れた作物を食べるという選択肢も残されているように見えるが、しかし現在、それらのほとんどは低温輸送車と高速輸送網、都市的消費者に支えられている。私たちが置かれているのは、幾重にも折り畳まれた、人工と自然の分厚い層のうえである。

震災後、初めて郡山に戻ったときのことを思い出す。高速バスで、東北自動車道を北上したのだが、市に入って車窓から見える光景に、なんとも不思議な印象を覚えたのだった。見た目にはまったくいつもと変わりがない。しかし、そこにはたしかに放射性物質が降下したのだという。だが、どう見てもそれはふだんの光景のままだ。見えているものと、その実体のあいだのリンクが切れてしまったように感じられた。恐ろしいというより（その実感が持てないのだ）、ただひたすら不思議だった。たしかに三月半ばの午後遅くのことだった。

本書の冒頭で、私は食文化全般への興味を強く持つようになったきっかけについて述べた。それは留学先から戻ったときのことで、約一年間、日本を離れたあと、自分の国のふつうの食べものがすべてまあたらしく感じられるということが起きたのだった。震災後に福島に戻ったときが、もう一つのきっかけだったのだと思う。バスの車窓越しに隔離された私は、最も親しいはずの風景がべつのなにかに変わってしまっていることに、ひたすら驚き、呆然自失した。なにが起きているのか。そもそも私たちの日常は、食生活は、どのように成り立っていたのか。ほかの多くの方々と同様に、私もこうした問いを受け取り、以後もそれらは頭を離れず、考えることを強いた。

震災直後に福島で開催された講演会のなかで、福島在住の僧侶であり作家でもある玄侑宗久さんの語った言葉を思い出す。目の前においしそうなりんごがある。だが、そのりんごを食べていいのか、わるいのか、わからない。その気持ちがわかりますか。そう玄侑さんは言った。

このりんごは、一個の謎だ。この謎をどのように解くことができるだろう。おそらく、この謎が容易に解消することはない。安全か、危険か、ということだけが問題なのではもちろんなく、私たちの日常を構成する食がそもそもどのように成り立っているか、どんな地層の堆積のうえにできているのかというべつの無数の問いを、この謎は誘発するからだ。そこには、食の幸福を、未来においてどのように再構築できるかという問いもまた含まれている。五十嵐泰正もこの謎に直面したからこそ『原発事故と「食」』を書かざるをえなかったのだろう。ビー・ウィルソンや、本書で取りあげたほかの多くの著述家たちもまた、福島とはべつの場所であれ、このりんごと似たなにか——たとえば近代化しつつあるロンドンの食料品店に並ぶ得体の知れない瓶詰——と直面し、それぞれの問いを受け取ったのだろう。だからこそ、私はそれら書物を読みたいと切実に願い、感動を覚えてきたにちがいない。

おそらく、「幻滅」から始めなければならないのだ。そのうえで、食に固有のアナロジックな想像力のかたちを作り変え、科学的知見とたえずつき合わせ、必要があれば断固として「切り分け」し、震災以後にふさわしいかたちでそのスピリットを延命させなければならない。「料理本批評」の意義の一つはこの点にある。

(1) 五十嵐泰正『原発事故と「食」——市場・コミュニケーション、差別』中公新書、二〇一八年。
(2) 同前、一〇頁。
(3) 同前、一六九〜一八一頁。
(4) 同前、八頁。
(5) 同前、一二頁。開沼博『はじめての福島学』イースト・プレス、二〇一五年。
(6) 五十嵐『原発事故と「食」』一二四頁。
(7) 辰巳芳子『辰巳芳子の旬を味わう——いのちを養う家庭料理』NHK出版、一九九九年、四一頁。

（8）宮沢賢治『宮沢賢治全集10　農民芸術概論・手帳・ノートほか』ちくま文庫、一九九五年、一九頁。
（9）大橋健一『自然派ワイン』柴田書店、二〇〇四年。
（10）同前、五二〜五三頁。
（11）ビー・ウィルソン／高儀進訳『食品偽装の歴史』白水社、二〇〇九年。

あとがき

本書は、月刊「みすず」で二〇一六年一〇月号から二年間つづけた同名連載に大幅な変更を加え、あらたに構成し直したものである。テーマごとに料理の本を取りあげて評論する、いわば「料理本の本」である。それゆえ、ただたんにおいしいものを数え上げていくということではなく、「おいしい」と感じるその感受性のかたちそれ自体を数え上げることが目指されている。自分のまだ知らない「おいしい」に触れることはよろこびである。本書を手に取っていただいた方と、このよろこびを分かち合うことができればとてもうれしい。

どこから読んでいただいても無論かまわないが、通読すれば、各回で取りあげているテーマがだんだんとつながってゆくことを感じ取っていただけるだろう。第一章は、自分自身の来歴にかかわる文章を集めている。ふわふわといろいろな美味の基準のあいだを流されつつ変わりつづける——そんな愛好のかたちを浮かび上がらせたいと思った。第二章は作家論集である。第三章は、より大きな視座から食文化について考えさせてくれた料理本を取りあげている。

映画研究を専門とする者がなぜ食について書くのか、その点についても最後に一言述べておこう。

最初はあまり意識していなかったのだが（たんに好きだから書く、と思っていた）、途中で気づいたのは、映画から受け取ってきた驚きや高揚やサスペンスを、私は食からもかなり同様に受け取っているということだった。動き、変化し、過ぎ去り、消える――そんな食の側面にとくに注目する傾向が本書にはあるだろう。

むかし、子どもの頃、おいしいものは飲み込むのがもったいないから口の中にずっと入れていたらいいのでは、と思ってそんな実験をしてみたことがある。だが、それで永遠につづく美味が得られることはもちろんなかった。口に入れ、嚙み砕き、飲み下すまさにそのときに喉の奥から香りが鼻孔へと立ち昇る。嚙み砕かれたそれは胃へと落下し、余韻が残される。その余韻に重ねて、次の食べものを口に入れる。それはまた、消える。「通過」の瞬間にこそ、食べものは鮮やかな印象となってひとを感動させる。もっと大きく捉えるならば、ある時代の食の習慣がべつの習慣に取って替わる、という場合にもやはり「通過」がある。美味のかたちは、上書きされ、消え、ときおりふっと鮮やかに蘇る。消えたあとに「想起」される味の強烈な感動がある。

つまり本書を通底するのは、「通過」や「変化」や「循環」等々という「動きの相」において、料理と食文化の魅力に迫りたいという願望だった。食をめぐって自分なりのアイデアを深めていくことができるかもしれないと思えたのも、この視座を得たときだった。

＊

この場を借りて、本書にかかわってくださった方に御礼をお伝えしたい。連載企画を持ちかけていただき、単行本化においてもあらゆる局面でサポートしてくださった浜田優さんに格別の感謝をお伝えする。たんなる愛好家でしかない私に、食について書くことを最初にすすめてくれた編集者の明石陽介さん、萩野亮さんに感謝する。また、一緒に飲食をともにしてくれたすべての友人たちにも。震災後、私は映画上映および講演やディスカッションをとおしてさまざまな問題について考える連続イベント――「イメージ福島」を仲間とともに各地で開催してきた。そこで言葉を交わした方の顔を思い浮かべつつ書いた部分は多い。あらためて、ありがとうございますとお伝えしたい。

おいしい手料理をずっと作ってくれた母と、心からうれしそうに酒を飲むその背中で「おおらかさ」の価値を教えてくれた父に感謝する。いまは自分が作る側にまわり、日々、子どもに食べさせている。台所生活を長年ともにしてくれている妻・純江にもありがとうと言いたい。

料理の書物とその著述家たちに感謝を捧げる。幾多の本に込められた、さまざまな「食べる楽しさ」に触発されることで、書き進めることができた。そのようにして文章を書いているあいだ、とても幸福だった。

すばらしい料理書とのさらなる出会いを期待して。

二〇一九年一月

三浦哲哉

著者略歴

（みうら・てつや）

青山学院大学文学部比較芸術学科准教授．映画批評・研究，表象文化論．1976年福島県郡山市生まれ．東京大学大学院総合文化研究科超域文化科学専攻博士課程修了．著書に『サスペンス映画史』（みすず書房，2012年）『映画とは何か——フランス映画思想史』（筑摩選書，2014年）『『ハッピーアワー』論』（羽鳥書店，2018年）．共著に『ひきずる映画——ポスト・カタストロフ時代の想像力』（フィルムアート社，2011年）『オーバー・ザ・シネマ　映画「超」討議』（石岡良治との共編著，フィルムアート社，2018年）．訳書に『ジム・ジャームッシュ・インタビューズ——映画監督ジム・ジャームッシュの歴史』（東邦出版，2006年）．

三浦哲哉

食べたくなる本

2019年 2 月21日　第 1 刷発行
2021年 1 月21日　第 5 刷発行

発行所 株式会社 みすず書房
〒113-0033 東京都文京区本郷 2 丁目 20-7
電話 03-3814-0131(営業) 03-3815-9181(編集)
www.msz.co.jp

本文組版 キャップス
本文印刷・製本所 中央精版印刷
扉・表紙・カバー印刷所 リヒトプランニング
装丁 大倉真一郎

Printed in Japan
ISBN 978-4-622-08781-6
［たべたくなるほん］